Klaus Steiniger

CIA, FBI & Co.

Das Kartell der US-Geheimdienste

Vor- und Nachwort:
Rainer Rupp

Das Neue Berlin

Bildnachweis:
»junge Welt«, S. 139

Alle übrigen Fotos stammen aus dem Privatarchiv von Klaus Steiniger.
In einigen Fällen konnten Bildrechteinhaber leider nicht ermittelt werden.
Berechtigte Honoraransprüche bleiben gewahrt.

ISBN 978-3-360-01941-7

Umschlaggestaltung: www.buchgestalter.de
Druck und Bindung: Druckerei Finidr

Ein Verlagsverzeichnis schicken wir Ihnen gern:
Das Neue Berlin Verlagsgesellschaft mbH
Neue Grünstr. 18, 10179 Berlin
Tel. 01805 / 30 99 99
(0,14 Euro/min. aus dem deutschen Festnetz,
abweichende Preise für Mobilfunkteilnehmer)

Die Bücher des Verlags Das Neue Berlin
erscheinen in der Eulenspiegel Verlagsgruppe.

www.das-neue-berlin.de

Inhalt

Prélude

Das nachfolgende Vorwort Rainer Rupps ist unter äußerst dramatischen Begleitumständen und härtester persönlicher Belastung seines Verfassers entstanden. »Unser Mann bei der NATO« befand sich damals – nach dem Sieg der antisozialistischen Konterrevolution wegen Kundschaftertätigkeit für die DDR zu zwölf Jahren Freiheitsentzug verurteilt – bei strenger Überwachung in einer Saarbrücker Strafvollzugsanstalt. Da »Topas« – so lautete sein Deckname – nach meiner Ansicht als in höchstem Grade sachkundiger Zeuge für das Vorwort des Buches geradezu unverzichtbar war, wandte ich mich an seinen Verteidiger. Zuvor hatte mir Rainer im Rahmen unserer mehrjährigen Korrespondenz, aus der sich eine Freundschaft entwickelte, zugesagt, die erbetenen Seiten zu schreiben. Der Anwalt erklärte sich auf meine Bitte hin bereit, seinem Mandanten eine Kopie des Rohmanuskripts auf legalem Wege zukommen zu lassen. Der Textentwurf des vorliegenden Buches wurde unserem Kundschafter unverzüglich zugestellt. In der Zelle machte er sich prompt an die Arbeit, um unter den gegebenen Umständen seinen Part zur Entlarvung der US-Geheimdienste beizusteuern. Schließlich hatte er ja als verantwortlicher Mitarbeiter im Brüsseler Hauptquartier des Nordatlantikpaktes so manchen Blick hinter die Kulissen werfen können. Rainer Rupps Vorwort traf schon bald darauf bei mir ein.

Nach langjähriger Haft kam der wohl exponierteste und am besten in Stellung gebrachte Aufklärer der legendären HVA unter Bewährungsauflagen schließlich frei. Nach kurzer Verschnaufpause stürzte er sich in die politische Arbeit. Inzwischen ist er ein bekannter und geschätzter Journalist der linken Tageszeitung »junge Welt«.

Als wir uns im Juni 2007 beim Volksfest des DKP-Blattes »UZ« in Dortmund trafen, zogen wir in Erwägung, unser 1998 erschienenes gemeinsames Buch über die US-Geheimdienste inhaltlich und gestalterisch zu erweitern, um es unter einem anderen Titel und in einem geeigneten Verlag erneut herausbringen zu lassen. »Wird es nicht Zeit, daß ich bei dieser Gelegenheit berichte, was es vor neun Jahren mit dem Zustandekommen deines Vorworts auf sich hatte?« fragte ich rhetorisch. Rainer antwortete spontan: »Und ich werde ein Nachwort darüber schreiben, was in der U.S. Intelligence Community seitdem geschehen ist.« So haben wir es gehalten.

Menschliche und politische Fairneß gebietet es, will mir scheinen, dem Vorwort des Mannes von der unsichtbaren Front dieses knappe Prélude voranzustellen. Denn zu Rainers seinerzeitiger Mitarbeit in der Saarbrücker Gefängniszelle gehörten außer hoher Befähigung und reicher Insiderkenntnis vor allem eine große Portion Mut und Prinzipienfestigkeit unter schwierigsten Bedingungen. Eigenschaften, die den roten Saarländer dazu prädestinierten, als Einzelkämpfer in der Höhle des Löwen die Nagelprobe wieder und wieder zu bestehen.

Klaus Steiniger

Vorwort

Im Rahmen meiner Tätigkeit in der Politischen Abteilung der NATO in Brüssel hatte ich oft mit Mitarbeitern von CIA und DIA zu tun. Einige waren auch für längere Zeit von ihren Mutterorganisationen zur regulären Arbeit in der NATO delegiert, andere kamen regelmäßig zu den sogenannten Expertentreffen der verschiedenen NATO-Komitees, bei denen die neuesten nachrichtendienstlichen Erkenntnisse und Einschätzungen über wirtschaftliche, technologische, politische und militärische Entwicklungen in der UdSSR und in den anderen Staaten des Warschauer Vertrages diskutiert und zusammengefaßt wurden. Anders als die Mitarbeiter vom BND, die selbst bei solchen Treffen ihr oft belächeltes Geheimdienstspielchen treiben mußten und unter falscher Identität auftraten – meist kamen sie angeblich von einem der Bonner Ministerien –, bekannten sich ihre amerikanischen Kollegen und Kolleginnen ganz offen zu ihrer Herkunft und verteilten nicht selten Visitenkarten, auf denen in goldenen Lettern CIA mit ihrem Namen, Adresse und Telefonnummer stand. Und bei meinen regelmäßigen Besuchen in Washington ließ ich keine Gelegenheit aus, meinen Kollegen in Langley und im Pentagon einen Gegenbesuch abzustatten. Oftmals traf man sich dann noch abends privat zu Hause oder in einem der vielen und interessanten ethnischen Restaurants in Georgetown, wo fast alle Küchen der Welt vertreten sind.

In den meisten Fällen handelte es sich bei den CIA-Mitarbeitern, die ich persönlich kennengelernt habe, um gewandte, in Gesellschaft angenehme Menschen mit hervorragender akademischer Ausbildung, die – wie mir schien – auch nach ihrem Persönlichkeitsprofil sorgfältig ausgesucht waren. Der oft erhobene öffentliche Anspruch der CIA, daß »America's best and brightest«, also die Besten und Gescheitesten des Landes, bei ihr arbeiteten, schien sich auf den ersten Blick zu bestätigen. Und nicht selten fand ich frühere CIA-Mitarbeiter im Stab von Senatoren und Abgeordneten des Repräsentantenhauses, die die CIA erfolgreich als Sprungbrett in die Politik benutzt hatten. In der Öffentlichkeit malte die CIA gerne an diesem zivilen Bild von sich und ihren hervorragenden Mitarbeitern, die sich nicht zu verstecken brauchten und auch in für jedermann zugänglichen Konferenzen durch ihr Wissen brillierten, wobei sie sich unbekümmert als Angehörige der CIA ausgaben: ein demokratischer Geheimdienst in einem demokratischen Land, dessen Arbeit auf solider, akademisch fundierter und nüchterner Analyse beruht.

Doch die janusköpfige CIA hat noch ein anderes Gesicht, ein häßliches und schmutziges, das sorgfältig vor der Öffentlichkeit verborgen wird. Es ist die Welt der »covert operations«, der verdeckten Operationen, deren verbrecherische Machenschaften hin und wieder bloßgelegt werden, von denen man aber bisher höchstens die Spitze des Eisbergs gesehen hat. Was im Rahmen solcher verdeckten Operationen bisweilen ans Tageslicht kam, war oft so unglaublich, daß es zu Zeiten des Kalten Krieges ein Leichtes war, die Öffentlichkeit davon zu überzeugen, die Vorwürfe seien nur kommunistische Propaganda.

Aber seit dem Ende des Kalten Krieges ist die Welt auch für die CIA rauher geworden. Viele der oft haarsträubenden Geschichten sind mittlerweile in Papieren des Kongresses dokumentiert und weithin bekannt. Auftragsmord, Folter, Sabotage und andere Verbrechen gegen die Menschlichkeit ziehen sich wie ein roter Faden durch die Geschichte der CIA und ihrer verdeckten Operationen. Sie haben auch in den USA den mächtigsten Geheimdienst der Welt nachhaltig in Verruf gebracht. Aber selbst das schöne Bild von der nüchternen analytischen Tätigkeit der CIA ist trügerisch und wird nun – leider viel zu spät – unter die Lupe genommen. Dabei ist kritischen Beobachtern klar, daß die CIA-»Erkenntnisse« meist nur dazu dienten, die außenpolitische Linie der jeweiligen Regierung in Washington »wissenschaftlich« zu stützen, oft wider besseres Wissen der CIA-Analytiker selbst. Persönlich habe ich einige Kehrtwendungen von CIA-Einschätzungen während meiner Zeit bei der NATO erlebt. Was gestern noch mit viel »Wissenschaftlichkeit« als unumstößliche Wahrheit verkauft wurde, galt heute schon nicht mehr. Mit genau so viel »Wissenschaftlichkeit« wurde nun das Gegenteil bewiesen. Notfalls flog man dafür Dutzende von Experten nach Brüssel ein, um die NATO-Partner in den Komitees von der neuen Linie zu überzeugen. Weder vom Personalaufwand noch vom Grad der Spezialisierung der Experten konnten die anderen NATO-Staaten diesen massiven amerikanischen Einsatz mit Vergleichbarem kontern. Das Resultat: Die Meinung der Amerikaner setzte sich meist in den gemeinsamen NATO-Dokumenten durch. Das besagte jedoch nicht, daß die Stichhaltigkeit der US- beziehungsweise der CIA-»Erkenntnisse« von den Europäern nicht weiterhin in Zweifel gezogen wurde, besonders dann, wenn deren Kongruenz mit der neuen politischen Linie in Washington allzu offensichtlich war. So verlor die CIA nach und nach innerhalb der NATO an Glaubwürdigkeit, weil man nie genau wußte, welche neue »Erkenntnis« politisch motiviert und manipuliert war und welche auf reinen Fakten basierte.

Nicht zuletzt litten die CIA-Analytiker selbst unter dieser Unredlichkeit. Und nicht selten schütteten sie ihr Herz aus, wenn man das Problem abends bei einem Glas Wein zur Sprache brachte. Auftragsstudien müßten sie schreiben, wobei das Ergebnis bereits von Anfang an durch die Politik vorgegeben sei, ohne jede Rücksicht auf die Fakten. Das war eine Klage, die ich oft zu hören bekam. Etliche sind dabei zu Zynikern geworden, die einfach ihren Job machten und taten, was von ihnen verlangt wurde. Sie verdienten ihr gutes Geld, der Rest war ihnen egal. Andere fühlten sich in ihrem wissenschaftlichen Selbstverständnis zutiefst verletzt und suchten sich eine neue Arbeit. So traf ich zum Beispiel zwei ehemalige CIA-Analytiker später als Mitarbeiter von Kongreßabgeordneten wieder. Sie taten sich nun als scharfe Kritiker der CIA und deren Methoden hervor.

Im Laufe des Kalten Krieges haben die von der US-Regierung vorgegebenen Auftragsstudien der CIA wesentlich dazu beigetragen, die aggressive Politik Washingtons gegen das sozialistische Lager durch ein regelrechtes Lügengebäude über die sowjetischen militärischen und militär-technologischen Kapazitäten und Intentionen zu zementieren. Über Jahrzehnte hinweg wurden so durch Falschinformationen und Übertreibungen die sowjetische Bedrohung als existenzgefährdend dargestellt, die amerikanische Bevölkerung auf einen antikommunistischen Kreuzzug eingeschworen und der Kongreß dazu motiviert, immer höhere Rüstungsausgaben zu bewilligen. Mit der Zeit entwickelte dieses komplizierte Blendwerk, an das alle glauben wollten, eine Eigendynamik, denn schließlich hingen wichtige Wirtschafts- und Forschungszweige und ein großer Teil des militärisch-industriellen Komplexes vom Fortbestand der »sowjetischen Bedrohung« und »Überlegenheit« ab.

Die Eckpunkte dieses Bedrohungsszenariums waren immer wieder neue »Lücken«, die die CIA »entdeckte«. Zuerst war es die Bomberlücke, wonach die UdSSR bedeutend mehr Langstreckenbomber als die USA hatte, eine Lücke, die unbedingt geschlossen werden mußte und die zu einem riesigen Rüstungsprogramm für die US-Luftwaffe führte. Als dann der Sputnik im Weltraum piepte, wurde die Raketenlücke entdeckt. Danach kam die Sprengkopflücke (Nuklearsprengköpfe für Raketen). Und schließlich folgte, ganz allgemein, die Lücke bei den Rüstungsausgaben. Dazwischen lagen viele kleine Lücken in Teilbereichen, die immer wieder Anlaß zum Auflegen von neuen Rüstungsprogrammen in den USA gaben und die UdSSR zwangen nachzuziehen. Mittlerweile weiß jedes Kind, daß die meisten dieser Lücken frei erfunden waren, und das wird auch ganz offen eingestanden, nachdem der Zweck erreicht wurde. Die Sowjetunion hat sich zu Tode gerüstet und ist von der Bühne der Geschichte abgetreten: In den USA hat die Industrie an den riesigen Rüstungsprogrammen enorm verdient, und heute steht Amerika unangefochten als einzige Supermacht da. »Nichts ist erfolgreicher als der Erfolg«, wie die Amerikaner sagen.

Mancher Leser im Westen wird sich noch an die alljährlichen Horrormeldungen in den Medien erinnern, wenn die CIA ihre jeweils neuesten Schätzungen der sowjetischen Verteidigungsausgaben veröffentlichte. Alarmierend wurde stets darauf hingewiesen, daß die UdSSR dafür mehr ausgebe als die USA und die übrigen NATO-Länder zusammen. Und natürlich wurden schnell die entsprechenden Schlußfolgerungen gezogen, denn nur die bösesten aller Absichten konnten solche gigantischen Ausgaben für das Militär rechtfertigen. Hätte man sich die Mühe gemacht, die Annahmen zu analysieren, auf denen diese Schätzungen basierten – ein Unterfangen, das leicht möglich gewesen wäre, denn die Annahmen wurden im Originaldokument der CIA mitveröffentlicht –, hätte man leicht feststellen können, welch ein Humbug hier der internationalen Öffentlichkeit aufgetischt wurde. Aber selten gab sich jemand die Mühe, das Kleingedruckte zu lesen, zumal die CIA-Schätzungen viel zu gut in das gewünschte politische Gesamtbild paßten.

Der Trick, mit dem die sowjetischen Verteidigungsausgaben ins schier Unermeßliche hochgejubelt wurden, bestand in der von der CIA angewandten und im Kleingedruckten beschriebenen »Dollar-costing«-Methode. Dabei stellte sich die CIA die Frage, was es die USA kosten würde, die Sowjetarmee mit allem Drum und Dran in Amerika zu reproduzieren und zu unterhalten, wohlgemerkt zu amerikanischen Löhnen und Preisen. Nehmen wir zum Beispiel den Personalbestand der Sowjetarmee. Deren Zahl und Struktur (Mannschaften, Unteroffiziere und Offiziere) kannte man mehr oder weniger. Entsprechend ihres Dienstgrades wurden nun den sowjetischen Soldaten fiktive US-Freiwilligengehälter bezahlt, minus 25 Prozent wegen der angeblich geringeren Bildung der Sowjetsoldaten – eine Annahme, über die so mancher europäische NATO-Mitarbeiter laut lachte. Folglich kam die CIA zu enorm hohen Dollarkosten allein für das Personal der Sowjetarmee, das viel größer war als das der USA. Das Ganze hatte dann auch noch den angenehmen Nebeneffekt, daß jedes Mal, wenn die amerikanischen Soldaten eine Gehaltserhöhung bekamen, die sowjetischen »Ausgaben« in Dollar entsprechend überproportional stiegen. Erreicht wurde durch diese Methode aber, daß allein dieser sowjetische »Ausgabenposten« zeitweilig höher war als die gesamten Verteidigungsausgaben der USA.

Bei der Schätzung der Kosten für sowjetische Waffensysteme ging die CIA ähnlich vor. Man kannte einigermaßen die Zahl der Großsysteme und machte – soweit man sie nicht kannte – Annahmen über ihre technologischen Konfigurationen. Damit ging man dann zu Vertretern der amerikanischen Rüstungsindustrie und fragte, was es kosten würde, entsprechende Systeme (Flugzeuge, Panzer, Raketen usw.) mit diesen und jenen technischen Spezifikationen in den USA herzustellen. Bei der Beantwortung dieser Fragen schnitt sich die amerikanische Rüstungsindustrie natürlich nicht in den eigenen Finger und setzte bei ihren Schätzungen entsprechend hoch an, sonst wären Fragen, warum ihre eigenen Systeme so viel teurer seien, nicht ausgeblieben. Bei den anderen Posten der sowjetischen Ausgaben, wie zum Beispiel militärische Forschung und Entwicklung sowie Testen und Auswerten, verfuhr man bei der Dollar-Kosten-Schätzung der CIA noch mehr nach der Methode »pi mal Daumen«. Als Ergebnis konnte die CIA dann jedes Jahr von neuem mit erschreckend hohen sowjetischen Rüstungsausgaben aufwarten, was seinen politischen Zweck erfüllte.

Ganze Heerscharen hochqualifizierter Fachleute beschäftigte die CIA mit der jährlichen Fortschreibung ihrer Schätzung der sowjetischen Verteidigungsausgaben, trotz zunehmender Kritik auch aus den eigenen Reihen über deren Aussagekraft. Aber während es in den USA wenigstens noch einige kritische Stimmen gegen diese Methode gab, wurden die CIA-Zahlen von deutschen Medien und Politikern in Bonn so gut wie unbesehen übernommen und entsprechend propagandistisch verwertet. Als ich im »NATO-Brief« Anfang der achtziger Jahre eine scharfe Kritik an der wissenschaftlichen Unredlichkeit dieser »Dollar-costing«-Methode publizierte, wurde ich von vielen Seiten angegriffen: Herzlich gratuliert hat mir dazu, wenn auch nur in einem persönlichen Gespräch, ein CIA-Mitarbeiter, der selbst auch noch in leitender Funktion an dieser Methode arbeitete.

Geboren im Morgengrauen des Kalten Krieges, feierte die CIA am 26. Juli 1997 ihren 50. Geburtstag. Abgesehen von den Propagandaerfolgen mit der Erfindung der »Rüstungslücken« und trotz eines sorgfältig aufgebauten Mythos' kann die reichste und größte Spionageorganisation der Welt kaum auf nachrichtendienstliche Glanzleistungen zurückblicken. Dagegen kam sie immer wieder wegen mißlungener verdeckter Operationen ins Gerede. Viele davon endeten in einem Desaster. Auf die Regierungsumstürze und Subversionsmaßnahmen nebst Mord und Totschlag und auf die Hilfe für faschistische und autoritäre Regimes zur Unterdrückung der Bevölkerung und linker Bewegungen kann die CIA gewiß nicht stolz sein, wenn sie dort auch ihre größten »Erfolge« zu verbuchen hatte. Gegen ihren Hauptfeind, die UdSSR, hat sie nachrichtendienstlich glatt versagt, während sie umgekehrt immer wieder peinliche und schmerzhafte Schlappen einstecken mußte, wenn wieder einmal festgestellt wurde, daß sie bis in die sensibelsten Stellen vom KGB ausgeforscht worden war.

Die Liste der unerklärten Kriege, Umstürze, Sabotage- und Subversionsakte gegen fremde Staaten, die die CIA im Laufe ihrer unseligen Existenz durchgeführt hat, ist lang und hinterläßt eine blutige Spur rund um den Globus. Indonesien, Iran, Kongo, Laos, Chile und Nikaragua sind nur einige Beispiele, die man nennen müßte. Die Zahl der Opfer, für die die CIA direkt und indirekt verantwortlich ist, geht in die Millionen. Man denke nur an die Massenmorde an Kommunisten in Indonesien. Demokratisch gewählte Regierungen, die den USA aufgrund ihrer linken Orientierung während des Kalten Krieges nicht genehm waren, wurden auf Geheiß oder mit aktiver Unterstützung der CIA gestürzt, ihre Anhänger gefoltert, ermordet oder verschleppt. Und wenn eine Marionette den USA zu eigenständig wurde, organisierte man einen Coup, um den Betreffenden durch einen gefügigeren Strohmann zu ersetzen.

Allerdings wäre es falsch, die Schuld für all das allein der CIA zu geben. Die CIA ist kein Apparat, der im Vakuum operiert, jenseits jeglicher Regierungskontrolle. Der ehemalige CIA-Mitarbeiter Tom Bramer, der zur Zeit in Brüssel lebt, unterstrich im Juli 1997 in der »International Herald Tribune«, daß jeder Plan der CIA für eine verdeckte Operation im Nationalen Sicherheitsrat der USA heiß debattiert und auch schon mal modifiziert wird. Der endgültige Plan muß dann vom US-Präsidenten und zumindest vom »Select Intelligence Committee« des Senats abgesegnet werden. Wenn auch die CIA für ihre oft bewiesene Inkompetenz bei der eigentlichen nachrichtendienstlichen Arbeit ganz allein die Schuld trägt, so sind ihre Operationen nichts anderes als ein Instrument der amerikanischen Regierung zur Durchsetzung ihrer Außenpolitik mit anderen Mitteln.

Nach bürgerlichen Rechts- und Moralvorstellungen hätten die CIA und mit ihr die Verantwortlichen in der amerikanischen Regierung für viele ihrer verdeckten Operationen wegen Verbrechen gegen die Menschlichkeit vor Gericht gestellt werden müssen, wenn in den westlichen Gesellschaften nicht diese erschreckende Heuchelei und Doppelmoral herrschen würden. Sie halten auch in unserem Land Politiker und Medien davon ab, ein Verbrechen als Verbrechen zu bezeichnen, wenn es von dem Großen Bruder jenseits des Atlantik begangen wird. So verurteilen die westlichen Länder unter Führung der USA einhellig die sogenannten Schurkenstaaten Iran, Irak, Syrien und Libyen, weil sie Terroranschläge unterstützen. Diese schrecklichen Anschläge auf Leib und Leben unschuldiger Menschen sind in der Tat durch nichts zu entschuldigen oder zu relativieren. Aber wird dabei nicht vergessen, daß an dem außenpolitischen Instrument der US-Regierung, genannt CIA, mehr Terrorblut klebt, als bei allen Anschlägen der »Schurkenstaaten« geflossen ist?

Wenigstens eine kritische Distanz könnte man erwarten. Statt dessen pflegen Bonn und Pullach enge und freundschaftliche Beziehungen mit der CIA. Dabei ist dem Schild und Schwert der amerikanischen Wirtschaftsinteressen kein Mittel schäbig und keine verdeckte Aktion heimtückisch genug, wenn es darum geht, ihre Ziele durchzusetzen. Auf diesem Auge blind, versuchte das westdeutsche Establishment viel lieber, den Auslandsnachrichtendienst der DDR, die HVA, und deren Mitarbeiter zu kriminalisieren. Aber trotz intensiver Suche der westdeutschen Strafverfolger – und im Unterschied zu denen anderer Staaten sind die Akten der DDR nun offen – konnte kein Blut an den Händen der HVA gefunden werden. Allerdings waren die westlichen Geheimdienstexperten erstaunt, mit welch bescheidenen finanziellen Mitteln die HVA zurechtgekommen war, obwohl sie allgemein zu den effektivsten und erfolgreichsten Nachrichtendiensten der Welt gerechnet wurde. Dafür mag es viele Gründe gegeben haben. Mit dazu beigetragen hat sicherlich der hohe Anspruch, den offizielle und inoffizielle Mitarbeiter der HVA an sich selbst und ihre Weggefährten gestellt haben, waren sie doch davon überzeugt, durch ihren Einsatz der Sicherung des Friedens und der Stärkung des Sozialismus zu dienen.

Von einer ganz anders motivierten Geheimdienstarbeit ist im vorliegenden Buch Dr. Klaus Steinigers die Rede. Er berichtet über Dilettanten und Verbrecher im Sold der amerikanischen Regierung; über das Scheitern der nachrichtendienstlichen Arbeit gegen den Hauptgegner Sowjetunion und die kaltschnäuzige

Wildwestmanier, mit der die CIA völkerrechtswidrig Nikaraguas Häfen verminte; über die Mordpläne gegen Fidel Castro bis hin zur »atemberaubenden Inkompetenz von Amerikas Top-Spionage-organisation« (»New York Times«) im Golf-Krieg gegen Irak. Ungeschönt und ungeschminkt gibt der Autor Einblick in Methoden und Umfeld nicht nur der CIA, sondern auch der anderen amerikanischen Geheimdienste, denen zusammen jährlich fast 30 Milliarden Dollar zur Verfügung stehen, um ihre unheimliche Macht zu entfalten.

Rainer Rupp

Falsche Cocktailkirschen

Als ich im April 1972 während einer Unterbrechung des Prozesses gegen die afroamerikanische Philosophin Angela Davis, der im kalifornischen San Jose stattfand und über den ich als Gerichtsreporter zu berichten hatte, für einige Tage nach Washington flog, stieg ich dort im Manger Hay-Adams Hotel in der H Street ab. Es wird durch den schmalen Lafayette Park von der Pennsylvania Avenue getrennt, an der sich das Weiße Haus befindet. Vom Fenster meines Zimmers blickte ich auf das bekannte Gebäude.

Ein Spaziergang bot mir Gelegenheit, mich mit der näheren Umgebung vertraut zu machen. Nur zwei Häuserblöcke vom Sitz des US-Präsidenten entfernt entdeckte ich ein recht ungewöhnliches Geschäft. Zwischen dem Maßatelier der Golden Brothers und einer kleinen Krawattenhandlung – dem Tie Shop – hatte es sich wie selbstverständlich eingereiht. Eine an Sherlock Holmes erinnernde Gestalt mit breitrandigem Hut und zusammengekniffenem Auge illustrierte den Namen der Firma: »Spy Shop« stand in großen Lettern über dem Schaufenster. Der, wie auf einer Tafel an der Eingangstür verkündet wurde, rund um die Uhr dienstbereite »Spionsladen« in der New York Avenue Nr. 1402 führte ein beachtliches Sortiment. Abhörgeräte aller Typen und Kaliber, von der falschen Cocktailkirsche mit eingebautem Kleinstsender bis zum als Aschenbecher getarnten Kassettenträger sowie Abschirmtechnik für Büros, Aktenschränke, Telefone, Autos, Boote und andere anzapfgefährdete Objekte konkurrierten hier mit als Neuheit angepriesenen »chemischen Kampfstoffen zur Selbstverteidigung«.

Spy Shop (Spionsladen) in der Washingtoner New York Avenue

Ich sah mich ein wenig in dem Etablissement um. Das gut geschulte Personal bediente die Kundschaft mit Höflichkeit und Sachkenntnis. Als ich mich diskret nach dem täglichen Umsatz erkundigte, ließ man mich selbstbewußt wissen, die Branche laufe nicht schlecht und zähle inzwischen zu den wachstumsintensivsten Industrien des Landes. Verständlicherweise bleibe sie allerdings noch hinter Verkauf und Installation von Anlagen zur Einbruchsverhütung zurück ...

Die Konjunktur des Handels mit »Wanzen« und »Antiwanzen« kam nicht von ungefähr. Nur zweieinhalb Jahre später – am 22. Dezember 1974 – veröffentlichte der Publizist Seymour Hersh in der »New York Times« einen aufsehenerregenden Artikel, mit dem er die geheimdienstliche Überwachung von Millionen Amerikanern nachwies. Präsident Gerald Ford beauftragte daraufhin seinen Stellvertreter, Vizepräsident Nelson Rockefeller, eine Sonderkommission zu bilden. Untersuchungsausschüsse beider Kammern des US-Kongresses – des Senats und des Repräsentantenhauses – traten in Aktion. Nach endlosen Verhören und Recherchen gelangten sie zu der Überzeugung, daß das Anzapfen von Telefonleitungen, die Kontrolle des Telegrammverkehrs, das Öffnen von Postsendungen und das Pflanzen von Abhörgeräten ebenso zum Alltag der Vereinigten Staaten gehörten wie deren verdeckte Aktionen auf fünf Kontinenten.

So symbolisierte die gewiß zufällige, doch ins Auge springende Nachbarschaft des »Spionsladens« und des Weißen Hauses eine Situation, die zu untersuchen Thema dieses Buches sein wird.

Von »Wild Bill« Donovan zu Allen Dulles

Ein Spionagedschungel

Im Spätherbst 1986 erschien bei einem Verlag in Guilford (Connecticut), der den vermutlich nicht zu Tarnzwecken erfundenen Namen Foreign Intelligence Press (Auslandsgeheimdienst-Presse) trägt, ein reich bebildertes, vorzüglich ausgestattetes und informatives Buch. Sein Titel lautete: »The Central Intelligence Agency. A Photographic History« (Der Zentrale Geheimdienst. Eine Geschichte in Bildern). Im Unterschied zu sonstigen amerikanischen Publikationen dieses Genres tauchte das blaugebundene und mit dem Siegel der CIA gezierte Werk nicht in den Regalen einschlägiger Geschäfte auf, sondern war – wie man unauffälligen Werbehinweisen entnehmen konnte – erst nach Übermittlung eines Betrages von 29,85 Dollar (und karteimäßiger Erfassung) per Postversand zu beziehen.

Um auf die Verwandtschaft des Guilforder Buchhauses mit der von ihren Mitarbeitern als »Company« oder »Firma« bezeichneten Zentrale aufmerksam zu machen, hatte man der Geschichte ein gewollt durchsichtiges Dementi vorangestellt. »Foreign Intelligence Press ist eine unabhängige Verlagsgesellschaft und nicht Teil, Tochterfirma oder Eigentum der CIA, irgendeines anderen Geheimdienstes oder einer Regierungsbehörde«, lautete der mehr als deutliche Hinweis.

Cover von »Der Zentrale Geheimdienst. Eine Geschichte in Bildern«

Sodann erfuhr der bereits eingestimmte Leser auch noch die Namen der drei Chefberater des gleichfalls »unabhängigen« Autors John Patrick Quirk: Ray S. Cline diente in den fünfziger Jahren unter CIA-Direktor Allen W. Dulles als dessen Stellvertreter und leitete dann bis zu seiner Pensionierung den Spionageapparat des US-Außenministeriums, das Bureau of Intelligence and Research (INR). Walter L. Pforzheimer gehörte bis 1974 zum Uraltbestand der Geheimdienstzentrale, stellte sich Ronald Reagan im November 1980 nach dessen Wahl zum Präsidenten als Konsultant für »sensible Fragen« zur Verfügung und wurde danach als Nestor der CIA-Historiker ausgegeben. David A. Phillips schließlich, der jahrelang für Washingtons »diskrete« Aktivitäten in Lateinamerika die Verantwortung trug, gründete 1975 die 3.500 ehemalige Agenten umfassende und als Reserve für Sondereinsätze geltende Vereinigung Früherer Geheimdienstbeamter (Association of Former Intelligence Officers – AFIO). Und um die Sache perfekt zu machen, bat man »The Honorable Richard M. Helms« (den ehrenwerten R. M. H.) um ein Vorwort. Präsident Lyndon B. Johnsons einstiger Geheimdienstchef, dessen »vielfältige Beiträge zu Amerikas Spionagefähigkeiten noch heute zu spüren« seien, klärte die Leser darüber auf, daß die CIA nicht etwa mit den Boy Scouts, den US-Pfadfindern, zu verwechseln sei, sondern für weniger vornehme Aufgaben bereitgehalten werde. Schließlich habe sie der »berühmte Chefspion« Allen Dulles einst »als die bösen Buben der Regierung« bezeichnet. Helms, der auf Eliteschulen in Westeuropa ausgebildete Sohn eines Großindustriellen, war schon früh eine schillernde Figur und suchte das »Böse«. 1937 bekam er als junger UPI-Korrespondent ein Exklusivinterview mit Adolf Hitler gewährt.

Die Autoren der »Guilforder Chronik«:
Richard M. Helms, David E. Phillips, Walter L. Pforzheimer (von links nach rechts)

In der vom Herausgeber als »unparteiische Chronik« bezeichneten offiziösen CIA-Geschichte taucht immer wieder der Begriff Intelligence Community (Gemeinschaft der Geheimdienste) auf. Darunter wird im Washingtoner Jargon das weitverzweigte Labyrinth jener 28 Behörden und Institutionen verstanden, welche sich mit der Überwachung von mehr als 290 Millionen US-Bürgern im Inland sowie mit Spionage, Destabilisierung, Diversion, Sabotage und Terror im Ausland befassen. Obwohl der jeweilige CIA-Chef als Director of Central Intelligence zugleich oberster Koordinator sämtlicher geheimdienstlichen Aktivitäten der Vereinigten Staaten ist, befehligt er selbst nur einen über rund zehn Prozent aller finanziellen Mittel der »Gemeinschaft« verfügenden Minderheitssektor des weiten Spektrums miteinander verflochtener und zugleich rivalisierender Organisationen, die sich auf diesem Gebiet betätigen. Zu ihnen zählen die Bundesuntersuchungsbehörde (Federal Bureau of Investigation – FBI), die sich gerne als überregionale Kriminalpolizei darstellt; der Geheimdienst des Verteidigungsministeriums (Defense Intelligence Agency – DIA), dem wiederum entsprechende Organe von Heer, Luftwaffe, Seestreitkräften und Marineinfanteriekorps unterstehen; die für elektronische Spionage und Abschirmung zuständige Nationale Sicherheitsbehörde (National Security Agency – NSA); die Steuerfahndung des Finanzministeriums (Internal Revenue Service – IRS); der 1.500 Agenten beschäftigende und interessanterweise sowohl für den Schutz höchster Amtsträger als auch für die Integrität der amerikanischen Währung zuständige Secret Service sowie die Geheimdienste des Außen- und des Energieministeriums, um nur die wichtigsten zu erwähnen.

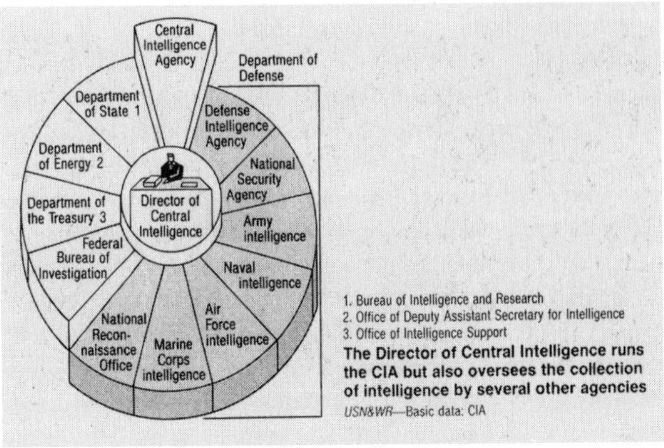

Die wichtigsten US-Geheimdienste

Der ehemalige CIA-Agent Philip Agee schätzte 1978 die Zahl der festen Mitarbeiter der Geheimdienste der USA, von denen 78,4 Prozent zu militärischen und 21,6 Prozent zu zivilen Zentralen gehörten, auf etwa 200.000 Personen. Ihr in anderen Haushaltskapiteln verstecktes Budget belaufe sich auf sieben bis zwölf Milliarden Dollar. »Die Central Intelligence Agency ist nur einer der US-Geheimdienste, und diese sind nur ein sehr tiefverwurzelter Baum in jenem riesigen Wald, als den man den militärisch-industriellen Komplex ansehen kann, der unablässig abnorm große Teile des Regierungsetats den sozialen Belangen entreißt«,[1] schrieben Philip Agee und Louis Wolf in ihrem Buch »Dirty Work« (Schmutzige Arbeit).

Philip Agee

Seitdem ist viel Wasser den Potomac hinabgeflossen. Die Intelligence Community hat unter Reagan die größte Konjunktur seit dem Kalten Krieg der späten vierziger und fünfziger Jahre erlebt. Am 16. Juni 1986 veranschlagte »U.S. News & World Report« den Gesamthaushalt aller US-Geheimdienste auf 24 Milliarden Dollar bei einer jährlichen Wachstumssrate von 25 Prozent. Nur drei Milliarden Dollar davon gingen an die Central Intelligence Agency.

Bevor wir uns im folgenden den einzelnen Waffengattungen der verdeckten Armee zuwenden, sei klargestellt, um was es sich bei deren »Gemeinschaft« tatsächlich handelt.

Hierzu erteilen wir einem unverdächtigen Zeugen das Wort. In der offiziösen CIA-Geschichte – nennen wir sie fortan die »Guilforder Chronik« – wurde Generalleutnant Eugene F. Tighe, der von 1977 bis 1981 die NSA leitete und heute Präsident der AFIO ist, zu dieser Frage interviewt. »Die Gemeinschaft der Geheimdienste war in Wirklichkeit ein Spionagedschungel«, erklärte er unumwunden. Wegen der »üblichen Eigensucht« hätten »die CIA und die anderen Behörden mehr Zeit mit dem Kampf gegeneinander und mit Versuchen zugebracht, sich Dinge wegzunehmen oder voreinander zu verbergen«. General Tighe fügte skeptisch hinzu: »Es ist sehr schwer, die Praktiken einer Gemeinschaft zu ändern, die sich so eingegraben hat und so groß ist wie die U.S. Intelligence Community.«[2]

Sprungbrett für Millionärssöhne

Bis zum Vorabend des Zweiten Weltkriegs besaßen die Vereinigten Staaten – zumindest offiziell – keinen nach außen arbeitenden umfassenden Geheimdienst, wenn auch die amerikanischen Streitkräfte stets über eigene Informationszentralen verfügten. FBI-Chef J. Edgar Hoover, der – vor allem von Kuba aus – ein dichtes Agentennetz in Lateinamerika betrieb, hatte sich jahrzehntelang den Bestrebungen zum Aufbau eines selbständigen Spionageapparates mit der Begründung widersetzt, die Bundesuntersuchungsbehörde verfüge über hinreichende Erfahrungen, um geheimdienstliche Aufgaben im kontinentalen Maßstab zu lösen. Hoover fürchtete die Konkurrenz, die ihm aus dem Entstehen eines neuen Machtorgans mit direktem Zugang zum Präsidenten erwachsen wäre. Auch der Großbankier und Ölmagnat Nelson Rockefeller, Sproß einer der reichsten Familien des Landes, der später zum Gouverneur des Bundesstaats New York aufstieg und es schließlich zum Vizepräsidenten der Vereinigten Staaten brachte, unterhielt in den meisten Ländern der westlichen Welt eigene Spionagetrupps, die einflußreichen Kreisen aus Politik und Wirtschaft ständig vertrauliche Informationen zukommen ließen. Da man damals in Washington einer Politik folgte, die sich auf beide Amerika konzentrierte und Europa als weit weg vom Schuß empfand, blieben Vorstöße zugunsten eines darüber hinausgehenden US-Geheimdienstes zunächst erfolglos.

J. Edgar Hoover

Erst als die Wühltätigkeit der auch nach Übersee drängenden deutschen Faschisten Ende der dreißiger Jahre allzu offensichtlich wurde, erwog Präsident Franklin D. Roosevelt entsprechende Schritte. Nach Kriegsausbruch übte die britische Regierung starken Druck auf die US-Führung aus, um sie zur Schaffung eigener Strukturen für Spionage, Diversion und Sabotage gegen Hitler-Deutschland zu bewegen. Eine Schlüsselrolle spielte dabei der Chef des Geheimdienstes, Sir Stewart Menzies.

Auf amerikanischer Seite fiel die wichtigste Aufgabe einem Mann zu, der unter dem Namen »Wild Bill« Donovan in die Geschichte der Grauzonenaktivitäten eingegangen ist. Haudegen und Oberst des Ersten Weltkriegs, Multimillionär und Mitinhaber einer der renommiertesten Anwaltsfirmen in der Wall Street, genoß der damals 57jährige William Joseph Donovan das Vertrauen des Demokraten Franklin D. Roosevelt, obwohl er sich 1932 für die großbürgerliche Gegenpartei – die Republikaner – erfolglos um das Amt des New Yorker Gouverneurs bemüht hatte. Als der Präsident noch schwankte, entwarf Donovan im Mai 1941 ein Memorandum, mit dem er die Schaffung eines »Dienstes für Strategische Information« vorschlug. Am 18. Juni stimmte Roosevelt dem Dokument zu und ordnete die Errichtung eines Büros des Informationskoordinators (Office of the Coordinator of Information – COI) an. Er wählte bewußt diese nichtssagende Bezeichnung, um der Kritik liberaler Kreise des Kongresses auszuweichen, die beharrlich vor der Schaffung einer amerikanischen Spielart der Gestapo warnten. Während sich Eleanor Roosevelt, die Gattin des Präsidenten, für die Berufung des New Yorker Bürgermeisters Fiorello La Guardia einsetzte, neigte der Chef des Weißen Hauses zunächst dazu, seinen Intimfreund, den Finanzaristokraten Vincent Astor, mit der Leitung der neuen Behörde zu betrauen. Auch Hoover und Rockefeller rechneten sich Chancen aus, bis die Ernennung Donovans, den der britische Geheimdienst favorisierte, solchen Träumereien am 11. Juli 1941 ein Ende machte.

William »Wild Bill« Donovan

Knapp ein Jahr nach seiner Gründung – die USA waren einen Tag nach dem japanischen Luftüberfall auf ihre Flottenbasis Pearl Harbor (Hawaii) am 7. Dezember 1941 in den Krieg gegen die Achsenmächte eingetreten – wurde das COI in Büro für Strategische Dienste (Office of Strategic Services – OSS) umbenannt. Donovan avancierte zum Generalmajor. Folgt man der »Guilforder Chronik«, dann rekrutierte er »einige der brillantesten und farbigsten Gestalten des Landes – Bankiers, Anwälte, Industrielle, Dichter, Akademiker, Dramatiker und Filmproduzenten«[3] für seine Organisation. Der amerikanische Publizist Gary Wills schrieb am 22. Januar 1976 in »The New York Review of Books«: »Das OSS war ein Forum für ›Hochgestellte‹ ... Im OSS dienten Paul Mellon (Gulf Oil, d. Verf.) und sein Schwiegersohn David Bruce zusammen mit den Söhnen (des New Yorker Großbankiers, d. Verf.) J. P. Morgan, dem Sprößling der Du Ponts (des mächtigsten Chemieimperiums der USA, d. Verf.) sowie (dem Multimillionär, d. Verf.) C. Douglas Dillon. Einen Rang erwarb man hier mühelos (jeder vierte Mitarbeiter des OSS war Offizier) ... Der gemeinsame Nenner für alle war, Karriere zu machen.« Die spätere Nummer 2 der CIA, Ray S. Cline, urteilte, Donovan habe »die Aufklärung aus ihrem militärischen Status herausgehoben ... und sie zu einem Karrieresprungbrett für abenteuerlustige, vielseitige Zivilisten gemacht«.[4] 1.600 hochqualifizierte Fachleute wurden in der von Harvardprofessor William L. Langer geleiteten Hauptverwaltung Forschung und Analyse (Research and Analysis) zusammengezogen, die als das Hirn des OSS galt. Aus ihr ging 1950 die CIA-Sektion Nationale Einschätzungen (National Estimates) hervor, die der amerikanischen Führung ihre Version von Geschehnissen in der Welt vorzulegen hat.

Während sich in den amerikanischen Geheimdienst damals auch Liberale und Antifaschisten einreihten, für die besonders die Zerschlagung des deutschen Faschismus im Vordergrund stand, wurde der Führungsstab von Anfang an aus ganz anderen Leuten formiert: »In der Geschichte des OSS ... zeigt sich eine Voreingenommenheit gegenüber den Kommunisten, die fast ebenso stark war wie der Wille, Deutschland zu besiegen«,[5] bemerkte der US-Autor Thomas Powers.

Die konservativen und reaktionären Drahtzieher symbolisierte in besonderem Maß Allen W. Dulles, der zunächst das Westeuropabüro des OSS in der Schweiz leitete und 1945 die Führung des US-Geheimdienstes in der amerikanisch besetzten Zone Deutschlands übernahm. Eine Mitarbeiterin von Dulles in Bern glaubte, »seine Gedanken hätten sich nach Stalingrad mehr mit der Bedrohung durch die Sowjetunion als mit dem deutschen Faschismus beschäftigt. Mit Gedanken dieser Art sei er abends eingeschlafen und morgens aufgewacht«,[6] ermittelte Powers. Auch Richard M. Helms und William J. Casey, die Jahrzehnte später ebenfalls an die Spitze der CIA vorstießen, durchliefen Donovans hohe Schule und waren wie er erfüllt von geradezu krankhaftem Haß auf alles, was sie für links hielten.

Allen Dulles (l.) mit seinem Stellvertreter Ray Cline (r.) bei einer Inspektion

Das OSS, dem bei seiner Gründung nur 92 Mitarbeiter zur Verfügung standen, entwickelte sich im Lauf der Zeit zu einer konspirativen Organisation, der gegen Kriegsende nach unterschiedlichen Angaben zwischen 16.000 und 30.000 Personen unterstellt waren.

Während sich Roosevelt trotz seiner antikommunistischen Grundhaltung für Bündnistreue gegenüber der UdSSR einsetzte, spielte man im Hauptquartier des OSS Varianten durch, die eher der Auffassung des 1944 zum US-Vizepräsidenten gewählten Senators Harry S. Truman entsprachen. Dieser hatte erklärt, in Washington müsse man den Kriegsverlauf sorgfältig beobachten und sehen, ob Nazi-Deutschland oder die Sowjetunion dabei die Oberhand gewinne. Die Vereinigten Staaten sollten der jeweils unterlegenen Seite helfen, da beide Kontrahenten auf diese Weise geschwächt würden. Von solchen Motiven geleitet, nahm die OSS-Zentrale Verbindung zu »oppositionellen« deutschen Kreisen auf, welche bereit waren, Hitler fallenzulassen und auf eine Verständigung mit dem Westen gegen die »bolschewistische Gefahr« hinzuwirken.

Im Juli 1943 erschien beim Bürochef des US-Geheimdienstes in Kairo, Gustav Guenther, ein gewisser Theodore A. Morde, der sich als Korrespondent der Zeitschrift »Reader's Digest« auswies. Für die OSS-Station war er ein alter Bekannter. Morde hatte zuvor im Militärischen Geheimdienst und beim Amt für Kriegsinformation der Vereinigten Staaten sowie als persönlicher Assistent des US-Botschafters in Ägypten gearbeitet. Diesmal führte ihn eine heikle Mission nach Kairo: Sein Auftrag lautete, mit Botschafter Franz von Papen zusammenzutreffen. Das war für Guenther nicht schwer zu arrangieren, da das OSS mit Papen und dessen Spionagechef Paul Leverkuen, den Donovan als Geschäftspartner seiner Anwaltsfirma in den dreißiger Jahren persönlich kennengelernt hatte, bereits in Kontakt stand. Am 5. Oktober 1943 begegnete Morde dem deutschen Diplomaten. Der amerikanische »Journalist« überreichte seinem Gesprächspartner bei dieser Gelegenheit ein Dokument, dessen Urheber niemand anderes als Donovan gewesen sein dürfte. Darin hieß es unter anderem: »Die Alliierten werden einen Vorschlag, der Deutschlands Grenzen unter Einschluß deutscher Bevölkerungsminderheiten, wie in Polen, Sudetenland, Österreich etc. neu festlegt, wohlwollend behandeln ... 2. Deutschland, die USA und Großbritannien sollen die ›Drei Großen Mächte‹ sein: Deutschland in Kontinentaleuropa; die USA auf dem amerikanischen Kontinent und in China; Großbritannien generell in Übersee und in Afrika. (Kontinentaleuropa schließt Polen, die baltischen Staaten und die Ukraine ein) ... 4. Das Leih- und Pachtabkommen sowie die direkte Hilfe für Rußland werden storniert, vorausgesetzt, Deutschland hilft Japan nicht gegen Rußland oder gegen die Alliierten ... 5. Die USA und Großbritannien garantieren, daß Rußland niemals auf eine Handbreit deutsches Territorium vordringt ...«[7]

Mordes Bericht über sein Gespräch mit Papen wurde nach Washington übermittelt und auf Veranlassung des OSS Roosevelt vorgelegt. In einem Begleitschreiben bat Donovan den Präsidenten, dies sorgfältig zu lesen: »Es enthält eine Idee, die Ihr Verstand und Ihre Vorstellungskraft weiterentwickeln könnten.«[8] Doch der Präsident reagierte empfindlich: Er ließ Mordes Paß sperren und lehnte eine Begegnung mit ihm ab. Die Kräfte, die für ein Festhalten an der militärisch-politischen Zusammenarbeit mit der Sowjetunion gegen Deutschland plädierten, gewannen im Weißen Haus die Oberhand.

US-Präsident Franklin D. Roosevelt (r.) mit General Dwight D. Eisenhower

Während offizielle OSS-Historiker mit Vorliebe waghalsige Aktionen des amerikanischen Geheimdienstes in Nordafrika zu schildern pflegen, ist von Donovans Bestrebungen, die Invasion in Frankreich hinauszuzögern, weniger die Rede. Der OSS-Chef gehörte zu jenen in Washington, die mit der Idee des britischen Premierministers Winston Churchill sympathisierten, die zweite Front gegen Deutschland zunächst nicht in Westeuropa, sondern auf dem Balkan zu errichten, um einem Eindringen der Roten Armee in Rumänien, Ungarn und Österreich zuvorzukommen. Am 20. August 1943 – lange nach Stalingrad, während der Schlacht im Kursker Bogen – unterzeichnete Donovan ein Dokument, das Roosevelt und Churchill bei deren Treffen im kanadischen Quebec unterbreitet werden sollte. Die OSS-Studie war überschrieben: »Strategie und Politik: Können Amerika und Rußland kooperieren?« Donovan verfolgte die Absicht, Präsident Roosevelts von rechtskonservativen Kreisen angeprangerter »Gutgläubigkeit in bezug auf die Sowjetunion« entgegenzuwirken.

»Angesichts des Mißverhältnisses zwischen unseren Zielen und unseren Möglichkeiten sind drei alternative Linien der Strategie und Politik gegenüber Deutschland und Rußland vorgeschlagen worden«, hieß es in dem Memorandum, das Donovan eigenhändig mit der Nummer 121 versehen hatte: »1. Daß unverzüglich ein Versuch eingeleitet werde, einen Kompromiß für unsere Differenzen mit der Sowjetunion zu finden und auf solche Interessen zu bauen, die wir mit dieser Macht gemein haben. 2. Daß Amerika und Großbritannien weiterhin für einige Zeit einer Strategie und Politik folgen, die von der der Sowjetunion weitgehend unabhängig ist, und zwar in der Hoffnung, auf diese Weise beides – die Niederlage Deutschlands und eine verbesserte Verhandlungsposition für eine etwas feindliche Regelung mit Rußland – zu erreichen. 3. Daß wir versuchen sollten, gegen Rußland die volle Macht eines unbesiegten Deutschland, das noch von den Nazis oder den Generälen regiert wird, zu richten.«[9]

Makabres Komplott

Die Teilnehmer des Treffens von Quebec wiesen Donovans Memorandum zurück und beschlossen statt dessen, im Sommer 1944 mit der als Unternehmen »Overlord« codierten Landung alliierter Truppen in der Normandie die europäische zweite Front gegen Deutschland zu eröffnen.

Wenn Donovan mit seiner Auffassung in Quebec auch abgeblitzt war, hegte er doch weiterhin Pläne für eine »Balkan-Lösung«. Er strebte an, einen außenpolitischen Kurswechsel und bestimmte innere Korrekturen in mit Deutschland verbündeten südosteuropäischen Staaten herbeizuführen, bevor deren faschistische Regimes von einer sowjetischen Offensive hinweggefegt würden.

Aufschluß über solche Vorstellungen gab beispielsweise die intensive Suche nach Kontakten mit dem rumänischen Diktator Ion Antonescu. Über vom Berner Büro ausgestreckte Fühler wurde in Erfahrung gebracht, daß Antonescu ein Ausscheren aus der Allianz mit den Deutschen in Betracht ziehen könnte, wenn Washington die »Unabhängigkeit Rumäniens« und dessen Vorkriegsgrenzen garantiere. Voraussetzung dafür aber sei eine Landung westalliierter Truppen auf dem Balkan.

Das für den südosteuropäischen Raum zuständige OSS-Büro in Istanbul folgte Befehlen, auch zu Bulgarien und Ungarn Verbindungen zu knüpfen, um deren Interesse an einem Separatfrieden mit dem Westen zu ergründen. Für die Einwirkung auf Sofia hatte man in der Zentrale einen in die USA emigrierten Geschäftsmann bulgarischer Herkunft ausgewählt. Er unterhielt ausgezeichnete Beziehungen zum Hof von Zar Boris III. und zu mazedonischen Faschisten. Doch schon nach ersten Sondierungsgesprächen zwischen dem OSS-Unterhändler, der sich als »Oberst Kiss« ausgab, und Sofias Botschafter in der Türkei kam Hitlers Spionageabwehr der Sache auf die Spur. Bevor weiteres unternommen werden konnte, starb am 28. August 1943 plötzlich Boris III.

Der Versuch des OSS, sich mit dem Budapester Horthy-Regime zu arrangieren, endete kläglich. Hier hatte der US-Geheimdienst seine Hoffnungen auf den ungarischen Militärattaché in Istanbul, Oberstleutnant Otto von Hatz, gesetzt, der zwar für das OSS angeworben werden konnte, später aber als Doppelagent der deutschen Faschisten enttarnt wurde. Eine Schlüsselrolle spielte wiederum das Berner Büro. Allen Dulles informierte Washington, Ungarn sei im Fall einer britisch-amerikanischen Invasion auf dem Balkan, die eine sowjetische Besetzung abwende, zur Zusammenarbeit bereit. Über die Schaffung einer prowestlich und antisowjetisch orientierten Allianz in Südosteuropa konferierte er übrigens auch mit den in die Schweiz entsandten SS-Generälen Prinz Max von Hohenlohe und Reinhard Spitzy. Als Ungarns Nationalbankdirektor Lipot Baranyai 1943 nach Bern reiste, um Möglichkeiten für eine Rettung der Horthy-Herrschaft zu erkunden, traf er dort mit Dulles' Stellvertreter, Royall Taylor, zusammen. Am 9. März 1944 landete im ungarischen Nadykanisza eine als »Sparrow« codierte dreiköpfige Sondermission unter Leitung von OSS-Oberstleutnant Florimond Duke, die Horthy eine Botschaft überbringen sollte. Die US-Unterhändler wurden zum Chef des Budapester Geheimdienstes, General Istvan Vasasi, gebracht und zehn Tage später – nach dem Einmarsch der Wehrmacht – der Gestapo übergeben.

Regie bei den Bemühungen, Donovans Balkanplan doch noch in die Tat umzusetzen, führte ein Spezialist für antisowjetische Aktivitäten: Aus der Washingtoner OSS-Zentrale (2430 E Street, North West) lenkte De Witt K. Poole, Leiter der Abteilung für »Ausländische Subjekte«, die geheimdienstlichen Torpedos gegen die Antihitlerkoalition. Wie Donovan selbst, der während des Interventionskriegs gegen Sowjetrußland Berater des weißen Admirals Alexander Koltschak gewesen war, hatte sich auch Poole seine »Verdienste« bei der Bekämpfung des Kommunismus erworben. So koordinierte er nach der Oktoberrevolution als Generalkonsul in Moskau mehrere Aktionen gegen Lenin.

Überzeugte Antikommunisten bildeten den Generalstab des OSS, gruppierten sich um »Wild Bill« Donovan und Allen Dulles. Donovan reiste im Sommer 1944 – ein dreiviertel Jahr vor Kriegsende – in das gerade durch angloamerikanische Truppen befreite Rom. Von Papst Pius XII. in Privataudienz empfangen, sprach er mit dem ehemaligen apostolischen Nuntius in Berlin über drei Themen: Kommunismus, Deutschland und Rußland. Am 26. August traf Donovan, wie der Diplomat in seinen später veröffentlichten Aufzeichnungen vermerkte, den deutschen Botschafter beim Vatikan, Ernst von Weizsäcker, Vater des späteren Bundespräsidenten Richard von Weizäcker.

Der OSS-Chef ließ einmal geknüpfte Fäden nicht abreißen. Am 17. Februar 1945 hatte der deutsche Außenminister Joachim von Ribbentrop einer Reihe von Botschaftern mit der Geheimdirektive Nr. 1065 die Weisung erteilt, »im Interesse einer Rettung des Reiches« die Kontakte zu britisch-amerikanischen Kreisen wieder aufzunehmen. Auch der Reichsführer SS Heinrich Himmler begann zu sondieren. Am 24. Februar begab sich Donovan nach Westeuropa. Kurz zuvor hatte ihm Allen Dulles aus Bern gemeldet, er sei von Vertretern des SS-Kommandos in Norditalien angesteuert worden und habe ein Geheimgespräch mit SS-Obergruppenführer Karl Wolff geführt. Wolff bekannte später, daß damals in Berlin die Hoffnung gehegt worden sei, sein Zusammentreffen mit Dulles werde ernste Konflikte zwischen der UdSSR und deren Verbündeten provozieren.

Erst später wurde die Vermutung indirekt bestätigt, daß Allen Dulles tatsächlich alles in seinen Kräften Stehende getan hatte, um eine »vorzeitige« und einseitige Waffenniederlegung der Wehrmacht zu verhindern. In einem Nachruf auf ihn, der am 31. Januar 1969 in der »New York Times« erschien, hieß es, Dulles habe sich nachdrücklich gegen das »Beharren auf bedingungsloser Kapitulation« gewandt, das »es unmöglich machte, den deutschen Dissidenten weniger starre Friedensbedingungen für den Fall einer Überwindung Hitlers zu versprechen«.

Die Gespräche, zu denen Dulles, US-Generalmajor Lyman L. Lemnitzer und der britische General Terence S. Airey noch am 2. Mai 1945 in einer Villa bei Ascona (Tessin) mit den SS-Obergruppenführern Karl Wolff und Walter Rauff zusammentrafen, ergaben sich aus den Anweisungen des OSS-Projekts »Operation Sunrise«, die eine Kontaktsuche mit Nazigrößen vorsahen. Der zum »Freundeskreis des Reichsführers SS« zählende »Dissident« Karl Wolff – er war der Hauptverantwortliche für die Vergasung von 300.000 polnischen Juden in Treblinka – lebte nach dem Krieg fast 17 Jahre lang unbehelligt in seinem großen Haus am Starnberger See. Er betrieb von dort aus eine Waffenexportfirma. Nur sieben Jahre einer dann über ihn verhängten 15jährigen Freiheitsstrafe mußte er verbüßen. Rauff, der die von der SS eingesetzten »Gaswagen« ersonnen hatte, konnte nach Chile entkommen.

Im Mai 1945 entwarf Donovan für Präsident Truman das Dokument »Probleme und Ziele der Politik der Vereinigten Staaten«. Der General vertrat darin die Auffassung, Washington könne seine Bestrebungen nur durchsetzen, falls es gelänge, einen Machtblock zu schaffen, der als Gegengewicht zu Rußland diente. Wenn das Pentagon (Verteidigungsministerium) in den Jahren des amerikanischen Kernwaffenmonopols mehr als 15 Varianten eines atomaren Bombardements der UdSSR zur Niederwerfung des Kommunismus ausarbeitete, dann hatten Washingtons Geheimdienstler daran stets ihren Anteil. Im Zeitraum von 1947 bis 1949 wurden – und das ist durchaus keine vollständige Aufzählung – die Pläne »Totality«, »Pincher«, »Broiler«, »Intermezzo«, »Gunpowder«, »Doublestar«, »ABC 101«, »Dualism«, »Fleetwood«, »Bushwacker«, »Frolic«, »Offtackle«, »Charioteer«, »Halfmoon«, »Trojan« und »Dropshot« entwickelt, die allesamt davon ausgingen, die UdSSR in einen Krieg zu verstricken und durch den US-Alleinbesitz an Kernwaffen zu unterwerfen. Selbst in den fünfziger Jahren, als sich die Situation mit der Entwicklung von Kernwaffen durch die UdSSR bereits von Grund auf geändert hatte, erwog man in Washington noch wiederholt die Anwendung nuklearer Massenvernichtungsmittel. Während des Korea-Krieges und zur Zeit der französischen Niederlage in Vietnam empfahlen zivile und geheimdienstliche Berater Präsident Dwight D. Eisenhower insgesamt achtmal den Einsatz von Kernwaffen, sechsmal gegen die Volksrepublik China und Vietnam, zweimal gegen die UdSSR.

Doch kehren wir noch einmal in die Endphase des Zweiten Weltkriegs und die erste Nachkriegsperiode zurück. Am 18. November 1944 schlug William Donovan der amerikanischen Führung vor, seinen eingespielten Apparat auch in Friedenszeiten intakt zu halten und mit den übrigen Geheimdiensten zu einem allumfassenden zivilen Intelligence Service zu verschmelzen.

Der noch für Roosevelt bestimmte vertrauliche Report gelangte durch gezielte Indiskretion an die Öffentlichkeit. FBI-Chef Hoover, seit langem ein Intimfeind des OSS-Direktors, hatte dafür gesorgt. Er hoffte, mit der zu erwartenden negativen Reaktion Donovans Chancen auf eine Ernennung als oberster Spionagechef zunichte zu machen und zugleich dem schwerkranken Präsidenten einen Schlag zu versetzen. Der liberale Flügel des Establishment, dem Roosevelt selbst zuneigte, zeigte sich erwartungsgemäß schockiert. Dem Plan widersetzten sich auch die militärischen Geheimdienste. Das State Department (Außenministerium) sah seine eigene Spionagedomäne bedroht. Und das FBI wollte sich nicht in die Überwachung der US-Bürger hineinreden lassen. Unter diesen Umständen schob Roosevelt die Entscheidung auf. Am 12. April 1945 starb er.

Roosevelts Nachfolger Truman hütete sich, das heiße Eisen sofort anzufassen. Er lehnte Donovans Plan rundweg ab und traf am 1. Oktober 1945 die spektakuläre Entscheidung, das OSS aufzulösen. Die bisherige OSS-Hauptverwaltung Forschung und Analyse wurde dem State Department unterstellt, die übrigen Bereiche schlug man dem Kriegsministerium (War Department) zu.

Company des Kalten Krieges

Der schon 1945 einsetzende Kalte Krieg ließ bei den Verantwortlichen sehr bald das Bedürfnis entstehen, wieder über einen schlagkräftigen Spionageapparat zu verfügen. Am 22. Januar 1946 ordnete Präsident Truman die Gründung einer Central Intelligence Group (Zentrale Geheimdienstgruppe) an, die sofort begann, frühere OSS-Mitarbeiter zu rekrutieren. Unter ihren Spitzenbeamten befand sich der bereits erwähnte Richard Helms. Donovan selbst, inzwischen erneut einer der einflußreichsten Konzernanwälte in Manhattans Finanzdistrikt, wurde nicht reaktiviert, sondern siebeneinhalb Jahre später von Präsident Eisenhower als Botschafter nach Thailand geschickt.

Am 18. September 1947 trat der National Security Act in Kraft, der die Formierung des neuen US-Geheimdienstes abschloß. Mit ihm wurden ein Nationaler Sicherheitsrat (National Security Council – NSC) und die Central Intelligence Agency (CIA) geschaffen. Den NSC bezeichnete man als »höchstes Organ der Exekutive für die Leitung aller Auslandsspionage- und Abwehraktivitäten von nationaler Bedeutung«. Ihm gehören der Präsident, der Vizepräsident, der Außen- und der Verteidigungsminister sowie andere vom Präsidenten zu ernennende Personen an. Der CIA-Direktor und der Chef des Vereinigten Generalstabs nehmen an den Beratungen teil. Besonderes Gewicht im NSC erlangten die Chefsicherheitsberater der aufeinanderfolgenden Präsidenten. Unter ihnen ragten McGeorge Bundy und Walt W. Rostow, der ehemalige Geheimdienstoffizier Henry Kissinger und Zbigniew Brzezinski hervor.

»Die Geburt der CIA«. Karikatur von Oliver Harrington in der New Yorker »Daily World«

Am 20. Juni 1949 vervollständigte der US-Kongreß auf Drängen Präsident Trumans die gesetzlichen Grundlagen der konspirativen Tätigkeit der CIA mit der Annahme des Central Intelligence Agency Act. Die Kontrollmechanismen von Senat und Repräsentantenhaus wurden auf ein Minimum heruntergeschraubt, die Machtpositionen des Nationalen Sicherheitsrats stark ausgebaut. Weitere Aufgaben der CIA waren bereits früher vom NSC definiert worden. So hatte man ihr mit der Direktive 4/a vom 14. Dezember 1947 die Führung des psychologischen Krieges übertragen. Darunter verstand man verdeckte Operationen oder Aktionen. Es handelte sich in erster Linie um »medienspezifische Aktivitäten einschließlich anonymer Publikationen, Fälschungen und Subventionierung von Publikationen; politische Aktionen unter Ausnutzung von Personen ohne Staatsbürgerschaft und Dissidenten sowie Unterstützung für politische Parteien; paramilitärische Aktivitäten einschließlich der Hilfe für Aufständische und Sabotage; aus Finanzoperationen bestehende wirtschaftliche Aktivitäten«.[10]

Am 18. Juni 1948 hatte der NSC die Direktive 10/2 über die Durchführung von Spezialoperationen bestätigt, in der es vor allem um Aktionen im Ausland ging.

Allen Dulles

In der Anfangsphase kam ein Drittel der Mitarbeiter des Geheimdienstes aus dem OSS, während andere – wie Allen Dulles, der seine einträgliche Praxis als Konzernanwalt erst im Dezember 1950 wieder unterbrach – mit der Zeit zur »Company« stießen. Dulles wurde zunächst stellvertretender Direktor für »Pläne«, wie man verdeckte Aktionen damals bezeichnete. In der »Guilforder Chronik« heißt es, seine Führung sei »im frühen Stadium der Agentur entscheidend gewesen«. Im Februar 1953, als General Walter Bedell Smith Außenminister wurde und Allen Dulles statt seiner die Leitung der CIA übernahm, war deren Personalbestand bereits auf etwa 10.000 Mitarbeiter angewachsen. Dulles ließ den ungefähr 13 Kilometer vom Zentrum der US-Bundeshauptstadt

Washington entfernten Gebäudekomplex in Langley (Virginia) errichten, dessen Name bis heute weltweit als Synonym für die CIA verwendet wird. Der Hausherr, der wie alle nachfolgenden CIA-Direktoren sein Büro in der den Potomac überschauenden siebten Etage eingerichtet hatte, entstammte übrigens einer illustren Familie: Sein Großvater John Foster hatte 1893 als US-Außenminister – nach Inszenierung eines Aufstandes durch die nur fünf Prozent der Bevölkerung repräsentierende weiße »Missionarspartei« – Marineinfanterie nach Hawaii beordern lassen, was 1898 zur Annexion und 1959 zur Umwandlung des pazifischen Archipels in den 50. Bundesstaat der USA führte.

Die CIA-Zentrale in Langley nach der Erweiterung

Allens Bruder John Foster Dulles betrieb in den fünfziger Jahren als Außenminister Präsident Eisenhowers einen äußerst gefährlichen Kurs. Voller Bewunderung bescheinigten ihm die Autoren der »Guilforder Chronik«: »John Foster Dulles war ein leidenschaftlicher Kalter Krieger. Er näherte sich dem Rand der Konfrontation mit den Russen so häufig, daß seine Außenpolitik als ›brinkmanship‹ (Balancieren am Rande des Abgrunds) bezeichnet wurde. Als er beschloß, seine offenen Programme mit verdeckter Aktion zu steigern, mußte er sich nur an seinen Bruder wenden. Der jüngere Dulles ... war immer begierig, sich mit dem russischen Gegner in den dunklen Alleen der Welt einzulassen.«[11]

Den Dulles-Brüdern habe es an der Autorität gefehlt, größere verdeckte Aktionen im Ausland auf eigene Faust zu unternehmen, doch seien sie von Eisenhower stets dazu ermutigt worden, heißt es in der »Guilforder Chronik«. Ein Historiker habe einige

Jahre später hierzu geschrieben: »Der Höhepunkt bei der Erforschung der zuvor geheimgehaltenen Papiere Eisenhowers war für mich die zentrale Rolle, die verdeckte Aktionen, Geheimnisse, schmutzige Tricks und Guerillakämpfe spielten.«[12]

Das inzwischen wesentlich erweiterte Hauptquartier Langley, ein hoher Zementbau, in dessen Eingangshalle eine Relieftafel an die Saat erinnert, die der 1969 verstorbene Allen Dulles einst gelegt hat, beherbergt nur einen Teil der CIA-Dienststellen, in denen heute mehr als 18.000 Stammkräfte tätig sind. Rund 30 Filialen befinden sich in Washington und dessen Vorstädten, vor allem in Arlington. Im Komplex Langley sind außer der obersten Spitze wichtige Sektionen aller Bereiche untergebracht. Die »Behörde« gliedert sich in vier jeweils durch einen stellvertretenden CIA-Direktor geleitete Hauptabteilungen: Nachrichtenwesen (Intelligence), Wissenschaft und Technologie, Verwaltung (Administration) und Operationen.

Eingangshalle des CIA-Hauptquartiers

»Die meisten Beschäftigten befassen sich mit Jobs, die vom Analysieren der Satellitenfotos iranischer Truppenbewegungen bis zum Unterminieren ausländischer Regierungen reichen. Relativ wenige – wenngleich wichtige – sind in das romantischere Mantel- und Degen-Spionieren in dunklen Ecken von Moskau und Ost-Berlin verstrickt«, beschrieb »U.S. News & World Report« am 16. Juni 1986 die Arbeitsteilung in Langley.

Die Hauptabteilung Nachrichtenwesen, in der etwa ein Fünftel sämtlicher CIA-Angestellten tätig ist, hat die aus aller Welt eintreffenden Informationen auszuwerten und für einen Kreis ausgewählter Empfänger aufzubereiten. Viele der dort Beschäftigten fühlen sich nicht in erster Linie als Mitarbeiter eines Spionageapparats, sondern als Wissenschaftler im Dienst der CIA. Das gilt zum Beispiel für jene Experten, welche sich mit der Ausarbeitung der Nationalen Einschätzungen und der täglichen Unterrichtung des Präsidenten (President's Daily Briefing) befassen, mit Analysen für das Weiße Haus und die Mitglieder der Regierung. Sie sollen internationale Ereignisse und Trends, die von Sicherheitsinteresse für die Vereinigten Staaten sind, nüchtern bewerten. Amerikanische Präsidenten und CIA-Direktoren haben jedoch immer wieder darauf gedrungen, nur solche Aussagen zu erhalten, die zur Begründung der jeweiligen Tagespolitik geeignet waren.

In der Hauptabteilung Intelligence arbeiten Diplominhaber auf etwa 300 Wissensgebieten. Seit Jahrzehnten hat die CIA besonders unter Absolventen der Spitzenuniversitäten des Landes hart rekrutiert. Aber auch an weniger renommierten höheren Lehranstalten sind CIA-Beauftragte auf »Talentsuche«. Als die 13 regionalen Anwerbungszentren des Spitzengeheimdienstes 1993 offiziell geschlossen wurden, sollte der Eindruck erweckt werden, die alten Schlapphütetage seien endgültig vorüber. Jene Zeiten, in denen – wie Tim Weiner in der »New York Times« schrieb – »ein Mannschaftstrainer in Yale, ein Geschichtsprofessor in Harvard und ein Dekan in Princeton einen vielversprechenden jungen Mann zur Seite gezogen haben, um ihm zu bedeuten, ein wundervolles Leben voller Abenteuer erwarte ihn in der geheimen Welt«.[13]

Doch nur drei Jahre nach ihrem Rückzug aus dem Rampenlicht, der durch Veröffentlichungen in den Medien verursacht worden war, wurden die Rekrutierungsbüros der CIA an Universitäten und Hochschulen im ganzen Land wieder aufgemacht. Man sei besonders an Sprachbegabten, Ingenieuren, Chemikern, Physikern, Juristen, Ökonomen und Historikern interessiert, erklärte Clay Burton, der ein solches Office an der Clemson University in Südkarolina besetzt hält, dem Journalisten. Bewerber müßten zunächst an einem mehrmonatigen Einführungslehrgang teilnehmen, einen 21 Seiten umfassenden Fragebogen ausfüllen, sich zu »Interviews« bereitfinden und einen Lügendetektortest über sich ergehen lassen, bevor man näher auf sie zukomme. »Heute gibt es nur wenige Hochschulen, die uns ganz draußen lassen«, versicherte CIA-Vizedirektor Dick Calder der »New York Times«.

Zur Hauptabteilung Wissenschaft und Technologie gehört das Büro für Forschung und Entwicklung, das Wirtschaftsspionage betreibt. In der Vergangenheit war es dafür zuständig, den eingeschränkten Handel mit dem Ostblock zu überwachen. »Strategische Güter«, die in der »COCOM-Liste« erfaßt waren, durften nicht in sozialistische Staaten exportiert werden. Seit dem Zerfall der Sowjetunion haben sich die Prioritäten geändert. Die Erklärung der Industriespionage überführter CIA-Anbehöriger mit Diplomatenpaß zu Personae non gratae – zum Beispiel in Frankreich, Italien, Indien und Südkorea – läßt darauf schließen, daß längst die Industriespionage in hochentwickelten Ländern den ersten Rang einnimmt.

Dem stellvertretenden CIA-Direktor für Verwaltung unterstehen Ausrüstung und Nachschub, die Bereiche Schulung und innere Sicherheit sowie der administrative Apparat. Er hat dafür zu sorgen, daß sämtliche Mitarbeiter in regelmäßigen Abständen den bereits erwähnten Lügendetektortests unterzogen werden, um ihre Verläßlichkeit im Sinne der Vorgaben der CIA zu überprüfen.

Von Bombay bis Berlin

Die bei weitem größte und bestfinanzierte Hauptabteilung Langleys – das Directorate of Operations – befaßt sich mit Auslandsspionage und verdeckten Aktionen. Sie wird intern als Abteilung für schmutzige Tricks (Department of Dirty Tricks) bezeichnet. Ihre geographischen Einheiten sind für die Installierung und Unterstützung vor Ort tätiger Stationen verantwortlich, die durch Residenten, sogenannte Chiefs of Station (COS), geleitet werden. Diesen unterstehen wiederum als Case Officers bezeichnete Führungsoffiziere – auch »Spooks« genannt –, denen einheimische Spitzel und Spione nachgeordnet sind.

»Chief of Station ist ein CIA-Titel. ... Vor allem ist er der persönliche Vertreter des CIA-Direktors in allen Angelegenheiten. ... Er ist fast immer eine Schlüsselfigur des jeweiligen US-›Landesteams‹«, heißt es hierzu in der »Guilforder Chronik«: »Die besten CIA-Chiefs, von denen die kritischsten Operationskommandos unseres Landes geführt werden, blicken auf jahrelange Erfahrung in der Straßenarbeit zurück. In ihren jungen und mittleren Jahren haben sie die Straßen von Bombay bis Berlin beackert ...«[14]

Der COS steht in der Hierarchie der jeweiligen US-Botschaft nicht selten an zweiter oder dritter Stelle. Dabei gilt die Konzentration von CIA-Leuten in politischen und ideologischen

Abteilungen als besonders dicht. 1976 traf Harvard-Professor Morton H. Halperin, ehemals stellvertretender Abteilungsleiter im Pentagon und Stabsmitglied des Nationalen Sicherheitsrats der USA, die Feststellung: »25 Prozent der sogenannten Beamten des State Department in der ganzen Welt arbeiten gegenwärtig für die CIA.«[15] »Das US-Außenministerium tarnt die COS und weitere CIA-Mitarbeiter durch Legenden als Mitarbeiter des diplomatischen Dienstes und stattet sie so mit diplomatischer Immunität aus«, offenbarte der ehemalige CIA-Mann Philip Agee. »In einigen Staaten, vor allem dann, wenn eine möglicherweise explosive politische Situation heranreift, kann ein CIA-Agent selbst als Botschafter eingesetzt werden.«[16]

Häufig treten CIA-Agenten als Geschäftsleute, reisende Abgesandte religiöser Gemeinschaften oder Repräsentanten wohltätiger Stiftungen auf. Im Februar 1974 gab CIA-Direktor William E. Colby zu, daß Langley zu seiner Zeit über 200 Mitarbeiter bei im Ausland operierenden Konzernen untergebracht hatte. 1967 enthüllte die US-Zeitschrift »Ramparts«, nahezu die Hälfte aller angeblich von amerikanischen Stiftungen (außer Ford, Rockefeller und Carnegie) Ausländern gewährten Stipendien und Darlehen seien in Wahrheit durch die CIA finanziert.

Die verdeckten Aktionen wurden durch die bereits erwähnte Direktive 10/2 des Nationalen Sicherheitsrats der USA vom 18. Juni 1948 – ihre Veröffentlichung erfolgte erstmals 30 Jahre später – geregelt. Dort hieß es wörtlich: »Unter dem in dieser Direktive verwendeten Terminus ›geheime Operationen‹ sind alle Aktivitäten ... zu verstehen, die von dieser Regierung gegen feindliche ausländische Staaten oder Gruppen oder zur Unterstützung befreundeter ausländischer Staaten oder Gruppen geleistet oder gefördert werden, die jedoch so geplant und geleitet werden, daß nach außen hin ihr Urheber – die Regierung der USA – auf keine Weise in Erscheinung tritt und im Falle ihrer Aufdeckung die Regierung der USA völlig glaubwürdig jede Verantwortlichkeit für sie plausibel leugnen kann.« Als »geheime Aktivitäten« wurden aufgeführt: »Propaganda, Wirtschaftskrieg, direkte Präventivhandlungen einschließlich Sabotage ..., Wühlarbeit gegen feindliche Staaten, einschließlich der Hilfe für die illegalen Widerstandsbewegungen im Untergrund, für Guerillas sowie die Unterstützung von antikommunistischen Elementen in bedrohten Ländern der freien Welt«.[17]

»Die CIA definiert Geheimaktionen als jene illegale Operation oder Aktivität, die dazu bestimmt ist, ausländische Regierungen, Organisationen, Personen oder Ereignisse in einer für die amerikanische Politik positiven Weise zu beeinflussen«, schrieb das US-Nachrichtenmagazin »Newsweek« am 8. November 1982. »Das bezieht alles ein – von einem proamerikanischen Leitartikel, der in eine ausländische Zeitung lanciert wird, bis zur Inszenierung eines Putsches oder der Aufstellung von Geheimarmeen. Demokratische Ideale passen oft nicht zu Geheimaktionen.« Doch es gebe »Schlimmeres«, meinte das Blatt. Wenn sich ein Land »in die Angelegenheiten eines anderen einschaltet«, dürfe es »sich nicht erwischen lassen«. Präsident Eisenhowers Berater James Doolittle urteilte über verdeckte Aktionen so: »Es gibt keine Regeln in einem solchen Spiel. Im allgemeinen akzeptierte Normen menschlichen Verhaltens sind nicht anwendbar.«[18]

Blick hinter die Kulissen. O. Harrington-Karikatur in »Daily World«

Ihren Anfang nahmen Washingtons verdeckte Aktionen schon unmittelbar nach der Reorganisierung der CIA, die sich zunächst auf Westeuropa stürzte. Die kontinentalen Schlüsselländer Italien und Frankreich – befürchtete Langley damals – seien durch das Wirken angesehener und einflußreicher kommunistischer Parteien »in Gefahr, von Moskau verschlungen zu werden«. Parallel zum Marshallplan, der Milliarden Dollar in den wirtschaftlichen Wiederaufbau der Region unter kapitalistischem Vorzeichen pumpte, »brachte die Agentur Geld, Manipulation und Gewalt zum Tragen, um ihren Freunden zu helfen und die Kommunisten zu kontern«,[19] schrieb Morton Halperin. Während die CIA in der Bundesrepublik »beiden großen politischen Parteien und den meisten ihrer Führer geheime Zuwendungen« gewährt habe, sei man in Italien noch kulanter gewesen. Nach Feststellungen eines Ausschusses des US-Repräsentantenhauses wurden hier zwischen 1948 und 1968 über 65 Millionen Dollar für Gewerkschaftsspaltung und Eindämmung der Italienischen Kommunistischen Partei aufgewendet. Als entscheidende Weichenstellung betrachtete man die Parlamentswahlen im Jahr 1949. Der Nationale Sicherheitsrat beauftragte die CIA, einer Regierungsbeteiligung von Kommunisten vorzubeugen. In der »Guilforder Chronik« heißt es hierzu: »Die CIA gab den Christdemokraten und anderen anti- oder nichtkommunistischen Parteien finanzielle und technische Unterstützung für die Wahlen im April 1949, die mit dem Triumph dieser Parteien endete.«[20]

In seinem Buch »Blowback« (Zurückblasen) zitiert der amerikanische Publizist Christopher Simpson den New Yorker Kardinal Francis Spellman, der als Verbindungsmann zwischen der CIA und dem Vatikan diente. Die US-Regierung habe »in Italien insgeheim große Summen ›schwarzen Geldes‹ an die katholische Kirche übergeben ... Ein wesentlicher Teil dieses Fonds stammte aus beschlagnahmtem Nazivermögen, einschließlich von Geld und Gold, das die Nazis den Juden abgenommen hatten«.[21] Es habe sich dabei um Schätze gehandelt, die im Rahmen des 1943 beschlossenen US-Regierungsvorhabens »Safehaven« von den Amerikanern sichergestellt worden seien. Der Exchange Stabilization Fund habe diese Summen und Werte treuhänderisch verwalten sollen. »In Wirklichkeit«, schrieb Simpson, »wurde dieser Pool zu einer geheimen Quelle der Finanzierung illegaler US-Operationen in den frühen Tagen der CIA ... Ein Großteil der italienischen Kampagne wurde auf einer Adhoc-Basis aus den Büros von Allen und John Foster Dulles in der New Yorker Anwaltsfirma Sullivan & Cromwell abgewickelt.«[22]

Nach dem Erfolg dieser ersten verdeckten Aktion drängte Geoge Kennan, Direktor des Politischen Planungsstabs im Außenministerium, auf die Formierung einer ständigen Gruppe für zivile und paramilitärische Operationen. Daraufhin bildete man innerhalb der CIA das Büro für Politische Koordinierung (Office of Policy Coordination – OPC), dessen Leitung zunächst dem früheren OSS-Residenten in Rumänien, Frank Wisner, und nach dessen Selbstmord dem Multimillionär Richard Bissell übertragen wurde, den Allen Dulles von der Ford-Stiftung abgeworben hatte. 1953 liefen bereits in 48 Ländern verdeckte Aktionen des OPC. Zu dieser Zeit verschlangen die Illegalen Dienste, wie dieser Zweig der CIA bis heute intern genannt wird, nicht weniger als 74 Prozent des Gesamtbudgets der Zentrale. Wie die CIA vorging, veranschaulicht Philip Agee, der zwölf Jahre für Langley in Spitzenpositionen arbeitete, am Beispiel eigener Erfahrungen in Ekuador. Hier rekrutierte die »Company« den damaligen Vizepräsidenten des Landes, mehrere Minister, den Chef der Geheimpolizei, Gewerkschafts- und Studentenführer, einflußreiche Journalisten, Offiziere der Streitkräfte, Vorsitzende politischer Parteien sowie den Neffen und den Leibarzt des Staatspräsidenten als bezahlte Agenten. Mit ihrer Hilfe wurden zwei den USA nicht genehme Regierungen gestürzt.

Die CIA als Henker der Demokratie.
O. Harrington-Karikatur in »Daily World«

»Tatsächlich dienten die USA als Weltgendarm. Und der Geheimpolizist – der Vollstrecker – dieses Systems war die CIA«,[23] sagte der in viele Details eingeweihte Morton Halperin. Um zahlreiche zusätzliche »Hilfsvollstrecker« vor Ort zu besitzen, ließ die CIA in Zusammenarbeit mit anderen Stellen durch die »kommerzielle Firma« International Police Service Inc. Tausende von Polizisten fremder Staaten ausbilden. Nicht immer mit Erfolg: »Die Ermordung Anwar El Sadats (des ägyptischen Präsidenten, d. Verf.) war für die CIA besonders peinlich, da sie die persönlichen Leibwachen ausgebildet hatte, die in Deckung gingen, als der Anschlag auf ihn verübt wurde«, schrieb »The New York Times Magazine« am 16. Januar 1983.

Seit 1949 hat die »Company« nach eigener Darstellung Tausende und Abertausende verdeckter Aktionen unternommen. »Der Illegale Dienst ist eine durch und durch amerikanische Institution«,[24] verkünden die hurrapatriotischen Verfasser der »Guilforder Chronik«. Sie haben nicht unrecht. Einige der spektakulärsten und zugleich charakteristischsten Anschläge Langleys – gelungene und gescheiterte – werden im folgenden geschildert.

CIA: Die Freiheit im Visier

Agenten retten den Pfauenthron

Im März 1953 reiste Geheimdienstmajor Kermit Roosevelt in wichtiger Mission nach Teheran. Der Sohn des 1919 verstorbenen Präsidenten Theodore Roosevelt war Leiter des CIA-Dezernats für den Nahen und Mittleren Osten. Er sollte letzte Hand an die Operation »Ajax« legen, deren Ziel darin bestand, Irans bürgerlich-nationale Regierung unter dem 72jährigen Dr. Muhammad Mossadegh zu Fall zu bringen.

Um die Geschehnisse von 1953 einordnen zu können, müssen wir zunächst ihre Wurzeln bloßlegen. Diese ragen tief in das Erdreich Irans hinein – bis zu dessen unermeßlichen Ölquellen.

1901 hatte der Schah von Persien dem britischen Geschäftsmann William Knox D'Arcy gegen eine Spottsumme auf 60 Jahre alle Erkundungs- und Ausbeutungsrechte für in seinem Land vermutete Bodenschätze zugebilligt. Als D'Arcy später in die Heimat zurückkehrte, gelang es dem als Missionar verkleideten Spitzenagenten des Geheimdienstes seiner Majestät Sidney George Reilly, die kaiserliche Überlassungsurkunde in seinen Besitz zu bringen. 1909 wurde zwischen London und Teheran ein formeller Vertrag abgeschlossen, den man als Geburtsschein der Anglo-Persian Oil Company (seit 1935: Anglo-Iranian Oil Company – AIOC) bezeichnen kann.

1925 riß Reza Khan, ein Armeeoffizier und Großgrundbesitzersohn, den iranischen Thron an sich. Er hatte London dabei geholfen, den unbotmäßigen Monarchen Ahmad Qajar Schah zu zähmen und die nationalen Kräfte zu zügeln. Großbritannien zeigte sich erkenntlich und machte Reza Khan zunächst zum Kriegsminister, dann zum Premier. Am 15. Dezember 1925 ernannte er sich selbst zum neuen Schah von Persien, wobei er den Namen Reza Schah Pahlawi annahm. 1941 ersetzten London und die AIOC – der eigentliche Herrscher über das mittelöstliche Reich – Reza Schah durch seinen 22jährigen Sohn Muhammad Reza Pahlawi. Unter dessen Regentschaft beutete die Anglo-Iranian im Süden des Landes ein Konzessionsgebiet von 950.000 Quadratkilometern aus, auf denen sie rund 300 Bohrtürme errichtete. Sie beschäftigte über 100.000 Iraner, besaß eigene Flughäfen, Häfen, Tankerflotten, Rundfunkstationen, eine Eisenbahnlinie und sogar eigene Polizeikräfte.

Doch der Aufschwung der nationalen Befreiungsbewegung nach dem Zweiten Weltkrieg erschütterte auch die Positionen der AIOC. Schon aus den Wahlen vom Oktober 1949 war die Nationale Front – ein Zusammenschluß bürgerlicher Parteien mit antiimperialistischer Tendenz – als stärkste Kraft hervorgegangen. Ihr Führer Mossadegh brachte im März 1951 einen Gesetzentwurf ein, der die restlose Überführung des AIOC-Eigentums in die Hände des iranischen Staates vorsah. Unmittelbar darauf fanden machtvolle Demonstrationen statt, gegen die Militär eingesetzt wurde.

Nachdem der rechtsgerichtete Regierungschef, General Razmarah, einem Attentat zum Opfer gefallen war, konnte sich auch sein gleichfalls durch die Briten vorgeschobener Nachfolger Hussein Ala nur kurze Zeit halten. Nach dessen Rücktritt billigte Irans Parlament am 19. April 1951 einstimmig das Gesetz über die Nationalisierung der Ölindustrie. Der Schah mußte Mossadegh zum Ministerpräsidenten ernennen. Obwohl dieser als Gutsbesitzer keineswegs ein Mann der Linken war, was sich auch in seiner Weigerung ausdrückte, die kommunistische Tudeh-Partei zuzulassen, verbreiteten westliche Geheimdienste sofort das Gerücht, der Führer der Nationalen Front sei in Wirklichkeit ein »verkappter Agent Moskaus«.

Als am 1. Mai über 30.000 Demonstranten mit roten Fahnen zum Parlament marschierten, verlor man in London endgültig die Nerven. Britische Truppen wurden unter dem Interventionsvorwand gegen Teheran mobilisiert, erforderlichenfalls »das Leben von Untertanen der Krone zu schützen«. Boykott und Blockade der iranischen Ölhäfen sollten Mossadegh in die Knie zwingen. Doch dieser ließ sich nicht erpressen. Mitte September 1951 forderte er die Engländer auf, ihr verbliebenes AIOC-Personal abzuziehen.

Die mit Ölexperten dicht besetzte Truman-Administration reagierte auf das Malheur der britischen Konkurrenz anfangs nicht ohne Schadenfreude. Außenminister Dean Acheson, Teilhaber einer Anwaltsfirma, die für Rockefellers Standard Oil arbeitete, ließ durchblicken, die Amerikaner seien zur Auffüllung des entstandenen Vakuums bereit. Auch sein Stellvertreter David Bruce, der mit einer Tochter des Gulf-Oil-Bosses Paul Mellon verheiratet war, bekundete Interesse. Nicht zuletzt zählte Paul Nitze, damals Leiter der Politischen Abteilung des US-Außenministeriums, zu den Ölbaronen. Seine Frau war eine Enkelin des Erdölkönigs Pratt. Auf Anraten solcher Leute wurde im Juli 1951 ein hochrangiger Abgesandter nach Teheran in Marsch gesetzt. Er sollte den Ministerpräsidenten überreden, auf eine echte Nationalisierung des iranischen Öls zu verzichten und das Land »amerikanischer Hilfe zu öffnen«. Mossadegh lehnte ab.

Muhammad Mossadeghs Vertreibung aus dem Amt des Premierministers

Jetzt wurde gehandelt: Am 18. Juli 1952 entließ der Schah den halsstarrigen Premier. Sein Nachfolger blieb keine Woche im Amt, nachdem zur Niederwerfung eines Generalstreiks eingesetzte Truppenteile den Befehl verweigert hatten. Im Triumph kehrte Mossadegh, nun auch Verteidigungsminister, in den Regierungspalast zurück. Als General Dwight D. Eisenhower im Januar 1953 Präsident der Vereinigten Staaten wurde, sah sich jene Fraktion gestärkt, welche längst ein »Eingreifen zur Überwindung der chaotischen Zustände in Iran« verlangte. Die Administration der Republikanischen Partei war noch stärker mit Ölmillionären gespickt als das vorangegangene Kabinett der Demokraten. Außenminister John Foster Dulles, der Rockefellers Anwaltsfirma Sullivan & Cromwell geleitet hatte, teilte dem Repräsentantenhaus mit, es sei unmöglich, mit dem iranischen Regierungschef zu verhandeln. So wurde der Stab über Mossadegh gebrochen. Als neuer Premier war General Fazlullah Zahedi, ein ehemaliger Polizeiminister, ausersehen. Um ihn ans Ruder zu bringen, wurde Kermit Roosevelt, der viele Jahre im Mittleren Osten gelebt hatte und mehrere Sprachen dieser Region beherrschte, unter falschem Namen wiederholt nach Teheran entsandt. Seine wahre Identität kannten nur drei Iraner: Einer von ihnen war der Schah. So gab er sich unter anderem als Universitätsprofessor und als Vorsitzender der Amerikanischen Freunde des Mittleren Ostens aus. Roosevelt vermied jeden Besuch in der US-Botschaft und verkehrte auch mit dem Station Chief nur über sorgfältig ausgewählte Kontaktpersonen. Dabei spielte der zu Gastvorlesungen in Iran weilende CIA-Agent und Professor der Yale-Universität R. Black eine wichtige Mittlerrolle. Er rekrutierte zahlreiche hohe Offiziere des Schahgeheimdienstes für die »Company«.

Am 13. Juli 1953 schrieb »The New York Post«, die Teheraner Regierung werde »noch vor Jahresende fallen, Mossadegh vermutlich durch Armeekreise überwältigt, die besonders enge Bande zu Washington haben, welches sie mit modernen Waffen ausgerüstet und ihr Personal gedrillt hat«. Als Rückhalt diente den Putschisten die US-Militärmission in der iranischen Hauptstadt.

Sie gab mehr als zehn Millionen Dollar für die Anwerbung von Agenten in Zivil und Uniform aus. Ihr Leiter, General Stewart, schilderte später deren Rolle so: »Die Gewehre der Soldaten, die LKW und Panzerwagen, in denen sie fuhren, die Fernmeldemittel – das alles hatten wir geliefert. Hätten wir das nicht getan, dann wäre die gegen die USA eingestellte Regierung wohl weiter an der Macht geblieben.«[25]

Anfang August 1953 »empfahlen« Kermit Roosevelt und US-Brigadegeneral Norman Schwarzkopf, der zuvor Irans Polizeikräfte »reorganisiert« hatte, dem Schah, gegen Mossadegh loszuschlagen. Zugleich begann eine zügellose Propagandakampagne. Sie gipfelte in der Behauptung, bei Fortbestehen des antiamerikanischen Regimes drohe die Gefahr einer Besetzung Irans durch die UdSSR. Während CIA-Direktor Allen Dulles in der Schweiz mit Prinzessin Ashraf, der Schwester des iranischen Monarchen, konferierte, verfügte Reza Pahlawi am 19. August die Entlassung Mossadeghs und dessen Ersetzung durch General Zahedi. Doch der beherzte Premier ließ den Kommandeur der Schahgarde, der ihm den Befehl überbringen sollte, kurzerhand festnehmen. In Panik floh der »Herrscher auf dem Pfauenthron« über Bagdad nach Rom. Er hielt sein Spiel für verloren.

Schah Reza Palevi

Die CIA putschte Zahedi dennoch an die Macht. Aus der Provinz herangeführte Divisionen und ein gekaufter Mob der Hauptstadt liquidierten das Regime. Es brach mit der Verhaftung Mossadeghs und dessen engsten Mitstreitern zusammen. Der Schah wurde am 22. August 1953 von der CIA nach Teheran zurückgeflogen. Terror überflutete das Land. Schläge trafen vor allem die Tudeh-Partei. Auch die Anhänger der Nationalen Front wurden drakonisch verfolgt, Tausende von Iranern hingerichtet. Um die Welt gingen Bilder von Erschießungen. Ein Kriegsgericht verurteilte Mossadegh wegen »Hochverrats«, »Anschlags auf die Krone« und »Versuchs, die Republik zu proklamieren« zum Tode. Die Strafe wurde dann in mehrjährige Haft umgewandelt.

Die US-Monopole fielen wie Wolfsrudel über den Iran her. Später koordinierte Richard Helms, Washingtons Botschafter in

Teheran, deren Interessen. Er hatte 1953 den Putsch in Iran – die erste erfolgreiche Aktion der CIA zum Sturz einer fremden Regierung – als stellvertretender Leiter des Bereichs Verdeckte Aktionen persönlich überwacht und war am 30. Juni 1966 durch Präsident Lyndon B. Johnson zum Direktor der Central Intelligence Agency ernannt worden.

Wie sich der Ablauf der Ereignisse 1986 – 33 Jahre nach der Operation »Ajax« – aus der Sicht Langleys darstellte, verrät uns die »Guilforder Chronik«: »1953 billigte Präsident Eisenhower eine CIA-Operation in Iran zur Entmachtung eines irren Premierministers namens Mossadegh, der amerikanische und britische Interessen ungeachtet der Tatsache gefährdete, daß der junge Schah proamerikanisch war. Während einer Periode von Unruhen besaßen ein CIA-Beamter namens Kermit Roosevelt, seine Mitarbeiter für verdeckte Aktionen und deren iranische Agenten Nerven, Spürsinn und einen Sack voller Geld, um den Anfang vom Ende einzuleiten. Sie organisierten die Unruhen. Sie bezahlten die Protestierer, mit riesigen iranischen Gewichthebern vorneweg, übernahmen die Kontrolle des dämonischen Treibens, formten es in eine politische Aktion um und setzten einen neuen Premierminister ein. Mossadegh floh, und der Schah kehrte auf den Thron zurück.«[26]

Zweieinhalb Jahrzehnte nach ihrem »Triumph von Teheran« erlebte die CIA in Iran ein Waterloo. Ausgerechnet die gewieften Analytiker der »Company«, deren Apparat die kaiserliche Geheimpolizei SAVAK gedrillt hatte, während Wirtschaft und Streitkräfte des Landes mit 40.000 US-Experten durchsetzt wurden, blieben unfähig, die Ereignisse von 1978/79 richtig einzuordnen. Präsident James Carter erfuhr die Wahrheit nicht aus den täglichen Informationen Langleys, sondern durch Zeitungsberichte. Gestützt auf das, was die am Hof ein- und ausgehenden CIA-Agenten nach Hause übermittelt hatten, verkündete er noch am 12. Dezember 1978, er glaube fest daran, daß der Schah an der Macht bleibe und die Probleme meistere. Nur zwei Monate später mußte der »Sieger« von 1953 endgültig aus Teheran fliehen.

In den folgenden Jahren bekam die CIA in Iran kaum ein Bein auf die Erde. »Seit 1988 haben die iranischen Behörden mindestens 30 Iraner ausgeschaltet, die für Amerika spionierten«, las man am 4. Juli 1994 in »U.S. News & World Report«. »Dieser Verlust war der zweite Kollaps eines US-Spionagenetzes in Iran binnen eines Jahrzehnts. Der erste trat ein, als iranische Radikale 1979 die US-Botschaft besetzten.«

Rückkehr des »Grünen Ungeheuers«

Im Januar 1954 lud Washingtons Botschafter in Guatemala, John Peurifoy, der wenige Jahre zuvor an der blutigen Niederschlagung der griechischen Volksbewegung maßgeblich beteiligt gewesen war, eine Journalistenrunde in seine Residenz ein. »Die öffentliche Meinung in den Vereinigten Staaten könnte uns dazu zwingen, einige Maßnahmen zu ergreifen, um zu verhindern, daß Guatemala in den Bannkreis des internationalen Kommunismus gerät«,[27] kam der Geheimdienstdiplomat sofort zur Sache. Die Drohung richtete sich gegen einen Mann, der den Unabhängigkeitswillen seines Landes wie kein zweiter verkörperte: Präsident Jacobo Árbenz Guzmán. Einer der konsequentesten Antiimperialisten bürgerlicher Herkunft in Lateinamerika, hatte er sich als junger Oberst 1944 an einem vom Volk unterstützten Staatsstreich fortschrittlicher Offiziere gegen den mit den Nazis paktierenden Diktator Jorge Ubico beteiligt und war in eine antifaschistische Militärjunta eingetreten, die die Macht übernahm. In der gewählten Regierung des Präsidenten Juan José Arévalo leitete er das Verteidigungsressort. Ende 1950 wurde er nach einem überwältigenden Wahlsieg selbst Staats- und Regierungschef. Er unterstützte soziale und politische Reformen, legalisierte die Kommunistische Partei, ließ erstmals in der Geschichte Guatemalas freie Gewerkschaften zu und gestattete den Aufbau einer nationalen Vereinigung der überwiegend indianischen Bauern. Anderthalb Jahre nach dem Amtsantritt der Regierung Árbenz erhielten mehr als 100.000 arme Familien Grund und Boden, Vieh, Staatskredite und technische Hilfe.

Doch dann ging der Präsident zu weit. Mitte 1952 besaß er die Kühnheit, sich an »El Pulpo« – den Polypen – heranzuwagen: Im Rahmen eines Agrarreformprojektes nationalisierte er auch 160.000 Hektar besten Bananenlandes, die bisher der 40.000 guatemaltekische Tagelöhner ausbeutende US-Agrarkonzern United Fruit Company (UFC), genannt das »Grüne Ungeheuer«, besessen hatte. Árbenz bot dessen Bossen eine Entschädigung an: Staatspapiere im Wert von 600.000 Dollar. Die Ablösungssumme war genau nach jenem Betrag berechnet worden, den der Konzern zwei Jahre zuvor gegenüber den einheimischen Steuerbehörden als Wert der Ländereien angegeben hatte. Jetzt aber erklärte die UFC auf einmal empört, die Summe sei unzumutbar, da sich der Wert der beschlagnahmten Obstplantagen tatsächlich auf 15 Millionen Dollar belaufe. Das auch in Panama, Honduras, Nikaragua und Kolumbien über Hunderttausende Hektar Land verfügende Multiunternehmen trommelte Alarm. In vier mittelamerikanischen Ländern setzte es eigene Zeitungen ein. Zugleich ließ man die Verbindungen zur CIA spielen. Es dauerte nicht lange, bis das Orchester der Meinungsmacher die Weise von einer »kommunistischen Infiltration des Árbenz-Regimes« zu intonieren begann. Die auflagenstärksten US-amerikanischen Blätter, Rundfunk und Fernsehen der Vereinigten Staaten stimmten in die Kampagne ein.

Als die Republikanische Partei bei den Wahlen im November 1952 siegte und Eisenhower in das Weiße Haus brachte, erhielten die Anhänger einer Abrechnung mit Guatemala Rückenwind. Die United-Fruit-Interessenvertretung konnte sich Schlüsselpositionen des Staatsapparates sichern: Allen Dulles, ehemals Präsident des Bananenmonopols, wurde Geheimdienstchef, sein Bruder John Foster Dulles, der als Hausanwalt der UFC in den Jahren 1930 bis 1936 die Entwürfe zu den ungleichen Verträgen zwischen der United Fruit Company und Guatemala formuliert hatte, Außenminister. Man besetzte wichtige Ressorts des State Department mit UFC-Leuten. Zwei Großaktionäre des »Grünen Ungeheuers« – John Moors Cabot und Henry Cabot Lodge – wurden Leiter der Lateinamerika-Abteilung und Washingtons Chefdelegierter bei den Vereinten Nationen.

Im Sommer 1953 entschied das Komitee 54-12 beim Nationalen Sicherheitsrat, den Geheimdienst für einen Umsturz in der mittelamerikanischen Republik zu verpflichten. Mit der Leitung der verdeckten Aktion wurde CIA-Vizedirektor Frank Wisner beauftragt. Schon bald nachdem Botschafter Peurifoy »Maßnahmen« angekündigt hatte, rief John Foster Dulles auf der Ratstagung der Organisation Amerikanischer Staaten in Caracas dazu auf, Guatemala als »nicht tolerierbaren kommunistischen Brückenkopf in der westlichen Hemisphäre« zu verurteilen. Der linke bürgerliche Demokrat Árbenz wurde von ihm zum »Marxisten-Leninisten« erklärt.

Über das, was dann geschah, schrieb 1965 der amerikanische Wissenschaftler John Gerassi: »Wir schritten zur Tat, um Árbenz loszuwerden. Wir fanden einen guatemaltekischen Oberst, Castillo Armas (einen Absolventen der US-Generalstabsschule in Fort Leavenworth, Kansas) und fütterten ihn mit Waffen (einschließlich sechs von US-›Freiwilligen‹ geflogenen F 47) und Dollars für die Aufstellung einer Söldnerarmee in Honduras und Nikaragua.«[28]

Während die Armas-Banden über die vom ehemaligen CIA-Mitarbeiter Samuel Cummings geleitete Waffenfirma »Interarmco«

ausgerüstet wurden, trainierten auf dem nikaraguanischen Luftwaffenstützpunkt Puerto Cabezas Piloten der U.S. Air Force für den Überfall. Ein Bataillon US-Marineinfanterie lag in Bereitschaft. An der Grenze zu Guatemala und in der dortigen Botschaft der Vereinigten Staaten installierte man fünf starke Sender, die auf Panikmache und Zersetzung hinarbeiteten. Nachdem Washington ein »Sicherheitsabkommen« mit den Diktatoren von Honduras und Nikaragua geschlossen hatte, verhängten die USA Ende Mai 1954 die Seeblockade über Guatemala. Sie unterbanden zugleich sämtliche Treibstofflieferungen dorthin.

Am 2. Juni forderten durch Allen Dulles vorgeschickte guatemaltekische Generäle von Árbenz »die Abrechnung mit den Kommunisten«. 16 Tage später begann der militärische Angriff. Da die Armas-Banden auf erheblichen Widerstand stießen und in den ersten beiden Tagen drei ihrer von der CIA bereitgestellten Flugzeuge verloren, wurden von amerikanischen Piloten gesteuerte Kampfmaschinen ohne Hoheitszeichen eingesetzt. Um einen Vorwand zum Eingreifen zu besitzen, ließ man den CIA-Agenten Joseph Silverthorne einen an der Grenze gelegenen honduranischen Flugplatz bombardieren. Doch John Foster Dulles versicherte unverdrossen: »Es sind Guatemalteken, die gegen Guatemalteken kämpfen.«[29]

CIA-Söldner vor dem Einsatz

Während der äußere Druck verstärkt wurde, kaufte der US-Botschafter persönlich hohe Offiziere der guatemaltekischen Armee und Polizei, die Árbenz zum Rücktritt drängten. »Es war zum größten Teil ein auf Effekt zielendes Szenarium aus Propaganda und psychologischer Kriegsführung; aber es hatte Erfolg, indem es den Präsidenten des Landes glauben machte, man sei im Begriff, ihn zu stürzen«, heißt es hierzu in der »Guilforder Chronik«. »Auf einem kurz danach stattfindenden Treffen im Weißen Haus wandte sich Präsident Eisenhower an Allen Dulles und sagte: ›Danke, Allen. Sie haben einen sowjetischen Brückenkopf in Mittelamerika verhindert.‹«[30] Nach dem so herbeigeführten Sturz der rechtmäßigen Regierung wurde Armas durch Peurifoy zum Präsidenten ernannt. Seine erste Amtshandlung war die Aufhebung der Agrarreform und die »Wiedereinsetzung der United Fruit Company in ihre Rechte«. »El Pulpo« ging übrigens später in einem riesigen Konglomerat auf.

Bevor Árbenz den CIA-Putschisten weichen mußte, hatte er sich noch einmal über den Rundfunk an sein Volk gewandt. »Gegen Guatemala wird ein barbarischer Krieg geführt«, sagte der gewählte Präsident. »Die United Fruit und die Regierung der Vereinigten Staaten benutzen den Vorwand des Antikommunismus. Doch die Wahrheit sieht anders aus: Sie muß in den Profitinteressen der USA-Monopole gesucht werden, die überall Berge von Geld investiert haben und fürchten, andere lateinamerikanische Länder könnten dem Beispiel Guatemalas folgen.«[31]

Ende Januar 1971 wurde der Leichnam von Jacobo Árbenz in Mexiko-Stadt aufgefunden. Der Politiker war – nach offizieller Lesart – in seiner Badewanne ertrunken. Die Behörden verbreiteten die Version, er sei vermutlich ohnmächtig geworden und in das eingelassene Wasser gestürzt. Wie der Leichenbeschauer Dr. Jorge Cortes Ramires demgegenüber erklärte, war der Körper des Toten »offenbar durch fast kochendes Wasser völlig verbrüht«.[32] Für einen Herzanfall habe die Obduktion der Leiche keinerlei Anhaltspunkte geliefert.

Nicht anders als später beim mysteriösen Flugzeugabsturz des panamaischen Ex-Präsidenten General Omar Torrijos – eines von den USA gehaßten Verfechters der nationalen Interessen seines Landes – dürfte auch beim Ableben des Guatemalteken Árbenz die CIA ihre Hand im Spiel gehabt haben.

In ihrer Ausgabe vom 26./27. April 1997 schrieb die »New York Times« zur Rolle des US-Geheimdienstes bei den seinerzeitigen Ereignissen in Guatemala: »1954 überwand ein von der CIA gesponserter Militärputsch die linke Regierung des Präsidenten

Jacobo Árbenz – eine der wenigen, die in Guatemalas Geschichte frei gewählt worden waren.« Der Coup habe einen »langen nationalen Abstieg in die Wildheit« eingeleitet. Unter aufeinanderfolgenden Militärdiktatoren sei die mehrheitlich indianische Landbevölkerung gezielt dezimiert worden. Am Ende – vor Unterzeichnung des Friedensabkommens im Dezember 1996 – habe man 140.000 Ermordete und Vermißte gezählt. Eine Million Menschen sei aus ihren Dörfern vertrieben worden.

»Viele guatemaltekische Militär- und Polizeiführer standen auf den Gehaltslisten der CIA. Im vergangenen Jahr stellte das Intelligence Oversight Board fest, daß die CIA eine Reihe von Heeresoffizieren bezahlt hatte, die des Mordes, des Menschenraubs und des Folterns verdächtig waren«, konstatierte »New York Times«-Korrespondent Anthony Lewis. Der Journalist zog den Schluß: »Bei all diesen Aktivitäten war die CIA nicht ein alberner Elefant. Sie führte die Wünsche der höchsten amerikanischen Autoritäten aus.«

Der rechtskonservative Republikaner Barry Goldwater, der den liberalen Demokraten Frank Church in den achtziger Jahren an der Spitze des Senatsausschusses für die Überwachung der Intelligence Community ablöste, hatte diese und ähnliche Vorgänge mit den Worten kommentiert: »In manchen Fällen ist es erforderlich, daß die Geheimdienste der USA mit den inneren Sicherheitskräften von Staaten zusammenarbeiten, in denen Menschenrechte systematisch verletzt werden.«[33]

Der Stollen von Rudow

Am 22. April 1956 verbreiteten die internationalen Nachrichtenagenturen eine Eilmeldung aus Berlin: An der Schönefelder Chaussee, nur wenige hundert Meter vom grenznahen Westberliner Stadtteil Rudow entfernt, hatten sowjetische Nachrichtensoldaten auf DDR-Gebiet einen mit Millionenkosten vorgetriebenen Spionagetunnel westlicher Geheimdienste ausgegraben. Von einer als US-Radarstation getarnten Zentrale im Ostteil der Stadt führte ein über 300 Meter langer Stollen zu Telefonkabeln des Oberkommandos der Gruppe der sowjetischen Streitkräfte in Deutschland. Abhörspezialisten der CIA und des britischen Geheimdienstes SIS hatten, sich unentdeckt wähnend, etwa 500 Fernsprechleitungen angezapft.

Die Telefonspione vor Ort, deren Chefs in Washington und London eine Erkundung der unterirdischen Gänge für undenkbar gehalten hatten, wurden durch das zur Freilegung eingesetzte sowjetische Bataillon auf frischer Tat ertappt. Als die Soldaten in den Tunnel sprangen, brannte dort noch die Neonbeleuchtung, während Maschinen und Geräte auf Hochtouren liefen. Obwohl der mit einer schalldämpfenden Masse isolierte Stollen durch spezielle Horchapparaturen, die jedes von außen kommende Geräusch sofort weitergaben, gesichert war, sahen sich die US-Techniker überrumpelt. Unter Zurücklassung unwiderlegbaren Beweismaterials traten sie die Flucht an, um den weiteren Verlauf der Erdarbeiten dann von der amerikanischen Seite mit Scherenfernrohren zu verfolgen.

Die Aufdeckung des 18 Monate lang betriebenen Rudower Spionagetunnels, der zu den aufwendigsten und erfolgversprechendsten Bauten des Kalten Krieges gehörte, war eine Schlappe für den CIA-»Architekten« William King Harvey, besonders aber für Allen Dulles. Während sich die Eisenhower-Regierung als Initiator des Stollens in Schweigen hüllte, berichtete die Weltpresse genüßlich vom Reinfall derer, die für Jahrzehnte auf reiche Informationen gehofft hatten.

Der Rudower Spionagetunnel nach der Entdeckung

Doch die Hintergründe kannten zunächst nur wenige. »Das Unternehmen wurde allein dadurch zunichte gemacht, daß ostdeutsche Straßenarbeiter unabsichtlich in eine weiche Stelle der Tunnelbefestigung hineinstießen«, suchte das US-Nachrichtenmagazin »Time« die Niederlage der CIA zu verharmlosen. Im Februar 1970 aber stellte sich heraus, daß die Rudower Panne nicht zufällig eingetreten war. Der Brite George Blake, ein Agent der UdSSR, berichtete damals in der »Iswestija« über die wahren Ursachen des Scheiterns der Operation »Gold«, wie man das kostspielige Vorhaben in den Geheimdienststäben chiffriert hatte. Als stellvertretender Leiter der Abteilung für technische Operationen des britischen Geheimdienstes SIS hatte er im Dezember 1953 an einer Beratung teilgenommen, deren Gegenstand das geplante Vordringen zu den Nachrichtenkabeln der DDR und der sowjetischen Truppen gewesen war. Lange vor dem ersten Spatenstich in Rudow meldete er seiner Zentrale das sorgsam gehütete Geheimnis. Und als in den Hauptquartieren von CIA und SIS die Sektkorken zu Ehren der für ihre Verdienste um die Operation »Gold« beförderten Spitzenspione knallten, legte man in Moskau bereits den Termin für die Tunnelbesichtigung fest. Die Wahl fiel auf den 22. April 1956 ...

Der britische Geheimdienst MI6 war von sowjetischen Agenten durchsetzt: der legendäre Kim Philby (r.)

Mord in Katanga

Am 30. Juni 1960 begann ein dramatisches, heroisches und zugleich tragisches Kapitel afrikanischer Geschichte. An diesem Tag proklamierte Patrice Lumumba die unabhängige Republik Kongo. Der Flaggenwechsel in Leopoldville (Kinshasa) war mehr als ein symbolischer Akt. Die Plünderer Afrikas fürchteten seine Auswirkungen. Ihren Pfründen – den vor allem in der Provinz Katanga (Shaba) lagernden Vorkommen an Kupfer, Kobalt, Uran, Eisenerz, Kohle, Zinn, Gold, Silber und Diamanten – drohte Gefahr. Doch noch besaß der Kolonialismus die Kraft zum Gegenschlag, und er machte von ihr Gebrauch.

Kongos Premier Patrice Lumumba

Bei den Maiwahlen 1960 hatte sich die Kongolesische Nationalbewegung (MNC) als stärkste politische Formation erwiesen und 36 der 137 Parlamentssitze errungen. Als am 23. Juni das Kabinett vereidigt wurde, stellte sie sieben von 21 Ministern und den Regierungschef: Patrice Lumumba. Eine Woche darauf fanden sich Repräsentanten von 60 Staaten zur Unabhängigkeitsfeier ein. Auch US-Präsident Eisenhower ließ durch Sonderbotschafter Robert Murphy seine Glückwünsche übermitteln.

Parallel zu den Festlichkeiten lief ein Komplott an, das darauf abzielte, Kongos Befreiung zu verhindern. Am 8. Juli besetzten belgische Fallschirmjäger strategisch entscheidende Punkte des Landes. Drei Tage später rief Moise Tschombé, ein von den Kolonialisten vorgeschickter schwarzer Multimillionär, die »Republik Katanga« (Shaba) aus, um die rohstoffreiche Bergbauprovinz vorsorglich aus dem Gefüge des jungen Staates herauszulösen. In Windeseile wurde eine Söldnerarmee aufgestellt.

Lumumbas Regierung bat die Vereinten Nationen um Hilfe. Bald darauf reiste der Premier nach New York. Am UNO-Sitz konferierte er unter anderem mit Generalsekretär Dag Hammarskjöld, der die Entsendung von militärischem und zivilem Personal der

Organisation zusagte, zugleich aber dafür sorgte, daß die Schlüsselpositionen an Leute aus NATO-Staaten vergeben wurden. In Washington empfingen Eisenhower und sein Außenminister Christian Herter den kongolesischen Gast, um ihm zu bedeuten, daß seine Regierung bei »gemäßigter Politik« mit amerikanischer Wirtschaftshilfe rechnen könne.

Lumumba ließ sich weder kaufen noch erpressen. Als sich herausstellte, daß das UNO-Kommando weitgehend durch Vertreter der früheren Kolonialmächte kontrolliert wurde, forderte er am 14. August den Abzug aller nichtafrikanischen Verbände. Die von Hammarskjöld geschickten Truppen besetzten daraufhin den Rundfunksender der Hauptstadt und die Flugplätze des Landes, um den Aktionsspielraum der Regierungskräfte einzuengen.

Nachdem ein Erlaß des in das Komplott hineingezogenen Staatspräsidenten Joseph Kasavubu, der den Premier für abgesetzt erklärt hatte, vom Parlament aufgehoben worden war, blieb Lumumbas Gegnern nur noch der Weg des Militärputsches. Der Regierungschef, dessen Leben in Gefahr geriet, stellte sich zunächst unter den Schutz von UNO-Soldaten aus ihm wohlgesonnenen afrikanischen Ländern. Obwohl die Ausgänge zu deren Lager auch von kongolesischen Verbänden scharf bewacht wurden, gelang es Lumumba erstaunlicherweise, sich am 28. November aus dem Camp zu entfernen. Am 3. Dezember wurde er festgenommen und gefesselt in das Militärlager Thysville transportiert. Am 17. Januar 1961 lieferte man ihn, Senatsvizepräsident Okito und Minister Mpolo an Katanga aus. Tags darauf wurden die drei Politiker von Gendarmen Tschombés und belgischen Söldnern in einer Villa am Stadtrand Elisabethvilles (Lubumbashi) bestialisch umgebracht. Erst vier Wochen später teilte Katangas »Innenminister« Munongo mit, Lumumba und seine Kampfgefährten seien »auf der Flucht erschossen« worden.

Lumumba (r.) und zwei seiner Minister nach der Festnahme

Jahre mußten vergehen, bis die Weltöffentlichkeit erfuhr, wer die Ermordung des kongolesischen Premiers tatsächlich geplant, finanziert und in Auftrag gegeben hatte. Auf einer Sitzung des Nationalen Sicherheitsrats der USA am 18. August 1960 hatte Eisenhower erklärt, in Kongo gebe es »nur einen einzigen Mann, der gegen uns ist – Lumumba«. NSC-Beamter Robert Johnson erinnerte sich später, der Präsident habe – zu CIA-Direktor Allen Dulles gewandt – »eine Bemerkung gemacht, die ich als Befehl zur Liquidierung Lumumbas auffaßte«. Auch der stellvertretende Außenminister Douglas Dillon rekapitulierte Eisenhowers Worte: »Wir müssen es so machen, daß wir ihn loswerden.« Noch am selben Tag erhielt Richard Bissell, CIA-Vizedirektor für verdeckte Aktionen, von Dulles die Weisung, »das Erforderliche einzuleiten«. Am 26. August telegrafierte Dulles dem CIA-Residenten in Leopoldville, Lumumba solle sofort »beseitigt werden«, da im Kongo »eine typische Machtergreifung der Kommunisten im Gange« sei. »Gewaltakte, wenn unvermeidlich, sind geheimzuhalten«, hieß es weiter.[34] Für den Umsturz stellte Washington 100.000 Dollar bereit.

Nach der Ausschaltung Lumumbas als Regierungschef drängte Bronson Tweedy, damals Leiter der Afrika-Abteilung der CIA, auf die Beseitigung des populären Politikers. In diesem Zusammenhang wurde der Geheimdienstmann und Biochemiker Sidney Gottlieb nach Kongo entsandt. Er wählte für die zunächst geplante Vergiftung der Zahnpasta Lumumbas Stoffe, die eine in der Region vorkommende tödliche Krankheit auslösen sollten. Als das Vorhaben auf Schwierigkeiten stieß, trat der CIA-Beamte Michael Mulroney an Gottliebs Stelle: Er organisierte am 28. November 1960 Lumumbas Entkommen aus dem Lager der UNO-Truppen und ließ den Hinterhalt für seine Ergreifung legen. Mulroney war es auch, der die Überführung des Gefangenen nach Katanga veranlaßte, wo dieser in die Hände seiner innenpolitischen Feinde geriet. Der ehemalige CIA-Direktor William Colby räumte am 23. Januar 1978 in einem Interview mit dem »Spiegel« ein, im »Fall Lumumba« habe es »einige vorbereitende Schritte« für seine Ermordung gegeben.

Auf Lumumbas Tod folgte für Kongo zunächst eine Zeit heftiger Turbulenzen, in der der Widerstand gegen das Regime Kasavubus und Tschombés von den Herrschenden nicht völlig »unter Kontrolle gebracht« werden konnte. Zeitweilig hielt sich auch Che Guevara in der Region auf. Am 24. November 1965 putschte die CIA den damals 34jährigen Stabschef der Armee Joseph Desiré Mobutu an die Macht. Er hatte bereits bei der Ermordung

Lumumbas eine Rolle gespielt. »Obwohl er es immer wieder abstritt, glauben viele Wissenschaftler, daß Marschall Mobutu 1961 die Hinrichtung Mr. Lumumbas auf Drängen der CIA organisieren half«, stellte die »International Herald Tribune« am 17./18. Mai 1997 klar.

Seriöse Quellen bestätigen die Urheberrechte des amerikanischen Geheimdienstes an dem Tyrannen, der Kongo 1970 in Zaire umbenannte. »Die Central Intelligence Agency machte Marschall Mobutu zu ihrem Mann ... Sie deckte ihn, als er 1965 einen Staatsstreich unternahm, und machte ihn sogar zum Präsidenten«, schrieb die »New York Times« am 26./27 April 1997. Mobutu habe anschließend US-Hilfsgelder in Höhe von insgesamt 1,5 Milliarden Dollar erhalten. Der Diktator sei die Wahl der Vereinigten Staaten gewesen, obwohl man sich seiner Menschenrechtsverbrechen, der Verelendung des kongolesischen Volkes und einer fast beispiellosen Korruption der Führungsschicht durchaus bewußt gewesen sei, fuhr das Blatt fort: »CIA-Beamte und andere Amerikaner, die mit Marschall Mobutu zu tun hatten, machten sich keine Illusionen über ihn. Aus ihrer Sicht mußten wir ihn aber unterstützen, weil er ein antikommunistisches Bollwerk im Kalten Krieg darstellte. Wie Franklin Roosevelt in einem anderen Zusammenhang sagte: »Er war ein Arschloch, aber unser Arschloch.«

Nachdem Mobutu seine Schuldigkeit getan und seinen spezifischen Wert für die USA eingebüßt hatte, wurde er am 16. Mai 1997 sang- und klanglos aus dem Verkehr gezogen.

Mister CarlucCIA

Zum US-Operationsstab, der 1960 in Leopoldville die Ausschaltung Lumumbas betrieb, gehörte auch ein junger Diplomat, der später auf anderen Schauplätzen des internationalen Geschehens auf sich aufmerksam machte: Frank Carlucci. Im Koreakrieg Marineoffizier, hatte er seine Botschaftslaufbahn in Südafrika begonnen und war nach einjähriger Spezialausbildung in den USA just zum Zeitpunkt der »Aktion Lumumba« im Kongo aufgetaucht. Als man ihn von dort wieder abzog, erhielt er den Superior Service Award – die höchste Auszeichnung des State Department. Die offizielle Begründung lautete, der 2. Botschaftssekretär Carlucci habe eine Gruppe von Amerikanern unter Einsatz seines Lebens vor dem »Mob« geschützt.

Später versetzte die CIA ihren Mann nach Sansibar, wo er den Auftrag erhielt, den schwierigen Prozeß des staatlichen Zusammenwachsens der Inseln vor Ostafrikas Küste mit dem einstigen Tanganjika durch einen Putsch gegen Vizepräsident Obeid Karume »zu beschleunigen«. Der sansibarische Politiker war ein entschiedener Antiimperialist. Als Konsul Carlucci – die Wachsamkeit des jungen Staates unterschätzend – telefonisch die Botschaft der USA in Daressalam vom Stand der Dinge informierte, konnte er den Wortlaut dieses Gesprächs am nächsten Morgen im »Tansania Herald« nachlesen. Der Diplomat des Allen Dulles wurde zur Persona non grata erklärt und mußte Sansibar verlassen.

Frank Carlucci

Im Frühjahr 1964 – unmittelbar nach dem mit US-Beteiligung inszenierten Sturz der rechtmäßigen Regierung des Präsidenten João Goulart – erschien Carlucci in Brasília. Seine enge Zusammenarbeit mit General Golbery do Couto e Silva, dem »Vater« des Militärgeheimdienstes im größten Land Südamerikas, ließ bei Beobachtern den Eindruck entstehen, Carlucci sei Langleys Führungsoffizier für die brasilianische Schwesterfirma.

Nachdem er zwischendurch einige zivile Posten in der Nixon-Administration bekleidet hatte, wurde er bald wieder an die vorderste Front beordert. Anfang August 1974 war sein einstiger Chef in Brasília, der inzwischen zum CIA-Vizedirektor aufgerückte General Vernon Walters (ab April 1985 für einige Jahre Washingtons UNO-Chefdelegierter), nach Portugal entsandt worden. Dreieinhalb Monate zuvor hatten dort demokratische Militärs im Bund mit einer machtvollen Volksbewegung die älteste faschistische Tyrannei Europas hinweggefegt. Der sich anbahnende revolutionäre Prozeß, in dem Kommunisten keine geringe Rolle spielten, rief in Washington Befürchtungen hervor, das strategisch bedeutsame Land könne der NATO verlorengehen. General Walters stellte die Unfähigkeit des gegenüber der »kommunistischen Gefahr« arglosen US-Botschafters fest und sorgte für dessen Ablösung. Mitte Januar 1975 traf Frank Carlucci als sein Nachfolger in Lissabon ein. Mit ihm kam ein ganzes

Rudel überwiegend aus Brasilien herangeschaffter CIA-Agenten. Der neue US-Missionschef mußte zunächst taktische Meinungsverschiedenheiten mit Außenminister Henry Kissinger ausfechten, der Portugal bereits abgeschrieben hatte und daher massive Druckausübung empfahl. Carlucci vertrat demgegenüber die flexiblere Auffassung, setzte auf proamerikanische Führer der Sozialistischen Partei und dinierte einmal wöchentlich mit deren Generalsekretär Mário Soares. »New York Times«-Korrespondent Leslie Gelb berichtete am 25. September 1975, die CIA habe der Sozialistischen Partei und anderen Organisationen Portugals in manchen Monaten mehrere Millionen Dollar überwiesen.

Der CIA-General Vernon Walters brachte es bis zum UNO-Chefdelegierten der USA. Später war er Botschafter in der BRD

Carluccis Rolle als Regisseur war so offenkundig, daß Admiral José Baptista Pinheiro de Azevedo, Premier der 6. Provisorischen Regierung Portugals, im Mai 1976 auf die Frage eines Reporters, ob Kommunisten künftig noch einer Lissabonner Regierung angehören könnten, zur allgemeinen Verblüffung antwortete: »Da müssen Sie nicht mich fragen. Es dürfte Ihnen doch wohl bekannt sein, daß solche Dinge in Washington entschieden werden.«[35] – »Der US-Botschafter – in der portugiesischen Presse bald als ›CarlucCIA‹ apostrophiert – zeigte sich rührig und durchaus nicht immer von der diplomatischen Seite«, schrieb der Lissaboner Publizist Claudio Apedrejeiro. »Bei seinen Inspektionstouren durch das Land trat er im Stil eines römischen Provinzgouverneurs auf. Er erteilte Bischöfen und Bürgermeistern, Politikern rechter Parteien und sozialdemokratischen Führern, Unternehmensbossen und vom Kapital geschmierten Gewerkschaftsspaltern gratis und in aller Öffentlichkeit seine ›Ratschläge‹.«[36]

Demonstration für die Abberufung Carluccis als US-Botschafter in Lissabon

Ende 1977 wurde Carlucci von Präsident Carter über Nacht zur Nummer 2 der CIA ernannt. Aus der US-Botschaft zog er direkt in Langleys Direktionsetage um.

Auch die weitere Karriere des Mannes ist aufschlußreich. Mit dem Amtsantritt der Reagan-Regierung etablierte sich Carlucci als Caspar Weinbergers Stellvertreter im Pentagon. Dort setzte er sich für die Ankurbelung des größten US-Aufrüstungsprogramms in Friedenszeiten ein. 1983 übernahm er die Leitung einer Tochtergesellschaft von Sears, Roebuck & Co., eines großen Versandhauses. Dort beaufsichtigte er, wie die »Washington Post« in Erfahrung brachte, auch eine »Konsultationsfirma für Waffenverkäufe«. 1986 berief ihn Reagan zu seinem Chefsicherheitsberater, im Herbst 1987 zum Verteidigungsminister der Vereinigten Staaten. Angefangen hatte es mit der »Aktion Lumumba« ...

Schlappe bei Playa Girón

Als »Großvater aller Fiaskos verdeckter Aktionen« bezeichnete »Time« am 1. Juni 1987 das Debakel der CIA an Kubas Playa Girón. Im Morgengrauen des 17. April 1961 brachten US-Transportschiffe unweit der Bahia de Cochinos (Schweinebucht) ein etwa 1.350 Mann starkes Kommando schwerbewaffneter Söldner an Land. Ziel der Brigade 2506 war es, die revolutionäre Regierung Fidel Castros zu stürzen und die alte Ordnung wiederherzustellen. Doch der als Operation »Pluto« chiffrierte Anschlag scheiterte.

Die Ereignisse, die hier geschildert werden, stehen in einem Zusammenhang, der bis in die Zeit vor dem 1. Januar 1959 zurückreicht. An jenem Tag war das Befreiungsheer der Barbudos (Bärtigen) nach jahrelangen Kämpfen gegen den Diktator Fulgencio Batista in Havanna eingezogen.

Im CIA-Hauptquartier hatte man die Berichte aus Kuba, in denen der Verlauf der Kämpfe geschildert wurde, lange Zeit kaum beachtet. Man verkannte die Situation völlig und glaubte, bei dem aus einer Grundbesitzerfamilie stammenden Castro handele es sich um einen »x-beliebigen nationalistischen Rebellen«.

Nach dem Sieg der antiimperialistischen Revolution zog Washington alle Register, um deren Vertiefung zu verhindern. Als Havanna auf die Sperrung der US-Öllieferungen an Kuba kurzerhand mit der Verstaatlichung der ausländischen Petrolkonzerne – sie bildeten den Löwenanteil der auf eine Milliarde Dollar geschätzten amerikanischen Direktinvestitionen – antwortete, beschloß die CIA, Castro loszuwerden.

Am 13. Januar 1960 stellte Allen Dulles sein »Kuba-Projekt« erstmals auf einer Sitzung des Nationalen Sicherheitsrates in groben Umrissen vor. Am 17. September wurde er von Eisenhower ermächtigt, kubanische Flüchtlinge in Florida rekrutieren, bewaffnen und drillen zu lassen. Die Ausbildung der Angeworbenen – einen Teil von ihnen verlegte man bald darauf nach Guatemala – besorgte der Stab des stellvertretenden CIA-Direktors für Operationen, Richard Bissell. In sein Team nahm er Veteranen auf, die sich bereits 1954 beim Sturz der Árbenz-Regierung hervorgetan hatten.

Um das Klima anzuheizen, brachen die Vereinigten Staaten am 3. Januar 1961 ihre diplomatischen Beziehungen zu Kuba ab. Der neue Präsident John F. Kennedy, der seit Juli 1960 über bestehende Pläne allgemein orientiert war, wurde vor die Realität eines bereits weit vorangetriebenen Invasionsvorhabens gestellt. Nur sechs Tage nach seinem Amtsantritt – am 28. Januar 1961 – schaltete er sich in die Erörterung des Projekts ein. Ende Februar wurde er mit den Einzelheiten vertraut gemacht. Allen Dulles schlug vor, einige tausend Exilkubaner auf der Insel zu landen, mit ihnen einen Brückenkopf zu bilden und das Signal zur »landesweiten Erhebung« zu geben. Auf den »dringenden Hilfsappell« einer Gegenregierung hin sollte das Pentagon reguläre US-Kampfeinheiten entsenden. Kennedy stimmte dem Plan prinzipiell zu, verlangte aber, daß nichts auf eine Unterstützung der Landetruppen durch die Vereinigten Staaten schließen lassen dürfe. Überdies hatte der Präsident Bedenken gegen den Einsatz regulärer US-Kampfverbände. Man wiegte ihn in Sicherheit, daß nichts passieren könne. Am Morgen des 15. April stach ein Schiffskonvoi mit 1.400 »Gusanos« (Würmern), wie man die Konterrevolutionäre in Kuba nannte, von Nikaragua aus in See. Einen Tag später verfügte Havanna die allgemeine Mobilmachung für die Streitkräfte und Volksmilizen. Fidel Castro übernahm persönlich den Befehl. In der Frühe des 17. April begann der Angriff. Während die Söldner an Land gingen, lagen US-Flotteneinheiten in Bereitschaft. Richard Bissell bestätigte im Juni 1987 gegenüber »Time«, die Navy sei für den Fall einer Entscheidung Kennedys, sein Verbot direkter US-Beteiligung aufzuheben, zur Attacke bereit gewesen. Auch 1.500 Marineinfanteristen warteten vor der Küste auf den Einsatzbefehl. Unmittelbar nach der Invasion verbreitete die von der CIA mit »Informationen« versorgte US-Presse wilde Gerüchte. Mal hieß es, Santiago de Cuba sei bereits gefallen, mal wurde behauptet, die Invasoren hätten Verteidigungsminister Raúl Castro in ihre Gewalt gebracht.

»Das Söldnergeschäft ist auch nicht mehr das, was es mal war.« O. Harrington-Karikatur in »Daily World«

Doch die Wahrheit sah anders aus. In jenen Tagen errang Kuba einen Sieg, der als erste große militärische Niederlage des US-Imperialismus in Lateinamerika in die Geschichte einging. Fast eine Million Kubaner wurden mobilisiert. Innerhalb von 72 Stunden brach der Spuk zusammen. 1.189 Gefangene – darunter 124 ehemalige Latifundisten, 112 frühere Großhändler, 67 enteignete städtische Mietshausbesitzer, 325 Exbeamte Batistas und 194 einstige Büttel des Diktators – wurden abgeführt. Der Rest der Brigade 2506 war, soweit nicht im Kampf getötet, in die Sümpfe der Zapata-Halbinsel getrieben worden. Die Invasoren verloren sämtliche mitgeführten Sherman-Panzer, Militärfahrzeuge und Geschütze. Neun ihrer zwölf von der CIA beschafften Flugzeuge wurden abgeschossen, ein Truppentransporter und alle Landungsboote versenkt. Zugleich waren die im Escambray-Gebirge operierenden Banden zerschlagen worden.

In Havanna sprach Fidel Castro auf einer Siegesfeier zu Hunderttausenden. »Worin bestand der Fehler derer, die ihre Pläne so sorgfältig ausgearbeitet hatten? Worin haben sie sich geirrt?« fragte er rhetorisch und gab selbst die Antwort: »Sie haben unser Volk, die Moral unseres Volkes, seine Unerschrockenheit und die Stärke der Revolution falsch eingeschätzt.«[37]

In Washington suchte sich die CIA vergeblich hinter Exilkubanern zu verstecken. Diese hätten die Niederlage vor allem darauf zurückgeführt, daß es in Kuba nicht zu dem erwarteten Aufstand gekommen sei, ließ die Nachrichtenagentur UPI den Schwanz mit dem Hund wedeln. Erst sehr viel später – in der »Guilforder Chronik« – hieß es, es habe sich um »das schlimmste Fiasko verdeckter Aktionen in der Geschichte der CIA«[38] gehandelt. Die Katastrophe sei eingetreten, weil Kennedy aus politischen Gründen Pläne für eine Luft- und Seeunterstützung des Landungskommandos zurückgezogen habe. Der Präsident, der Allen Dulles am 29. November 1961 entließ und weitgehende Auswechselungen bei der CIA-Mannschaft für Lateinamerika anordnete, sah das anders. Er nannte das Debakel seines Geheimdienstes »eine ernüchternde Episode« und drohte sogar, er werde »die CIA in Stücke reißen und in alle Winde zerstreuen«.[39]

Kennedy hatte Grund zu dieser Äußerung, denn Dulles, Bissell und andere Extremisten waren nicht davor zurückgeschreckt, den Mann im Weißen Haus weltweit bloßzustellen.

Nixons CIA-Direktor Colby sagte in dem bereits erwähnten »Spiegel«-Interview, bei der Vorbereitung des Söldnerangriffs auf Kuba sei dilettantisch gehandelt worden. »Der Versuch, an einer feindlichen Küste Invasionstruppen zu landen, ist eine der schwierigsten militärischen Operationen. Das macht man einfach nicht ohne die gesamten Mittel, die einer regulären Streitmacht zur Verfügung stehen. Ein paar alte Frachter und eine zusammengewürfelte Ausrüstung reichen da nicht. Das war ein Fehler«, beschwor der Geheimdienstler noch nachträglich die Vision eines großen Krieges gegen Kuba.

Die Brigade 2506, deren am 24. Dezember 1962 im Austausch gegen Medikamente- und Lebensmittellieferungen im Wert von 54 Millionen Dollar in die USA abgeschobene »Kämpfer« noch heute auf einer Ranch in Florida Traditionsübungen abzuhalten pflegen, hinterließ nichts als eine üble Erinnerung.

Doch zur Söldnerarbeit eigneten sich die »Gusanos« auch weiterhin. »In den seither vergangenen Jahren kämpften Veteranen der Schweinebucht unter anderem in der Dominikanischen Republik, in Kongo und in Vietnam für die Vereinigten Staaten«, schrieb »The Wall Street Journal« am 21. Januar 1987. »Inzwischen sind viele ... nach Zentralamerika zurückgekehrt, um dort den Kommunismus zu bekämpfen.« Sie bildeten »die Grundlage für das Contra-Nachschubnetz«. Wie Juan Perez Franco, Vorsitzender der Veteranenvereinigung der Brigade 2506, dem Blatt stolz berichtet, hat ein Dutzend dieser »Patrioten« inzwischen den Rang eines Obersten in der amerikanischen Armee erlangt. »Das Netz der kubanischen Old Boys ... erstreckt sich von Miami aus über Mittelamerika. Es schließt hohe Offiziere ebenso ein wie überführte Drogenschmuggler«, verriet das Blatt. »Manche Schweinebucht-Veteranen sind in den Terrorismus eingestiegen.«

Übrigens erholten sich John F. Kennedy und seine Berater 1961 ziemlich rasch von dem Schrecken, den ihnen das Fiasko an der Playa Girón eingejagt hatte. Schon im August 1961 blies man in Washington unter dem Codewort Operation »Mongoose« erneut zum großen Kampf gegen Kuba. Für diesen Zweck wurde aus Vertretern des Weißen Hauses, des State Department und anderer Behörden ein als »Cuba Task Force« bezeichneter Stab gebildet, in dem Richard Bissell den Geheimdienst repräsentierte. Man verständigte sich darauf, die Zerstörung für die Wirtschaft wichtiger Objekte wie Raffinerien und Fabriken mit US-Ausrüstungen ins Auge zu fassen. Bissell charakterisierte das Rollenspiel der Kennedy-Brüder später folgendermaßen: »John Kennedy delegierte den Justizminister (Robert Kennedy, d. Verf.), die CIA-Operationen zu überwachen und anzutreiben. Dieser war während der Operation ›Mongoose‹ gleichsam ein für die Sache verantwortlicher Case Officer und brachte einen Großteil seiner Zeit damit zu, sich in die Details der verdeckten Aktion einzuschalten.«[40]

Zu dieser Zeit unterzeichnete Präsident Kennedy, der inzwischen den Luftwaffen-Brigadegeneral Edward Lansdale, einen Veteranen des Militärgeheimdienstes, vom südostasiatischen Schauplatz abgezogen und mit der Koordinierung antikubanischer Aktivitäten betraut hatte, einen Top-Secret-Erlaß, in dem es hieß, alle verfügbaren Mittel sollten eingesetzt werden, »um Kuba bei der Überwindung des kommunistischen Regimes zu helfen«.

Damals wurden mit CIA-Geldern zahlreiche konterrevolutionäre Gruppen formiert, die sich unter anderem La Rosa Blanca, Poder Cubano, Movimiento de Recuperación Revolucionaria und Ejercito Secreto Anticomunista nannten. Kubas am 26. März 1959 gegründeter Geheimdienst Seguridad del Estado zerschlug sie samt und sonders.

Lansdale schuf eine Sondereinheit unter der Bezeichnung »Task Force W.«, der 400 Case Officers und 3.000 exilkubanische Agenten angehörten. Diese waren überwiegend in Kreisen ehemaliger Offiziere aus Batistas Armee und Polizei rekrutiert worden. Die Gruppe rief etwa 50 Scheinfirmen ins Leben, um die geheimdienstliche Tätigkeit abzusichern, und verfügte über eine Flotte von Schnellbooten sowie eine kleine eigene Luftwaffe. Außerhalb Miamis entstand unter Leitung Theodore Shackleys mit JM-Wave die größte CIA-Station, die es jemals neben Langley gegeben hat. Von JM-Wave wurden die Aktionen gegen Kuba bis 1969 organisiert.

Die Drahtzieher der Operation »Mongoose« schreckten vor nichts zurück. So schlug Lansdale als Variante vor, das Personal der kubanischen Zuckerzentralen durch Einsatz chemischer Kampfstoffe arbeitsunfähig zu machen.

Unter den 32 Zielen, die vom Lansdale-Team anvisiert wurden, rangierten Pläne zur Ermordung Fidel Castros an erster Stelle. Hierbei sollten vergiftete Zigarren, ein verseuchter Taucheranzug, elektrisch aufgeladene Fische und mit Sprengstoff gefüllte Muscheln neben Scharfschützengewehren eine Rolle spielen. Bei all dem handelte es sich keineswegs um James-Bond-Romantik. Auf die Frage, ob es solche Attentatsversuche tatsächlich gegeben habe, erwiderte Exgeheimdienstchef Colby: »Klar gab es die. Aber es ist praktisch unmöglich zu sagen, wer davon wußte, wer sie anordnete, wer sie billigte, wer außerhalb der CIA, wer höheren Orts dazu ermutigte.« »Außerhalb der CIA und höheren Orts?« fragten die »Spiegel«-Redakteure erstaunt zurück. »Ja, natürlich«, antwortete Colby. Übrigens habe Langley sogar Größen des Gangstersyndikats Cosa Nostra wie Sam Giancana und John Rosselli für Mordpläne gegen Castro rekrutiert. »Aber das war meines Wissens das einzige Mal, daß die CIA mit der Mafia verkehrt hat«, beteuerte Colby. »Das zynischste dieser Komplotte fand am 22. November 1963 statt – an jenem Tag, an dem Präsident Kennedy in Dallas erschossen wurde, als nämlich ein CIA-Mitarbeiter einem Kubaner einen vergifteten Kugelschreiber anbot, der zur Ermordung Castros verwendet werden sollte, während zur gleichen Zeit ein Beauftragter von Präsident Kennedy mit Castro zusammentraf, um Möglichkeiten einer Verbesserung der gegenseitigen Beziehungen zu ergründen«, wurde in einem Senatsbericht festgestellt.[41]

Bei dem Versuch, den kubanischen Revolutionsführer zu töten, handelte es sich durchaus nicht um einen isolierten Vorgang. Anfang der sechziger Jahre hatte der US-Geheimdienst ein spezielles Mordkommando gebildet, das sarkastischerweise die Bezeichnung »Executive Action« trug. Die Tarnbezeichnung innerhalb der CIA lautete ZR RIFLE. »Im allgemeinen beinhaltete das Projekt ZR RIFLE die Einschätzung der mit einem Mordanschlag verbundenen Probleme und Erfordernisse sowie die Ausarbeitung eines Aktionsplanes für einen solchen Mordanschlag; insbesondere diente es dazu, potentielle Agenten ›aufzuspüren‹ und praktikable Methoden für ein Attentat zu ›ergründen‹«[42], hieß es in einem Senatsbericht.

Allein im Zeitraum von 1960 bis 1965 wurden acht Verschwörungen gegen das Leben Fidel Castros aufgedeckt.

Fidel Castro (r.) mit dem derzeitigen venezolanischen Staatspräsidenten Hugo Chávez

Wie sich Langley grundsätzlich zu Attentaten verhält, verdeutlichte Carters CIA-Direktor Admiral Stansfield Turner: »Mir ist es kategorisch untersagt, sie auszuführen«, erklärte er. »Sollten wir jedoch in einer zugespitzten Situation sein, in der das Auslöschen menschlichen Lebens im Interesse einer guten Sache gerechtfertigt erscheint, ... dürften wir letzten Endes den Präsidenten dazu bekommen, eine Ausnahme zu machen.«[43]

In späteren Jahren, nach der Zerschlagung ihrer Sabotage- und Diversionsgruppen, die unter anderem im Hafen Havannas den Dampfer »La Coubre« versenkt, am 6. Oktober 1976 eine Maschine der Fluggesellschaft Cubana mit 73 Menschen an Bord vor der Küste von Barbados gesprengt, Ernten vernichtet und die Erreger gefährlicher Tierseuchen verbreitet hatten, konzentrierte sich die CIA vor allem auf die Absicherung des am 3. Februar 1962 in Kraft getretenen Handelsembargos gegen Kuba, auf psychologische Kriegsführung und die Infiltration des kubanischen Staatsapparates.

Um oppositionelle Kräfte zu ermutigen, Kuba zu destabilisieren, wurde die Rundfunkarbeit außerordentlich gesteigert. Als Nachfolger von »Radio Swan«, dessen Sendungen zwischen 1960 und 1968 mit Hilfe eines Verstärkers auf den zu Honduras gehörenden Schwaneninseln ausgestrahlt worden waren, nahm »Radio Martí« am 20. Mai 1985 den regulären Betrieb auf. Offiziell ein Ableger des riesigen Netzes der Auslandspropagandazentrale »Stimme Amerikas«, überträgt die vom US-Geheimdienst gesteuerte Station seitdem täglich vierzehneinhalb Stunden mit Musik gemischte »Informationsprogramme«, die auf Kubas »uneinsichtige« Bevölkerung einwirken sollen. Seit dem 27. März 1990 gibt es überdies TV Martí, zu dessen ersten Programmen die Serie »Der Lebensstil der Reichen und Berühmten« gehörte. Zwischen der CIA und den Rundfunkpropagandisten besteht eine enge Zusammenarbeit. Wie die »International Herald Tribune« am 18. September 1987 meldete, begründete die Leiterin des Büros von »Radio Martí« in Miami, Hilda Inclan, ihre Kündigung damit, daß sie gezwungen worden sei, die Reporter vor allem in geheimdienstlicher Arbeit zu unterweisen. Sie fügte hinzu, die meisten Berufsjournalisten hätten die Station bereits wieder verlassen.

»Mateos« letzter Funkspruch

Bei seinen Bemühungen, eine Vielzahl kubanischer Agenten in wichtigen und einflußreichen Positionen zu gewinnen, war Langley nicht immer gut beraten. Die zehnteilige Fernsehserie »Der Krieg der CIA gegen Kuba«, die Havanna im Sommer und Herbst 1987 ausstrahlte, gab Aufschluß über manchen Griff in die falsche Kiste.

Eine Viertelmillion Dollar zahlte die CIA beispielsweise an ihren langjährigen Agenten, den italienischen Exportkaufmann und Geschäftsträger des Malteserordens, Mauro Casagrandi, für

»treue Pflichterfüllung«. In Wirklichkeit war der elegante Geschäftsmann ein Offizier der Seguridad del Estado, der G-2.

Den Arzt José Antonio Marquez hatte die CIA bei einem Aufenthalt in Algerien »angeworben«. Ihm war die Aufgabe gestellt, »eine große Karriere als Mediziner zu machen«, um in eins jener Krankenhäuser vorzudringen, in welchen kubanische Führer und besonders Fidel Castro behandelt werden. Er sollte irgenwann einen »ärztlichen Fehlgriff« tun, erklärte er vor der Kamera.

Mercedes Herrero, Flugdienstleiterin auf dem Internationalen Airport von Havanna, hatte einen ähnlichen Auftrag erhalten. Sie sollte alle Daten und Fakten zu Flügen Castros, Einzelheiten über von ihm benutzte Maschinen und deren Besatzung in Erfahrung bringen.

Israel Hernandez, einem Beamten in Kubas Außenministerium, wurde 1979 von seinem CIA-Leitoffizier vertraulich mitgeteilt, bei dem Auftreten des kubanischen Präsidenten vor der UNO sei »ein Attentat nicht auszuschließen«. Als Castro 1983 eine Reise nach Paris absagte, deutete man Hernandez bedauernd an, nun seien drei Millionen Dollar für einen »warmen Empfang« fehlinvestiert worden.

Wie man sieht, halten Washingtons Geheimdienste noch immer ihre Giftmischer und Scharfschützen in Bereitschaft. Doch sie bekommen auch Antwort. Auf einer aus den USA gelieferten Sendeanlage des Typs RS-804 übermittelte der Thunfischtrawlerkapitän Juan Luis Acosta Guzmán seinen letzten Funkspruch nach Langley: »Im Namen der Mitarbeiter unserer Staatssicherheit und unseres kämpfenden Volkes sende ich diese abschließende Botschaft x Wir werden weiterkämpfen gegen die Absicht, unseren Obersten Befehlshaber zu ermorden x Gegen die ökonomische Blockade x Gegen die subversive Propaganda x Gegen die militärischen Drohungen x Gegen alle Versuche, unsere sozialistische Revolution zu zerschlagen x Viva Fidel«[44] Damit hatte sich der CIA-Agent »Angel« in den kubanischen Abwehroffizier »Mateo« verwandelt.

»Mateo« und seine Frau Teresa – Agenten der kubanischen Staatssicherheit – hielt die CIA für eine »sichere Bank«

Als der ehemalige Verantwortliche für Langleys Operationen in Lateinamerika, David A. Phillips, von den Herausgebern der »Guilforder Chronik« gefragt worden ist, welche Geheimdienste er für die besten der Welt halte, antwortete er nach einem Lob für das eigene Haus unter anderem: »Sehr schnell kommt der kubanische Intelligence Service auf, der sich dramatisch verbessert hat.«[45]

Am 4. Juli 1994 berichtete das Langley nahestehende Nachrichtenmagazin »U.S. News & World Report« in einem Exklusivbeitrag unter der Schlagzeile »Die dunkelsten Geheimnisse der CIA«, zwei Jahre zuvor habe ein kubanischer Überläufer namens Felix Aspillaga das Directorate of Operations wissen lassen, »daß jeder einzelne jener Agenten, welche die CIA in Kuba angeworben hatte, tatsächlich für die Kubaner arbeitete und Desinformationen an die Amerikaner weiterleitete«. Angelo Codevilla, früher Stabsmitarbeiter des Geheimdiensteausschusses im US-Senat und unterdessen an der Hoover Institution der Stanford University tätig, bestätigte der Zeitschrift: »Wir fanden heraus, daß eine gesamte Abteilung des DOD (Domestic Operations Division) 20 Jahre lang ein völlig verrottetes Netz betrieben hatte, ohne es zu merken.«

»Dessen ungeachtet erhielten einige der kubanischen Doppelagenten großzügige finanzielle Zuwendungen vom National Resettlement Operations Center der CIA, mit Verträgen von bis zu 30 Jahren Laufzeit – oder sogar mit lebenslanger Frist. In einigen Fällen, sagt ein kenntnisreicher Beamter, zahlte die CIA ihren kubanischen Doppelagenten mehr als eine Million Dollar pro Mann«, resümierte »U.S. News & World Report«.

Nicht einmal der famose Polygraph-Test – die zum Ritual gewordene Überprüfung potentieller Agenten und fester Mitarbeiter durch einen Lügendetektor – brachte in diesem Fall die erhofften Resultate. »Polygraphen können eine gewisse Effektivität bei Amerikanern haben, die sich gemeinhin schuldig fühlen, wenn sie sündigen, lügen oder zuviel Spaß haben«, zitierte »U.S. News« einen Case Officer. »Sie brechen in Schweiß aus und atmen hastig. Doch in bezug auf Ausländer, Kubaner zum Beispiel, ist die Maschine absurd.«

Luftfracht für Laos

1954 war in Genf eine Reihe von Abkommen geschlossen worden, die nicht nur einen Schlußstrich unter die Entkolonialisierung Indochinas zogen, sondern auch die freie und unabhängige

Entwicklung von Vietnam, Laos und Kambodscha gewährleisten sollten. Dem widersetzten sich die USA von Anfang an.

Zu Beginn der sechziger Jahre schuf die CIA in Kambodscha und Laos illegale bewaffnete Verbände. William Colby, damals Chef der Fernost-Abteilung in Langley, gab 1978 in einem »Spiegel«-Interview zu Protokoll, die CIA sei durch Präsident Kennedy angewiesen worden, in Laos »dieselbe Art von Arbeit zu leisten«, wie sie Allen Dulles gegen Kuba verrichtet hatte. Wiederum wurde eine Söldnerarmee – diesmal aus Angehörigen der Hmong (Meo) und anderer Bergstämme – aufgebaut, die sich um die Festung Long Cheng gruppierte, schließlich 36.000 Mann umfaßte, jährlich bis zu 500 Millionen Dollar verschlang und gegen die von Kommunisten geführten Pathet-Lao-Verbände kämpfte. Sie bestand fast ein Jahrzehnt. Als Befehlshaber dieses Schattenheeres wählte die CIA den ehemaligen französischen Kolonialsergeanten Vang Pao aus, für den sie eigens Schulterstücke eines Generalmajors entwerfen ließ.

William E. Colby war von 1973 bis 1976 Direktor der CIA

Washington umging die Genfer Abkommen dadurch, daß es seine Nachschublieferungen für Long Cheng zunächst als »humanitäre Hilfe« deklarierte und angeblich privaten Lufttransportunternehmen den gesamten Nachschub übertrug. Zu dieser Zeit verfügte die CIA über eine ganze Anzahl eigener Fluglinien wie Air America, Air Asia, Southern Air Transport und Intermountain Aviation. Bei den Einsätzen in Laos spielte außer Air America auch Continental Air Services eine Rolle. Ihre Maschinen gehörten der gleichnamigen US-Gesellschaft, flogen jedoch in Charter für die CIA. Offiziell standen die Piloten bei der Agentur für Internationale Entwicklung (Agency for International Development – AID) unter Vertrag, in Wirklichkeit aber führte die CIA Regie und unterzog das leitende Personal ständig ihren Sicherheitsüberprüfungen. Air America war ein Ableger von Civil Air Transport Co. (CAT), dessen B-26 im Jahr 1957 Bomben auf Indonesien abgeworfen hatten, um einen Putsch gegen den in Washingtons Augen zu charismatischen und nach links driftenden Präsidenten Sukarno auszulösen. Damals kaufte die CIA eine Gruppe indonesischer Obristen. Deren bereits vorangetriebene Operation wurde jedoch zum Debakel, als eine vom Washingtoner Geheimdienst zur Unterstützung der »Rebellen« eingesetzte Maschine der Civil Air Transport abgeschossen und deren Pilot durch Regierungstruppen gefangengenommen wurde. »Sie warfen Agenten und Propaganda bei nächtlichen Missionen über China ab, brachten 1954 Nahrung und Nachschub durch das Flakfeuer der Vietminh zu den Franzosen nach Dien Bien Phu, lieferten Waffen an Antikommunisten in Burma und Laos«, schrieb die »International Herald Tribune« am 20. Oktober 1987 über die Fluglinien der CIA.

Maschine der CIA-Fluglinie Southern Air Transport

Insgesamt besaßen Langleys Luftverkehrs-Gesellschaften 1970, fünf Jahre vor dem formellen Verkauf sämtlicher Firmen der CIA an Strohmänner, etwa 200 Maschinen – fast so viel, wie das ein weltweites Streckennetz unterhaltende US-Flugunternehmen Pan American Airlines.

Nach Laos brachten die 20.000 Menschen beschäftigenden CIA-Linien nicht nur militärische Güter, sondern auch bedeutende Mengen Reis, um die Bergbauern zu veranlassen, auf den mühevollen Anbau ihrer Hauptkultur zu verzichten und sich ganz der ebenfalls traditionellen Opiumerzeugung zu widmen. Spezialisten aus Hongkong sorgten für die Umwandlung der Rohware in Heroin. Mit dem Rauschgift überflutete man vor allem Südvietnam, wo inzwischen die ersten größeren Kontingente der US-Army eintrafen. Später ging Stoff aus diesem Gebiet in die ganze westliche Welt.

Der chinesische Guomindang-General Tuan Shiwen bezeugte 1967 einem britischen Journalisten: »Bedürfnis kennt kein Gesetz. Deshalb handeln wir mit Opium. Wir müssen den Kampf gegen das Übel des Kommunismus fortsetzen. Und um zu kämpfen, brauchen wir eine Armee, und eine Armee braucht Waffen, und um Waffen zu kaufen, muß man Geld haben. In diesen Bergen ist Opium die einzige Währung.«[46] Die geschlagenen Tschiang-Kai-schek-Leute flohen vor dem Sieg der chinesischen Revolution nach Burma, setzten sich dort fest und kontrollierten schon bald auch den Opiumhandel in Thailand und Laos. Und nicht zufällig befanden sich dort die Hauptquartiere von Air America und Air Asia.

Mit dem Umschlag des Rauschgifts aus Indochina war eine Reihe von der CIA geschaffener und kontrollierter Kreditinstitute eng verzahnt. Für sie alle stand die Anfang der siebziger Jahre im australischen Sidney eröffnete Nugan Hand Bank Modell. Wie Jonathan Kwitney in seinem Buch »The Crimes of the Patriots« (Die Verbrechen der Patrioten) nachwies, befanden sich unter ihren drei Gründern zumindest zwei nach Australien ausgewanderte Amerikaner mit großer Erfahrung: Michael J. Hand hatte als Angehöriger der U.S. Special Forces in Indochina gedient, dort an Geheimdienstoperationen teilgenommen und das Distinguished Services Cross – eine hohe Kriegsauszeichnung – erhalten. Maurice B. Houghton war in Südostasien Betreiber dreier Saloons zur »moralischen Erbauung« der GIs gewesen. CIA-Direktor William Colby fungierte als Rechtsberater der Nugan Hand Bank, die sich mit der Finanzierung von Drogengeschäften und Waffentransporten befaßte. Walter McDonald, Langleys Chef für ökonomische Angelegenheiten, bezeichnete sich als Konsultant des Hauses. Präsident und Aushängeschild war schließlich kein Geringerer als der frühere Stabschef der US-Pazifikflotte, Konteradmiral Earl P. Yates. Als die Nugan Hand Bank nach siebenjähriger Existenz zum Schaden Tausender irregeführter Klienten planmäßig Bankrott anmeldete und die australische Regierung mißtrauisch wurde, begab sich Thomas Clines, der frühere stellvertretende CIA-Direktor für Operationen eiligst nach Sidney, um Houghton außer Landes zu eskortieren.

Die CIA-Unternehmen bildeten eine wichtige Angriffsformation für Washingtons »verdeckten Krieg« in Laos, an dem sich auf dem Höhepunkt der Ereignisse mehr als 50.000 außerhalb der Region stationierte Amerikaner beteiligten und in dessen Schlußphase die U.S. Air Force massive Bombenangriffe flog. Vang Paos Söldnerarmee wurde durch Green Berets – an ihren grünen Baretten erkennbare Angehörige der Sondertruppen des Pentagon, die damals der CIA direkt unterstellt waren – hart geschliffen und für die Kommunistenjagd abgerichtet, was ihre spätere Niederlage und Zerschlagung durch die Pathet-Lao-Verbände nicht verhindern konnte.

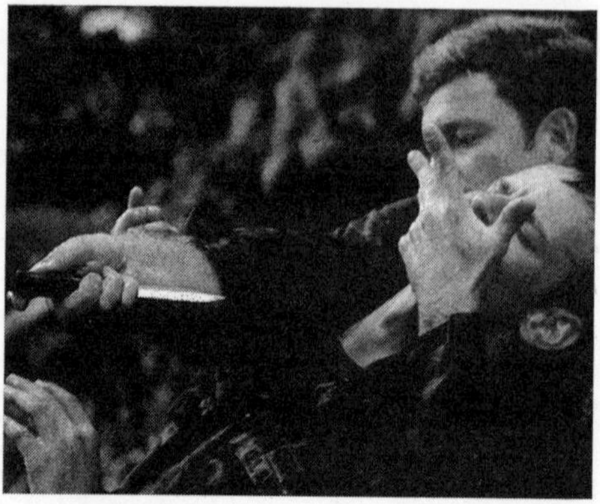

Green Berets: harte Ausbildung im »stillen Töten«

Die Reste des laotischen »Geheimheeres« lösten sich allerdings nicht in Luft auf, sondern flohen 1973 über den Mekong nach Thailand. Einige tausend Überlebende der CIA-Operation, die am Ende ihrer Odyssee in die USA gelangt waren, wurden 1997 von Präsident Bill Clinton für ihre Hilfsdienste mit der Vietnam Veterans National Medal »entschädigt«. Welcher Art ihr Beitrag gewesen war, stellte die »Washington Post« am 21. Mai 1997 klar: »Eine große Zahl nordvietnamesischer Soldaten von ihren vorrangigen (amerikanischen) Zielen ablenkend, sammelte die geheime Armee Spionageinformationen, schützte amerikanische Navigationsbasen und rettete Hunderte abgeschossene US-Piloten. Im Gegenzug gewährten ihr die Vereinigten Staaten Schutz und gingen eine überwiegend moralische Verpflichtung ein.«

Heute dienen die 135.000 laotischen Flüchtlinge in den USA vor allem als politische Manövriermasse gegen Laos, wo nach wie vor eine Hanoi verbundene Regierung an der Macht ist.

Landung der Ledernacken

Als Lyndon B. Johnson am 28. April 1965 seine Entscheidung bekanntgab, amerikanische Truppen nach Santo Domingo zu beordern, bediente sich der Präsident einmal mehr des Standardvorwands für imperialistische Interventionen: Es gelte, »das Leben in der Dominikanischen Republik befindlicher US-Bürger zu schützen«. Binnen weniger Stunden wurden 23.000 Marineinfanteristen – nach dem Hals und Schulter vor Säbelhieben schützenden, ledernen Kragen, den die Soldaten des Marinekorps im vorigen Jahrhundert trugen, Ledernacken genannt – und Fallschirmjäger auf der Antilleninsel Hispaniola an Land gebracht. Ihr tatsächlicher Auftrag lautete, die alte Ordnung wiederherzustellen, nachdem sich das dominikanische Volk einer ihm durch Putsch aufgezwungenen Militärkamarilla bereits de facto entledigt hatte.

Vier Jahre zuvor, im Mai 1961, war im Nachbarland Haitis mit CIA-Hilfe ein Umsturz vollzogen worden. Die auf Diktator Rafael Trujillo abgegebenen tödlichen Schüsse stammten aus Pistolen und Karabinern, die Langley den Attentätern zur Verfügung gestellt hatte. Doch Washingtons Vorhaben, den isolierten und deshalb für die USA wertlosen Tyrannen durch ein »gemäßigtes« proamerikanisches Regime zu ersetzen, gelang nicht. Bei den Präsidentschaftswahlen im Dezember 1962 erhielt Juan Bosch, ein bürgerlicher Demokrat, 58 Prozent aller abgegebenen Stimmen – für die US-Führung Grund genug, die Hunde von der Kette zu lassen. Die CIA besorgte bald die Vertreibung des unerwünschten Politikers ins Exil. Ein Militärklüngel mit Antonio Imbert an der Spitze wurde statt der legitimen Regierung an die Macht geschoben. Als die Dominikaner später in Massendemonstrationen Boschs Rückkehr forderten und sich der Imbert-Clique entledigten, suggerierte CIA-Direktor John McCone dem Weißen Haus, auf der Antilleninsel vollziehe sich eine »kommunistische Rebellion«.

Während Marineinfanterie und Fallschirmtruppen mit der dominikanischen Volksbewegung abrechneten, zimmerte Washingtons Botschafter Tapley Bennett in aller Eile eine Übergangsjunta zusammen, die einer neuen Rechtsregierung den Weg bahnen sollte. Bald darauf wurde das von Generalleutnant Bruce Palmer kommandierte Expeditionskorps des Pentagon als »Interamerikanische Friedenstruppe« maskiert und pro forma dem Befehl eines Generals der brasilianischen Militärdiktatur unterstellt. An der Tarnung der US-Invasion beteiligten sich nur Streitkräfte aller damals bestehenden faschistischen und faschistoiden Regimes Mittel- und Südamerikas. Die das Selbstbestimmungsrecht des dominikanischen Volkes verhöhnende, gegen Artikel 15 der Charta der Organisation Amerikanischer Staaten (OAS) verstoßende und von UNO-Generalsekretär Sithu U Thant als »gefährlicher Präzedenzfall« bezeichnete Intervention beruhte auf einem fingierten »Hilfeersuchen«, das in der US-Botschaft aufgesetzt und Washington durch diese übermittelt worden war. Die von der CIA gelieferte Motivation für den Einsatz amerikanischer Truppen existierte nur in der Phantasie: Weder war das Leben von US-Bürgern bedroht noch besaß die zahlenmäßig kleine Dominikanische Kommunistische Partei irgendwelche Möglichkeiten zur Eroberung der politischen Macht.

Zum wirklichen Sachverhalt erklärte J. William Fulbright, damals Vorsitzender des Außenpolitischen Ausschusses im US-Senat: »Am frühen Nachmittag des 28. April bat Oberst Benoit, Chef einer hastig zusammengestellten Junta, unseren Botschafter um die sofortige Entsendung von US-Truppen. Ihm wurde bedeutet, daß die Vereinigten Staaten nur intervenierten, falls er sage, er könne in der Dominikanischen Republik anwesende amerikanische Bürger nicht schützen. Und genau das tat Benoit daraufhin.«[47]

Ungefähr eine Stunde später begannen die bereits in ihren Landungsschiffen wartenden Ledernacken mit der Operation. Zu Johnsons Behauptung, »Rebellen« hätten in Santo Domingo »rund 1.500 unschuldigen Menschen die Köpfe abgeschnitten«, erklärte der rechtmäßige Präsident Juan Bosch: »Von der Revolution wurde niemand erschossen oder enthauptet.«[48] Und Fulbright stellte fest: »Tatsächlich verloren in Santo Domingo keine Amerikaner ihr Leben, bis die Marines das Feuer eröffneten.«[49]

Was der Schlag gegen Santo Domingo, auf den besonders Langley durch die Lage bewußt dramatisierende Berichte hingearbeitet hatte, tatsächlich retten sollte, wird deutlich, wenn man weiß, daß sich die US-Direktinvestitionen in dem karibischen Inselstaat zum Zeitpunkt der Intervention auf etwa 250 Millionen Dollar beliefen. »The Wall Street Journal« identifizierte am 28. April 1965 – dem Tag des Überfalls – die United Fruit Company (Bananen), die South Puerto Rico Sugar Company (Zucker) und die Aluminium Company of America (Bauxit) als jene Konzerne, welche über die größten Anlagevermögen in der Dominikanischen Republik verfügten. Jetzt bestehe »das Problem für die Vereinigten Staaten« darin, meinte das Blatt, »einen Politiker oder eine Kombination politischer Gestalten zu finden, die fähig sind, die Regierung in Santo Domingo zu betreiben«.

Während Adlai Stevenson, UNO-Chefdelegierter der Vereinigten Staaten, vor dem Forum der Weltorganisation behauptete, die USA sorgten sich ausschließlich um »die Verwirklichung des Selbstbestimmungsrechts des dominikanischen Volkes«, schrieb »U.S. News & World Report« am 31. Mai 1965: »Die Dominikaner brauchen eine feste leitende Hand – und wenn die OAS nicht fähig ist, diesen Job wahrzunehmen, müssen sich die USA darum kümmern.«

Zwei Jahrzehnte später setzte der Überfall auf Grenada diese Traditionslinie imperialistischer Außenpolitik Washingtons fort.

Verdeckte Aktionen des Pentagon und der US-Geheimdienste gegen Vietnam reichen bis in die frühen fünfziger Jahre zurück. Aus ihnen wurde später jener große und blutige Krieg, in dessen Verlauf die Vereinigten Staaten insgesamt fünfeinhalb Millionen GIs nach Indochina schickten.

Am 8. Mai 1950 kündigte US-Präsident Truman die Gewährung von Militär- und Wirtschaftshilfe für die französische Kolonialmacht in Indochina an. Das vermochte die Entwicklung indes nicht aufzuhalten. 1954 – nach der Niederlage in der Schlacht von Dien Bien Phu – mußte Paris sein Expeditionskorps einschiffen. Im Oktober desselben Jahres ordnete Präsident Eisenhower ein Ausbildungsprogramm für die Armee jenes Regimes an, welches unter Kaiser Bao Dai – einer Marionette Frankreichs – und dem durch die USA favorisierten Ministerpräsidenten Ngo Dinh Diem im Süden des Landes errichtet worden war. Außenminister John Foster Dulles, der auch hier eine Machtübernahme durch die Kommunisten befürchtete, drängte auf ein umfassendes Engagement der USA.

Allen Dulles nahm sich der geheimdienstlichen Seite der Sache an. Oberst Edward Lansdale, der spätere General, wurde als Langleys Experte Nummer 1 zur Aufstandsbekämpfung nach Saigon geschickt. »Mit Lansdales Rat und CIA-Hilfe stieg Diems Stern 1955 schnell«, schrieb »U.S. News & World Report« am 10. Oktober 1983. Bei entsprechend vorbereiteten »Wahlen« für die Präsidentschaft der »Republik Vietnam« besiegte er dann auch erwartungsgemäß Bao Dai mit einem Stimmenanteil von 98,2 Prozent.

US-Botschafter Henry Cabot Lodge (l.) übergibt dem südvietnamesischen »Präsidenten« Diem ein Beglaubigungsschreiben, auch wenn dessen Todesurteil bereits gefällt ist

Doch Washingtons Freude sollte nicht lange währen. Das Diem-Regime wurde der rasch erstarkenden Volksbewegung Südvietnams nicht Herr. Anfang der sechziger Jahre hatte der bewaffnete Widerstand bereits weite Landesteile erfaßt. Am 14. November 1961 traf Präsident Kennedy die Entscheidung, zu den 1.000 bisher in den Saigoner Machtbereich entsandten US-Militärberatern weitere 15.000 zu schicken. Aber auch so ließ sich das Blatt nicht wenden. Immer mehr Vietnamesen, darunter die gut organisierten und einflußreichen Buddhisten, griffen aktiv in den Kampf ein.

Die amerikanische Führung beschloß daraufhin, Ngo Dinh Diem sowie seinen Bruder und Chefberater Ngo Dinh Nhu als stumpf gewordene Werkzeuge aus dem Verkehr zu ziehen. Diese Aufgabe wurde der CIA-Station übertragen. Während der neue US-Botschafter Henry Cabot Lodge Diem sein Beglaubigungsschreiben überreichte, kaufte CIA-Oberstleutnant Lucien Conein bereits die Generäle für das Komplott gegen Südvietnams »Staatsoberhaupt« ein. Ohne CIA-Direktor McCone zu unterrichten, wies dessen Stellvertreter für Pläne Richard Helms den Saigoner Station Chief John Richardson an: »Es ist an der Zeit, daß wir in diese Kugel beißen.« Kennedy telegraphierte an Botschafter Lodge, dringend eine verdeckte Anstrengung zu unternehmen sowie »Kontakte mit einer möglichen alternativen Führung herzustellen«. In dem verschlüsselten Telegramm hieß es: »Diese Anstrengung muß vollkommen sicher und gänzlich abstreitbar sein.«[50] »Die Mord-Alternative wurde als interne CIA-Angelegenheit behandelt ... Wenn nötig mußte man ›glaubhaftes Leugnen sichern«, schrieb »U.S. News & World Report« am 10. Oktober 1983. Während der Aktion hielt sich Oberstleutnant Conein im Hauptquartier der »Rebellen« auf, nachdem er im voraus über den genauen Zeitablauf der Aktion gegen Diem unterrichtet worden war. Er brachte vorsorglich drei Millionen Piaster (42.000 Dollar) mit, die er dem operativen Fonds der CIA-Station entnommen hatte. »Conein sagte, das Geld sei für die Bezahlung des Essens der Rebellentruppen und für Zuwendungen an die Familien während des Coups Gefallener bestimmt gewesen.«

Diem und Nhu wurden aus einer römisch-katholischen Kirche des Saigoner Stadtbezirks Cholon, wo sie sich zum Gebet aufhielten, von Soldaten entführt und bald darauf an einem Bahnübergang erschossen. »Als die Nachricht von der Ermordung das Weiße Haus erreichte, war Präsident Kennedy schockiert, doch viele andere waren es nicht. Offiziere des Militärs und der CIA hatten stets um die Gewalttätigkeit gewußt, die zu einem Staatsstreich gehört«, verriet das Blatt. Kennedy konnte nicht ahnen, daß er Diem nur um wenige Tage überleben und selbst Opfer eines Attentats werden würde. Sein Nachfolger Johnson weitete den Vietnamkrieg zu einer offenen US-Aggression aus. Unter seiner Präsidentschaft wurden zeitweilig eine halbe Million Soldaten nach Indochina geschickt.

Ein Bild, das um die Welt ging: über Nordvietnam abgeschossener US-Pilot

Anfang August 1964 kam es zu einer Provokation, die als »Zwischenfall im Golf von Tongking« in die Geschichte einging. An ihr waren die CIA, die National Security Agency und der US-Marinegeheimdienst führend beteiligt. Damals verbreitete Washington die Meldung, nordvietnamesische Torpedoboote hätten im Südchinesischen Meer aus heiterem Himmel zwei US-Zerstörer angegriffen. Ein Sprecher des Weißen Hauses klagte Nordvietnam »eines ungeheuerlichen Aktes der Aggression in internationalen Gewässern« an. Am 5. August befahl Präsident Johnson der U.S. Air Force, »den Angreifer zu bestrafen«. 64 Kampfmaschinen richteten daraufhin »Vergeltungsschläge« gegen Ziele im nordvietnamesischen Küstenbereich. Damit forcierte das Pentagon seine militärischen Aktionen zur Unterstützung des von den Befreiungskräften hart bedrängten Saigoner Regimes zum Krieg gegen das sozialistische Nordvietnam.

Am 6. August erklärte der US-Verteidigungsminister vor dem Außenpolitischen Ausschuß des Senats, die Zerstörer »Maddox« und »Turner Joy« hätten sich während der Attacke »auf einer normalen Patrouillenfahrt« befunden und nichts mit Aktivitäten südvietnamesischer Kriegsschiffe zu tun gehabt, von denen zur gleichen Zeit die dem nordvietnamesischen Festland vorgelagerten Inseln Hon Me und Hon Nieu beschossen worden waren.

Kurz darauf forderte Johnson unter Hinweis auf geheimdienstliche Informationen vom Kongreß ein Ermächtigungsgesetz. Die am 16. August 1964 angenommene Entschließung – sie mußte im Juni 1970 annulliert werden, weil die darin aufgestellten Behauptungen sämtlich widerlegt worden waren – autorisierte ihn, »jeden bewaffneten Schlag gegen die Streitkräfte der Vereinigten Staaten zurückzuweisen und weitere Aggressionen zu verhüten«.[51] Der stellvertretende US-Außenminister Nicholas Katzenbach bezeichnete die Resolution als »funktionelles Äquivalent einer Kriegserklärung«.[52]

Erst Jahre später erfuhren die Amerikaner den wahren Sachverhalt. Am 23. Januar 1968 begann der Außenpolitische Senatsausschuß mit seiner Debatte über einen 20 Seiten umfassenden Geheimbericht zum »Zwischenfall im Golf von Tongking«, den ein Sonderstab unter William Bader im Auftrag der inzwischen mißtrauisch gewordenen Mehrheit dieses Gremiums erarbeitet hatte. Der Bader-Report fußte auf exaktem Material, darunter den Logbüchern der beiden amerikanischen Zerstörer sowie dem vollständig aufgezeichneten Funkverkehr zwischen »Maddox«-Kapitän John J. Herrick und dem Oberkommandierenden der US-Pazifikflotte.

Es stellte sich heraus, daß Johnson bei seiner Fernsehansprache vom 5. August 1964 in vier entscheidenden Punkten gelogen hatte. Erstens waren beide Zerstörer keineswegs auf einer routinemäßigen Patrouillenfahrt gewesen. Ihr Befehl lautete, »die elektronischen und Radarsysteme Nordvietnams zu stimulieren, um deren Ortung zu erleichtern«. Zweitens waren »Maddox« und »Turner Joy« in die Zwölfmeilenzone der nordvietnamesischen Hoheitsgewässer entsandt worden und hatten, wie der damalige Senator und heutige Vizepräsident Albert Gore es ausdrückte, »unmittelbar vor der Küste die Wellen gepflügt«.[53] Drittens bestand die Aufgabe der beiden Kriegsschiffe darin, die Küstenschutzboote von Saigoner Marineeinheiten abzulenken, die unter US-Kommando das Gebiet der erwähnten Inseln angreifen wollten. Am 4. August hatte Kapitän Herrick den Befehl erhalten, die nordvietnamesischen Patrouillenboote möglichst nordwärts vom Operationsbereich 34-A abzuziehen. Viertens wies keiner der beiden angeblich mit Torpedos beschossenen Zerstörer irgendwelche Beschädigungen auf. Unter den Besatzungen gab es keinerlei Verluste. Wenige Stunden vor Johnsons auf CIA-Informationen gestützter »Vergeltungs«-Rede teilte John Herrick der Navy-Zentrale überdies mit, offenbar hätten das dunstige Wetter und überempfindliche Marinehorcher zu der Annahme eines Torpedobeschusses beigetragen. Der »Maddox«-Kapitän empfahl »eine umfassende Bewertung vor Einleitung weiterer Schritte«.

Doch mit dem Platzen der vierfachen Lüge Johnsons hatte es noch nicht sein Bewenden. Erst als 1971 weitere Pentagon-Dokumente bekannt wurden, offenbarte sich die der Tongking-Golf-Affäre zugewiesene provokatorische Funktion in ihrer ganzen Tragweite. Es stellte sich nämlich heraus, daß der Präsident dem Operationsplan 34-A schon am 1. Februar 1964 zugestimmt hatte. Dieser sah unter anderem Spionageflüge über dem nordvietnamesischen Territorium, Diversionsakte abgesetzter oder eingeschleuster Kommandos der von der CIA befehligten Special Forces, Überfälle von See aus, Menschenrauboperationen im Küstenbereich sowie Anschläge auf Eisenbahnlinien und Brükken vor. Für Angriffshandlungen auf Nordvietnam hatte der in Saigon stationierte General Paul D. Harkins Monatspläne vorzulegen. Ebenso detaillierte Zielstellungen wurden von der CIA-Station in Südvietnam verlangt.

Am 17. März 1964 billigte Johnson zwei Programme für »selektive Bombenangriffe«. Im April bestätigte er ein Drehbuch für die »Eskalation des Krieges in drei Stufen«. Doch der Höhepunkt der Infamie bestand zweifellos darin, daß der Präsident jene ihn zu Vergeltungsschlägen ermächtigende Protestresolution gegen den Überfall nordvietnamesischer Torpedoboote vom 16. August bereits am 25. Mai hatte formulieren lassen.

Nach der Tongking-Provokation begann mit dem Inkrafttreten des Washingtoner Geheimplans »Pierce Arrow« (Durchbohrender Pfeil) die neben dem Koreakrieg blutigste Aggression in der Geschichte der USA. Sie kostete Millionen Vietnamesen das Leben. Nach US-Angaben wurden bei den Kämpfen 45.659 Amerikaner getötet und 302.787 verwundet.

Das Jahr 1965 brachte eine erneute Ausweitung der militärischen Aktionen. Eine besonders brutale Rolle spielte die CIA, unter deren Regie der Mordplan »Phoenix« ablief. Er sah vor, die politischen Kader der Nationalen Befreiungsfront Südvietnams (NLF) systematisch zu vernichten. Auf das engste mit »Phoenix« verbunden waren Vernehmungszentren in allen südvietnamesischen Provinzen sowie als Anti-Terror-Teams bezeichnete Mordkommandos. Nach Angaben, die William Colby als Verantwortlicher für dieses Programm dem US-Kongreß gegenüber machte, wurden 20.587 Personen planmäßig abgeschlachtet.

Übrigens wurde Colby auf Grund seiner »Verdienste« um die Ausrottung vietnamesischer Menschen von Präsident Richard Nixon zum CIA-Direktor befördert. »Der Spiegel« zitierte die Worte des früheren US-Militärgeheimdienstlers Barton Osborn: »Mister Colbys berufliche Qualifikation als Massenmörder steht außer Frage.« Hierzu um seine Meinung gebeten, erklärte der einstige »Direktor des Pazifizierungsprogramms«: »Ich sage nicht, daß es keine illegalen Todesfälle gab.«

Die Operationen von Pentagon und CIA endeten am 30. April 1975 mit der Hubschrauberflucht der letzten Invasoren vom Dach der bereits umzingelten US-Botschaft in Saigon, das heute Ho-Chi-Minh-Stadt heißt.

Angst vor Chiles Allende

»Seit Anfang der sechziger Jahre war die amerikanische Politik in Chile auf ein einziges Ziel gerichtet: Salvador Allende von der Macht fernzuhalten«,[54] sagte Morton Halperin über den Feldzug der CIA gegen freie Wahlen in der Andenrepublik.

1958 und 1964 hatte der sozialistische Politiker Allende mit einem Programm demokratischer Umwandlungen die Präsidentschaft seines Landes angestrebt. Er setzte sich für die Nationalisierung der Schlüsselindustrien – vor allem des Kupferbergbaus –, für eine gerechtere Einkommensverteilung durch Steuerausgleich, für eine Agrarreform und für entspannte Beziehungen auch zu den sozialistischen Staaten ein.

In Washington sah man dem nicht tatenlos zu. »Die CIA unterhielt seit etwa 1963 über ungefähr zehn Jahre ein Programm, mit dem versucht wurde, die demokratischen Parteien der Mitte ... im Wahlkampf gegen Allende zu unterstützen«, erklärte William Colby am 23. Januar 1978 dem »Spiegel«. Schon 1964 gab der US-Geheimdienst etwa drei Millionen Dollar für eine Medienkampagne zur Verbreitung von Furcht vor einer »roten Diktatur« und für die Begleichung von mehr als der Hälfte der Wahlkampfkosten des christdemokratischen Siegers Eduardo Frei aus.

Chiles Präsident Salvador Allende (r.) empfängt Fidel Castro in Santiago de Chile

Die Vereinigten Staaten besaßen in Chile eine beherrschende Position in allen die Wirtschaftsstruktur des Landes prägenden Industriezweigen. Etwa 100 transnationale Konzerne mit Stammsitz in den USA hatten hier bis zum Ende der sechziger Jahre nahezu eine Milliarde Dollar investiert. Um weiterhin ein günstiges Klima für Kapitalexport und Profittransfer zu gewährleisten, finanzierten sie die rechtsgerichteten politischen Parteien. Firmen wie der Kupferkonzern Anaconda und die International Telephone & Telegraph (ITT), welche zu jener Zeit 400.000 Arbeiter in 69 Ländern beschäftigte, steuerten enorme Summen für Allendes Gegenkandidaten bei. Am 16. Juli 1970 wandte sich ITT-Präsident Harold S. Geneen an William V. Broe, den Leiter der CIA-Unterabteilung für verdeckte Aktionen in Lateinamerika, um ihm eine runde Summe zur Absicherung eines konservativen Wahlsiegs in Chile zur Verfügung zu stellen. Bald darauf bot auch ITT-Aufsichtsratsmitglied John McCone, zugleich Direktor der Standard Oil – er war unter Johnson von 1961 bis 1965 CIA-Direktor –, dem USA-Geheimdienst an, eine Million Dollar für Allendes rechten Gegenkandidaten Jorge Alessandri aufzuwenden.

McCone wußte wie kein anderer, daß die CIA viele Bereiche der chilenischen Gesellschaft kontrollierte. Sie verfügte über Einfluß bei den Massenmedien und unter Politikern verschiedener

Richtungen, bei unternehmerhörigen Gewerkschaften und besonders in der Armee Hunderte von Offizieren der Streitkräfte und der Polizei, vom chilenischen Geheimdienst ganz zu schweigen, waren durch Langley rekrutiert worden. Von 1964 bis 1969 gab die CIA mehr als zwei Millionen Dollar für die politische Ausbildung antikommunistischer Führer von Pseudoorganisationen der Bauern und Slumbewohner aus. An Universitäten und Hochschulen formierte sie den USA hörige Studentenverbände. Sie organisierte Gruppen, die als Plakatkleber sowie als Störer linker Kundgebungen eingesetzt wurden.

CIA-Direktor John McCone war zugleich Bankier und Ölmagnat

Als 1970 wiederum ein Wahlkampf in Chile begann, beschloß das verdeckte Aktionen der US-Geheimdienste absegnende Komitee 40, erneut alle Kräfte gegen Allende zu konzentrieren. Taktisches Hauptziel war es, ein Auseinanderfallen der heterogenen Allianz Unidad Popular (Volkseinheit – UP), in der sich Sozialisten, Kommunisten, Radikale und andere Linksparteien zusammengeschlossen hatten, zu provozieren. Die CIA inszenierte eine Propagandaschlacht der Medien, die für den Fall eines UP-Wahlsiegs ein »stalinistisches Inferno« beschworen. 2.000 Mauern Santiagos wurden mit der Losung »Su Paredon« (Deine Wand) beschmiert, um die Vorstellung drohender Massenerschießungen zu erzeugen. Langleys Station Chief Henry D. Hecksher ließ »El Mercurio«, das größte bürgerliche Blatt Chiles, täglich mit den Ton der Kampagne angebenden Artikeln versorgen, was einen Schneeballeffekt hatte, da die Kommentare dieser Zeitung fast automatisch von verschiedenen Provinzzeitungen und -sendern übernommen wurden.

Doch alle Anstrengungen, die Willensentscheidung der Chilenen zu manipulieren, führten nicht zum Erfolg. Am 4. September 1970 errang die Unidad Popular mit einem Stimmenanteil von etwa 36 Prozent die relative Mehrheit und ließ die politischen Formationen des Zentrums (Christdemokraten) wie der Rechten (Nationalpartei) hinter sich. Für Washington zählte das nicht. Am 16. September erklärte Präsident Nixons Chefsicherheitsberater Henry Kissinger vor US-Zeitungsverlegern, eine Regierungsübernahme Allendes liege »nicht im Interesse der Vereinigten Staaten«. Vor dem Komitee 40, in dem er die erste Geige spielte, sagte er wenig später wörtlich: »Ich sehe nicht ein, warum wir dabeistehen und zuschauen sollten, wie ein Land durch die Verantwortungslosigkeit seines eigenen Volkes kommunistisch wird.«[55] Das war eine Kampfansage an das Völkerrechtsprinzip der Selbstbestimmung.

Da am 4. September keiner der Kandidaten die absolute Mehrheit errungen hatte, lag die Entscheidung nun beim chilenischen Kongreß, der in solchen Fällen traditionell den Spitzenreiter zum Präsidenten zu wählen pflegte. Das Parlament war für den 24. Oktober einberufen worden.

Am 15. September ließ Nixon CIA-Chef Richard Helms ins Weiße Haus kommen. Wie es in der »Guilforder Chronik« heißt, »überraschte er ihn mit der Order, eine verdeckte Aktion auszuführen«.[56] Nixon versicherte, »daß ein Allende-Regime für die Vereinigten Staaten nicht akzeptabel sein würde, und instruierte die CIA, eine direkte Rolle bei der Organisierung eines Militärputsches in Chile zu spielen, um Allendes Aufstieg zum Präsidenten zu verhindern«.[57] Auch Edward Korry, US-Botschafter in Santiago, erhielt »sämtliche Vollmachten«, einen Amtsantritt des Führers der Unidad Popular »so oder so zu blockieren«.

An den folgenden Tagen wurden – wie Colby im April 1974 vor einem Senatsausschuß eingestand – zunächst 350.000 Dollar als erste Rate von etwa acht Millionen, die man nach und nach für antichilenische Subversionszwecke freigab, bereitgestellt. Mit dem Geld sollte vor allem eine hinreichende Zahl von Abgeordneten dazu veranlaßt werden, gegen Allende zu stimmen.

Bei der Unterredung mit Nixon hatte sich Helms auf einem Zettel notiert: »Die Wirtschaft zum Brüllen bringen«. Langley ging sofort ans Werk. In Chile operierende US-Banken und Multis – allen voran ITT – wurden ersucht, Kredite zu sperren, Ersatzteillieferungen einzustellen und Kapital abzuziehen, um anzudeuten, was sich im Fall einer Wahl Allendes abspielen werde.

Zugleich verstärkte die CIA-Station ihre Aktivitäten zur Auslösung eines Militärputsches, nachdem Hecksher Anweisung erhalten hatte, »ein entsprechendes Staatsstreichklima zu schaffen«. Die Kommandokette schloß die höchste Ebene ein:

Nixon – Kissinger – Helms. Dem CIA-Direktor wurden für den Job Millionen Dollar zur Verfügung gestellt. Binnen weniger Tage nahmen Langleys Agenten zu 21 Generälen und hohen Offizieren der chilenischen Streitkräfte Kontakt auf. Dabei zeigte sich, daß Generalstabschef René Schneider, ein bürgerlicher Demokrat, nicht zum Verfassungsbruch zu bewegen war. Die CIA beschloß deshalb seine »Neutralisierung«. Durch die Station angeworbene Kriminelle, die Schneider zunächst entführen sollten, wurden von Heckshers Leuten mit Maschinenpistolen und Munition ausgestattet. Nachdem die ersten beiden Versuche, Schneider zu kidnappen, fehlgeschlagen waren, legten die Banditen am 22. Oktober einen dritten Hinterhalt. Der General starb an den Folgen der Schußverletzungen, die er bei dem Anschlag erlitten hatte. Sein Tod schockierte Chile, schloß das Volk zusammen und wirkte sich so gegen Washingtons Umsturzpläne aus. Am 24. Oktober wählte der Kongreß Salvador Allende zum Präsidenten der Republik.

Nachdem Allende am 3. November in den Präsidentenpalast, die Moneda, Einzug gehalten und dem Land sein aus Sozialisten, Kommunisten, Radikalen und Angehörigen demokratischer Parteien gebildetes Kabinett vorgestellt hatte, beschleunigte die CIA ihre Gangart. Auf eine Verleumdungskampagne von unglaublichen Ausmaßen, zu der man Schreiberlinge aus mindestens zehn Ländern in Chile zusammenzog, folgte der totale Wirtschaftskrieg. Man müsse Allende das Regieren unmöglich machen, hieß Kissingers Parole. Als der Präsident im Sommer und Herbst 1971 den Besitz von über 40 bedeutenden US-Konzernen – darunter die Kupferimperien Kennecott, Anaconda und Cerro – verstaatlichte, antwortete Washington mit der Direktive, Chiles Ökonomie vollständig zu lähmen. Während Kreditsperre, Blockade und Boykott verschärft wurden, gab man zugleich bedeutende Mengen Buntmetall aus strategischen Beständen der Vereinigten Staaten frei, wodurch die Weltmarktpreise für Kupfer binnen 18 Monaten von 750 auf 394 Pfund Sterling je Tonne fielen. So mußte Chile, dessen Staatshaushalt zu 80 Prozent aus Kupfererlösen finanziert wurde, schwerste Valutaverluste hinnehmen. Der systematische Abzug ausländischer Fachleute aus den Minen, das Einfrieren chilenischer Konten in den USA, Sabotageakte und von der CIA bezahlte Arbeitsniederlegungen gehörten zum Arsenal US-amerikanischer Kampfmittel. Es fehlte auch nicht an Versuchen, Ladungen aus der Andenrepublik kommender Kupfertransporte in westeuropäischen Häfen zu beschlagnahmen.

Eine Schlüsselrolle in der Verschwörung spielten wiederum die Bosse der ITT, deren chilenisches Tochterunternehmen Chitelco (Anlagewert: 143 Millionen Dollar) von der Nationalisierung betroffen war. Schon am 1. Oktober 1971 – zwei Tage nach Verkündung der Enteignungsmaßnahme – unterbreitete William R. Merriam als Leiter des Washingtoner ITT-Büros Nixons Beratern Peter G. Peterson und Alexander Haig ein detailliertes 18-Punkte-Programm zum Sturz der Volksregierung. »Vor allem sollten verläßliche Quellen im chilenischen Militär angebohrt werden«,[58] hieß es darin.

Um der Aktion gegen Allende mehr Kraft zu verleihen, hatte Kissinger, der einem in der US-Bundeshauptstadt als Umsturzstab gebildeten Sonderbüro für die Angelegenheit Chile angehörte, für die Auswechslung des Führungsteams vor Ort gesorgt: Hecksher, der von Allendes Niederlage im Parlament überzeugt gewesen war, wurde durch Station Chief Raymond Warren ersetzt, an die Stelle Botschafter Korrys trat der erfahrene Nathaniel Davis, der in den sechziger Jahren als Washingtons Missionschef in Guatemala das mit der Ausrottung Zehntausender von Indiobauern verbundene »Pazifizierungsprogramm« überwacht hatte.

Großes Gewicht maß die CIA »El Mercurio« bei. Für seine Umwandlung aus einer seriösen großbürgerlichen Zeitung vom Zuschnitt der amerikanischen »New York Times« in ein aggressiv antikommunistisches Boulevard-Blatt mit bluttriefenden Schlagzeilen investierte man erneut 1,5 Millionen Dollar. »El Mercurio« zog über die Allende-Regierung ungehindert und ohne Unterlaß mit den groteskesten Lügen her, wurde aber zugleich nicht müde, zu behaupten, in Chile sei die Pressefreiheit bedroht. Im Spätsommer 1973 erfanden die CIA-Paten der Zeitung, die später zum Organ Augusto Pinochets und seiner Geheimpolizei CNI (früher DINA) wurde, den »Zeta-Plan«, der angeblich vom UP-Kabinett Mitte September verwirklicht werden und dessen Ziel in der Ermordung aller Führer der Opposition sowie sämtlicher hoher Offiziere der Streitkräfte bestehen sollte. Laut »Zeta-Plan« beabsichtigte der Präsident, eine Volksrepublik zu proklamieren. »El Mercurio« rief Tag für Tag dazu auf, Chile vor einer »roten Diktatur« und vor dem »gottlosen Marxismus« zu retten.

Großen Aufwand trieb die CIA auch für die Ausbildung von Gewerkschaftskadern im Angestellten- und Dienstleistungsbereich. 108 Spitzenfunktionäre von den Christdemokraten kontrollierter Verbände wurden auf das American Institute for Free Labor Development (AIFLD – Institut zur Entwicklung freier Gewerkschaften) – eine der durch die CIA beaufsichtigten

Regionalschulen – delegiert. 1972 und 1973 finanzierte Langley landesweite Streiks der Lastwagenbesitzer und -fahrer. Weitere Hilfsgelder gingen an rechtsradikale Banden wie »Patria y Libertad«. Besonders intensiv arbeitete die CIA in Chiles 46.000 Mann starken Streitkräften, deren Offizierskorps fast ausnahmslos auf US-Kriegsschulen ausgebildet worden war. Allein 3.667 Chilenen hatten zwischen 1950 und 1968 die Pentagonakademie Fort Gulick in der Panamakanalzone absolviert. Unter diesen Zöglingen befand sich auch der frühere chilenische Militärattaché in Washington, General Augusto Pinochet, der im Sommer 1973 die Führung der Armee des Andenlands übernahm, nachdem sein demokratisch gesinnter Vorgänger – der später im Geheimdienstauftrag außer Landes ermordete General Carlos Prats – durch ein Komplott zum Rücktritt gezwungen worden war.

Nach mehreren Putschtests gab Langley Anfang September grünes Licht für den Totalangriff auf das Chile der Unidad Popular. 48 Stunden vor dem Staatsstreich wurde Präsident Nixon vom Drehbuch unterrichtet. An den Abschlußberatungen in Washington nahm auch Botschafter Davis teil. Am 11. September 1973 fiel Salvador Allende unter von der CIA gegossenen Kugeln, stand die Moneda in Flammen, begann in ganz Chile der Amoklauf der Horden Pinochets, der verkündet hatte, die Demokratie müsse hin und wieder in Blut gebadet werden.

Salvador Allende (mit Stahlhelm) in den letzten Minuten seines Lebens

Kurz nach dem Putsch sagte Henry Kissinger vor einem Komitee des Repräsentantenhauses unter Eid aus, nach seinem »besten Wissen« habe die CIA »mit dem Coup nichts zu tun gehabt«. Thomas Karamessines, Langleys damaliger Chef der Illegalen Dienste, widersprach dem. Er erinnerte an den Auftrag Nixons nach Allendes Wahl, einen militärischen Staatsstreich in Santiago zu inszenieren, und erklärte: »Ich bin sicher, daß die Saat, die bei den Bemühungen von 1970 gelegt wurde, 1973 ihren Einfluß hatte.«[59] Auch die Autoren der »Guilforder Chronik« wollten diesen Ruhm der »Company« nicht an andere abtreten: »Die meisten Menschen in der Welt sind davon überzeugt, daß die CIA Allende überwand – und viele Amerikaner glauben es ebenso.«[60]

Am 22. April 1974 präzisierte William Colby, der sich von anderen US-Geheimdienstchefs durch seine Neigung zu deutlichen Formulierungen unterschied, einem durchgesickerten Kongreßprotokoll zufolge mit Blick auf Chile: »Ich sage nicht, daß wir an einer Kampagne beteiligt sind, der Welt Demokratie zu bringen. Man verlangt von uns, daß wir die US-Politik durchsetzen.«[61] Nur zwei Wochen zuvor hatte Präsident Gerald Ford auf einer Pressekonferenz die Legalität der geheimdienstlichen Operationen zur Destabilisierung Allendes verteidigt. »Ich will kein Urteil darüber fällen, ob es nach dem Völkerrecht gestattet ist ... Ich denke, dies liegt im besten Interesse des Volkes von Chile und gewiß auch in unserem besten Interesse.«[62] Die Äußerungen des Chefs der US-Exekutive veranlaßten »Time« am 30. September 1974 zu der Feststellung: »Die Vereinigten Staaten fühlen sich frei, eine andere Regierung zu untergraben, wann immer es in die amerikanische Politik paßt.«

Falschspieler und Brunnenvergifter

»Propaganda in ihren vielen Schattierungen von Grau (den Graden der Verschleierung der Urheberschaft) vermag das Ziel einer verdeckten Aktion zu erreichen«,[63] heißt es in der »Guilforder Chronik«. »Die meiste Zeit ihrer ... Existenz war die CIA mit unablässigen, wenn auch weitgehend unerkannten Anstrengungen beschäftigt, die öffentliche Meinung in anderen Ländern zugunsten der Außenpolitik der USA zu formen« – mit diesen Worten leitete die »New York Times« am 3. Januar 1978 einen Artikel zur psychologischen und propagandistischen Kriegsführung des amerikanischen Geheimdienstes ein.

Langley beschäftigte stets eine große Zahl hochqualifizierter Fachleute für das Fabrizieren und Lancieren von Halbwahrheiten und Falschmeldungen aller Art. Die CIA war zu unterschiedlichen Zeiten Besitzer oder Teilhaber von mehr als 50 ausländischen Zeitungen und Zeitschriften, Nachrichtenagenturen, Rundfunk- und Fernsehstationen, die diesem Zweck dienten oder geheimdienstliche Operationen abschirmten.

Fast ein Dutzend US-Verlagshäuser – keineswegs nur solche Scheinfirmen wie Foreign Intelligence Press in Guilford, sondern auch durchaus renommierte Unternehmen – hat seit Beginn der fünfziger Jahre Titel der verschiedensten Art herausgebracht, deren Autoren lediglich Auftragsarbeit für die CIA leisteten.

An antikommunistische Kreise in der Sowjetunion und in anderen osteuropäischen Ländern wandten sich die Sender Radio

Liberty (RL) und Radio Free Europe (RFE), deren redaktioneller Stab sich aus Emigranten, Überläufern und Mitarbeitern von US-Geheimdiensten zusammensetzt. RFE und RL, die wöchentlich ein 1.000-Stunden-Programm ausstrahlten, erfüllten operative Aufgaben geheimdienstlicher Natur, indem sie das Agentennetz der CIA durch codierte Instruktionen anleiteten und gezielt Informationen sammelten. In der »Guilforder Chronik« heißt es zu diesem Thema: »Außer der Bereitstellung von Fonds und Informationen für nichtkommunistische Parteien, Publikationen, Gruppen und andere wichtige individuelle Stimmen in ganz Osteuropa machte die CIA auch ausgedehnten Gebrauch vom Rundfunk, indem sie über Radio Free Europe und in die Sowjetunion selbst durch Radio Liberty ... Nachrichten und politische Analysen lieferte.«[64] Aufschlußreich ist die Äußerung des CIA-Experten für Arbeit gegen die UdSSR, Harry Rositzke: »Das vielleicht spürbarste Resultat dieser Operationen des ›psychologischen Krieges‹ war die Aufnahme von amerikanischen Kontakten zu den politischen Dissidenten innerhalb der Sowjetunion.«[65]

Nach der Niederlage des Sozialismus in Europa, auf die beide Sender jahrzehntelang von München aus hingearbeitet hatten, sah sich die CIA nach einem neuen kostengünstigeren Standort für RFE und RL um. Am 5. Juni 1995 begannen die Stationen ihre Programme in 19 Sprachen aus Prag zu übertragen. Die offizielle Einweihung des Sendenetzes erfolgte indes erst drei Monate später. Dabei hielt ein früherer Dissident, Václav Havel, die Festrede. »Meine Begeisterung rührt daher, daß ich persönlich die Bedeutung dieser Sender erfahren habe«,[66] sagte der tschechische Präsident.

Am 9./10. September 1995 veröffentlichte die »International Herald Tribune« einen Artikel des früheren US-Botschafters bei der Konferenz für Sicherheit und Zusammenarbeit in Europa (KSZE), John J. Maresca. Er leitete ein offensichtlich von der CIA eingerichtetes, pro forma aber privates »Offenes-Medien-Institut« in der tschechischen Hauptstadt, dem die sensiblen Archive der beiden Stationen zugeordnet worden waren. Maresca begründete die Notwendigkeit des Weiterbestehens der Sender damit, daß in Rußland und den ehemals sozialistischen Ländern Mittel- und Südosteuropas nach wie vor kommunistische oder »postkommunistische« Parteien intakt seien. Die noch schwachen Massenmedien würden durch die jeweiligen Regierungen beherrscht, was einer »objektiven und unparteiischen Information« im Wege stehe. »Bis zur gänzlichen Überführung dieser Länder in volle Demokratie und wirtschaftliche Freiheit sind amerikanische

Dienste wie Radio Free Europe und Radio Liberty von ausschlaggebender Bedeutung. Dieser Prozeß könnte eine Generation oder auch mehr beanspruchen.«

Maresca deutete an, daß das »völlig unberechenbare Rußland« auch ohne Sowjetsystem vorerst ein potentieller Hauptfeind der Vereinigten Staaten bleibe. Insbesondere komme es darauf an, die Programme »weiter nach Osten, nach Zentralasien und in den Kaukasus« auszudehnen. Der Westen müsse die »Evolution« seiner östlichen Nachbarn aufmerksam verfolgen und »weiterhin beeinflussen«.

Übrigens haben RFE, RL und Radio Martí in Florida im Sommer 1996 ein weiteres »Schwesterchen« bekommen. Im August nahm Radio Free Asia mit Stationen in Armenien und Tadschikistan seine Übertragungen in chinesischer Sprache auf, denen bald auch Programme in Koreanisch und Vietnamesisch folgen sollten. Die Rede ist auch von Sendungen in der Sprache des laotischen Hmong (Meo)-Volkes.

»Die Anstrengungen der CIA, auf die öffentliche Meinung im Ausland Einfluß zu nehmen, reichten von der Verfälschung historischer Dokumente ... bis zur Ausschmückung von sonst den Tatsachen entsprechenden Berichten ... und sogar bis zur direkten Erfindung«, bemerkte die »New York Times« am 3. Januar 1978.

Um zu verhindern, daß eigene Spitzenpolitiker und Diplomaten auf die im Ausland gepflanzten tendenziösen Meldungen hereinfielen, schuf die CIA ein Frühwarnsystem, das offizielle Führungskräfte rechtzeitig davon in Kenntnis setzte, welche Enten wann aus dem eigenen Gatter entlassen werden sollten. Allerdings betraf das nicht den Durchschnittskonsumenten, gegen dessen Irreführung Langley keinerlei Vorkehrungen traf. In bezug auf ihn spricht man vom unvermeidlichen Blowback (Zurückblasen), Replay (Rückspiel) und Domestic Fallout (einheimischer Niederschlag) durch die CIA in internationale Kanäle eingespeister Lügen.

Schon 1967 hieß es in einer US-Geheimdienstdirektive, ein »Fallout« aus Meldungen, die eigentlich für andere bestimmt seien, müsse in Kauf genommen werden.

»Black Propaganda« (Schwarze Propaganda) nennt man in den Vereinigten Staaten jene Nachrichten, welche ohne Quellenangabe verbreitet werden. Für die Kolportage derartiger durch CIA-Angestellte fabrizierter und über angeworbene Medienmitarbeiter in Umlauf gesetzter »Informationen« hielt sich Langley manchmal bis zu 800 Journalisten. In der »International Herald

Tribune« vom 3. Januar 1978 teilte Terence Smith solche für spezielle Aufgaben verwendeten Journalisten in drei Kategorien ein: »CIA-Agenten, die sich als Reporter ausgeben, bei regulären Nachrichtenmedien beschäftigte Korrespondenten, die von der CIA für geheime Aktivitäten angeworben wurden, und schließlich Reporter, Kolumnisten und Kommentatoren, die von der CIA als ›wertvolle Hilfe‹ betrachtet werden und spezielle Informationen erhalten ... in der Hoffnung, daß diese der Öffentlichkeit getreulich übermittelt werden.«

»Legitime Kontakte« zwischen der CIA und der Presse bestünden seit Jahren und hätten sich noch verstärkt. Nicht wenigen Journalisten stehe es frei, das Agenturhauptquartier in McLean (Langley) regelmäßig zu besuchen, »um sich unmittelbar bei den Spezialisten der CIA zu informieren«, berichtete Smith. Allein 1977 seien dort 147 »Hintergrundgespräche« geführt worden. »Im Ausland hat das Verhältnis zwischen Korrespondenten und ›Station Chiefs‹ keine so feste Struktur. Die Unterhaltungen finden zwanglos und häufig statt, zuweilen in der US-Botschaft, meistens aber beim Lunch oder auf einer Cocktailparty«, konnte man der »International Herald Tribune« entnehmen.

Besonderen Wert legt Langley seit und je auf solide eigene Positionen in den beiden großen US-Nachrichtenagenturen United Press International (UPI) und Associated Press (AP). Dort untergebrachte Geheimagenten sorgen dafür, daß von der Zentrale fabrizierte Meldungen mit dem Rest der Sendung unauffällig »verschnitten« werden. »Obwohl AP und UPI zwei der bedeutendsten Nachrichtenagenturen der Welt sind ..., wurde ihnen von der CIA keine besondere Rücksicht entgegengebracht«,[67] klagte die »New York Times« am 3. Januar 1978.

Langleys Konterpropaganda reicht von Leserbriefen in großen Tageszeitungen bis zu hochaktuellen Informationen, die das internationale Klima anheizen sollen. Vor Abstimmungen über den US-Militärhaushalt erschienen zum Beispiel regelmäßig gefälschte Nachrichten, aus denen sich ein »gefährlicher Rüstungsvorsprung Moskaus« ablesen ließ. Besonders rührig war die CIA beim Verbreiten von Spekulationen über angebliche Krankheits- und Todesfälle unter Staats- und Parteiführern der UdSSR.

Um Gerüchte oder Parolen in Umlauf zu setzen, eigneten sich auch die in vielen Ländern bestehenden Presseklubs. Bekannt wurden mehrere Fälle, in denen es der CIA gelang, die Leiter solcher Einrichtungen anzuwerben. Das geschah zum Beispiel in Mexiko-Stadt und Manila. Der dort untergebrachte Agent orientierte sich besonders auf solche Reporter, die für ihre Faulheit bekannt waren und lieber in Bars herumhockten, als eigene Berichte zu verfassen. Sie waren dankbar, wenn ihnen bereits formulierte Texte »exklusiv« zugesteckt wurden, die sie dann ohne jeden eigenen Aufwand per Telefon als ihr Produkt weitergeben konnten. Renommierten Journalisten lieferte man Material mit objektivem und seriösem Anstrich für ihre Kommentare und Leitartikel. Während die Schreiber meinten, den Stoff selbständig zu erarbeiten, fixierte in Wirklichkeit die CIA den Rahmen ihrer Argumentation.

Während die CIA einerseits gigantische Propagandaschlachten finanzierte, setzte sie andererseits dort den Knebel an, wo die so oft gepriesene Pressefreiheit verdeckten Operationen der »Company« gefährlich werden konnte. So wurden im Februar und März 1961 mehrere Artikel, darunter Beiträge des »Miami Herald«-Mitarbeiters David Kraslow, in denen von der Ausbildung konterrevolutionärer Exilanten für eine beabsichtigte Invasion in Kuba die Rede war, durch CIA-Kreise gesperrt. Kraslow, später Herausgeber der »Miami News«, sagte zum Ablauf der Maulkorbaktion, seine Chefredakteure hätten ihn ersucht, die erkundeten Tatsachen zunächst Allen Dulles mitzuteilen. Dieser habe ihn dann wissen lassen, daß Veröffentlichungen zu diesem Thema nicht »im nationalen Interesse« lägen.

Kurz bevor die fortschrittliche Regierung Guatemalas im Jahr 1954 gestürzt wurde, wies Allen Dulles den »New York Times«-Herausgeber Arthur Hays Sulzberger darauf hin, daß Sidney Gruson, damals Korrespondent des Blattes in Mexiko, aus der Sicht der CIA nicht fähig sein dürfte, objektiv über die bevorstehenden Ereignisse zu berichten. Es wäre deshalb angebracht, ihn aus der Sache herauszuhalten. Als Folge der CIA-Intervention wurde der für Mittelamerika zuständige Gruson unter dem unsinnigen Vorwand in Mexiko belassen, man rechne mit der Möglichkeit, daß die Kämpfe auch auf dieses Land übergreifen könnten.

Interessant sind die »Eigenheiten« der mehr als 1.250 Bücher, die von der CIA oder in deren Auftrag allein bis 1976 veröffentlicht wurden. Sie reichen von Verzerrungen der Wahrheit bis zu kompletten Fälschungen. Ein krasses Beispiel hierfür lieferte der Titel »The Penkowsky Papers« (»Die Penkowski-Papiere«), der 1965 bei Doubleday & Co. herauskam. Angeblich handelte es sich um das »authentische Tagebuch« des KGB-Obersten Oleg Penkowski, der als CIA-Agent enttarnt und von der sowjetischen Justiz zum Tode verurteilt worden war. In Wirklichkeit stammte keine Zeile von Penkowski. Autoren der mit antisowjetischen »Enthüllungen« und »Pikanterien« gepfefferten Story waren die

Journalisten Frank Gibney und Peter Deribian. »Es war kein Tagebuch«, mußte selbst ein Sprecher der CIA erklären, »und insofern eine große Täuschung.« Während ein Ex-Geheimdienstler zugab, das Material sei einer »kosmetischen Operation« unterzogen worden, meinte ein dritter Experte: »Spione führen keine Tagebücher.«[68] 1982 berichtete die »Washington Post« im Zusammenhang mit einer Wiederauflage des »Werkes«, der Herausgeber des umstrittenen Spionagebestsellers des Kalten Krieges habe offenbart, daß er die Materialien von der CIA erhielt.

Sowjetoberst und CIA-Agent: Oleg Penkowski (r.)

Die meisten Falschmeldungen wurden unter der Reagan-Administration in die Welt gesetzt. 1983 inszenierte die CIA eine auf Erfindungen beruhende weltweite Kampagne gegen »gelben Regen«, wobei Vietnam beschuldigt wurde, in Kambodscha von der Sowjetunion gelieferte chemische Waffen eingesetzt zu haben. Zu den Verleumdungsfeldzügen, die in diesem, wie die nikaraguanische Zeitung »Barricada« am 23. April 1987 formulierte, »goldenen Zeitalter der Desinformation« unternommen wurden, gehörten »Anklagen«, die UdSSR stehe hinter dem internationalen Terrorismus, Führer der Sandinisten hätten einen Rauschgiftring aufgezogen und libysche Scharfschützen seien in die USA entsandt worden, um Präsident Ronald Reagan zu ermorden.

Gebet mit dem Papst

Ihre größte Lüge tischten Langleys Märchenonkel zum am 13. Mai 1981 verübten Anschlag türkischer Faschisten auf Papst Johannes Paul II. auf. Nachdem der dreiundzwanzigjährige Mehmet Ali Agca, ein bereits in der Türkei wegen Mordes zum Tode verurteiltes Mitglied der Grauen Wölfe, in einem nur 30 Stunden dauernden

Prozeß als »Alleintäter« eine lebenslange Freiheitsstrafe erhalten hatte, beschloß man, aus der Sache etwas zu machen. Reagans CIA-Direktor William Casey bestellte einen Bericht, aus dem hervorgehen sollte, »daß Moskau die Kraft hinter der Waffe war. Und bevor man einen Entwurf nach seinem Geschmack produzierte, waren verschiedene Agenten, die abweichende Meinungen vertraten, ohne große Umstände von der römischen Station auf weniger glanzvolle Posten versetzt worden«, berichtete »U.S. News & World Report« am 26. Januar 1987. Dann kümmerte man sich um die Presse.

Zunächst lieferte Langleys als Publizist getarnter früherer Station Chief in Ankara, Paul Henze, der Zeitschrift »Atlantic Community« Ende 1981 eine Story, in der er behauptete, Agca sei in Wirklichkeit ein vom Geheimdienst Bulgariens im sowjetischen Auftrag instruierter und eingesetzter Agent. Die damit in Gang gebrachte verdeckte Aktion zielte nicht nur schlechthin auf die Erzeugung antikommunistischer Hysterie, sondern sollte ganz besonders auch unter Millionen polnischen Katholiken, aus deren klerikaler Hierarchie der Papst hervorgegangen war, Haßgefühle entfachen.

Bei Henzes Artikel blieb es nicht. Im September 1982 verschaffte »Reader's Digest«, ein weltweit verbreitetes Magazin, der CIA-Agentin Claire Sterling Gelegenheit, »den Stoff zu vertiefen«. Seit vielen Jahren als Verfasserin von Publikationen mit US-Geheimdiensthintergrund bekannt, stellte sie die Behauptung auf, Agca habe »nachträglich ausgepackt« und »seine tatsächlichen Hintermänner genannt«. Das Attentat sei im Juli 1980 in einem Sofioter Luxushotel mit dem Türken im Detail vereinbart worden.

Während der folgenden Monate wurde der verurteilte Terrorist durch hohe italienische Geheimdienstoffiziere mit Querverbindungen zur CIA geeicht. Für den Fall seiner Bereitschaft zur Mitarbeit stellte man ihm Hafterleichterungen und andere Privilegien in Aussicht. Agca, der nichts mehr zu verlieren hatte, ging natürlich auf das Spiel ein. Als wenig später in Rom der Angestellte der bulgarischen Luftverkehrsgesellschaft Sergej Antonow »unter dem Verdacht der Komplizenschaft« festgenommen wurde, brachte Langley seine Kampagne zur Irreführung der Weltöffentlichkeit auf Hochtouren.

1985 fand dann ein zweiter Prozeß statt, in dessen Verlauf sich die von der CIA so mühsam gelegte »bulgarische Spur« in Rauch auflöste. Antonow, der zweieinhalb Jahre schuldlos gesessen hatte, und zwei Sofioter Diplomaten, gegen die in Abwesenheit verhandelt worden war, mußten freigesprochen werden.

War diese verdeckte Aktion auch auf blamable Weise gescheitert, so blieb die CIA dem Papst-Thema doch weiterhin verhaftet. Im Herbst 1996 erschien ein aufsehenerregendes Buch des Washingtoner Star-Journalisten Carl Bernstein und des Italieners Marco Politi. Es trug den Titel »Johannes Paul II. und die Geheimdiplomatie des Vatikans«. Die Publikation stieß bei Papst-Apologeten sofort auf heftigen Widerstand. Aus ihr ging hervor, daß Spitzenbeamte der CIA – unter ihnen Reagans Direktor William Casey – den Heiligen Vater in den achtziger Jahren regelmäßig mit Dossiers und Videos über Truppenbewegungen und andere den Vatikan interessierende Vorgänge in Polen beliefert haben. In einer Rezension von Doreen Carvajal, die die »New York Times« veröffentlichte, hieß es, Johannes Paul II. habe CIA-Topspione wiederholt zu einer Privataudienz empfangen. Bei einer solchen Zusammenkunft hätten der Papst und Casey gemeinsam gebetet.

CIA-Direktor William Casey

Während das Oberhaupt der Katholischen Kirche sich weigerte, Carl Bernsteins Wunsch nach einem Gespräch entgegenzukommen, wurde der Autor vom früheren Päpstlichen Nuntius in Washington, Kardinal Pio Laghi, und von USA-Präsident George Bushs CIA-Direktor John Gates empfangen. Er hatte Gelegenheit, in mehrere inzwischen freigegebene Geheimtelegramme des Papstes Einblick zu nehmen, aus denen dessen Reaktionen auf die ihm von der CIA zugespielten Materialien ersichtlich waren.

Gates erklärte nach dem Erscheinen des Bernstein-Buchs, Johannes Paul II. habe die geheimdienstlichen Informationen zwar dankbar entgegengenommen, selbst aber keinerlei Dossiers der Römisch-Katholischen Kirche im Gegenzug übergeben. »Man kann das mit einer Einbahnstraße vergleichen«, sagte Gates, der an Briefings für den Papst persönlich beteiligt war. »Da gibt es zwei Institutionen, die parallele Strecken verfolgen, ohne daß sich ihre Wege kreuzen. Und es gibt eine Diskussion an der Spitze, um zu vermeiden, daß man übereinander stolpert.«[69]

Bei Bernstein und Politi ist nachzulesen: »Beide Mächte bedienten ihre individuellen Ziele auf parallelen Schienen; sie hielten einander unterrichtet, wobei sie stets die Empfindlichkeiten des anderen in Rechnung stellten; sie suchten nach einer gemeinsamen politischen und moralischen Basis, durchpflügten regelmäßig die enormen Aufklärungskapazitäten des anderen, unternahmen aber niemals geheime Aktivitäten auch formell gemeinsam.«[70]

LSD im Cointreau

Obwohl das 1947 erlassene Gesetz über die Schaffung der CIA ausdrücklich jede nach innen gerichtete geheimdienstliche Tätigkeit untersagte und auch der Central Intelligence Agency Act von 1949 diese Funktion als Monopol des FBI definierte, richteten sich zu jeder Zeit ganze Serien verdeckter Aktionen Langleys gegen Bürger der Vereinigten Staaten.

Als CIA-Direktor Richard Helms, ein Spezialist im Hakenschlagen, am 7. Februar 1973 von Senator Clifford Case gefragt wurde, ob es zutreffe, daß seine Behörde drei Jahre zuvor durch das Weiße Haus um die Überwachung der amerikanischen Antikriegsbewegung ersucht worden sei, antwortete er listig: »Ich kann mich nicht erinnern, ob wir gebeten wurden, aber wir waren nicht einbezogen, weil das für mich eine klare Verletzung unserer Charta gewesen wäre.«[71] Tatsächlich hatte gerade Helms die Dinge am meisten vorangetrieben. In der zweiten Hälfte der sechziger Jahre schuf er auf Verlangen Präsident Johnsons einen neuen Arbeitsstab unter dem Dach des Gegenspionageressorts der CIA und konzentrierte dort Kräfte für die geheimdienstliche Überwachung von Bürgern und Organisationen der USA.

Entgegen einer 1948 mit dem FBI getroffenen Vereinbarung über Kompetenzabgrenzung hatte in Langley schon 1963 eine streng geheime Abteilung für Innere Operationen (Domestic Operations Division – DOD) ihre Tätigkeit aufgenommen. Während sie angeblich ausländische Ziele in den USA bekämpfen sollte, wurden überall den FBI-Feldbüros ähnliche lokale Einheiten des als Domestic Contact Service deklarierten CIA-Inlandsdienstes geschaffen, die sich mit Dissidenten aller Art befaßten, darunter militante schwarze Organisationen, radikale Jugendgruppen, Befürworter der Verweigerung des Kriegsdienstes in Vietnam und Kreise, die Deserteure ins Ausland schleusten. Auf die CIA-Überwachungslisten gerieten die verschiedensten Leute. Man legte sogar eine Akte für den liberalen Richter am Obersten Gerichtshof der Vereinigten Staaten, William O. Douglas, an. Jahrelang wurde die afroamerikanische Sängerin und Entertainerin Eartha Kitt beschattet, weil sie angeblich kurze Zeit mit einer Gruppe getanzt hatte, deren Leiter 1948 Aktivitäten der »Kommunistischen Front« gefördert haben sollte. In ihrer CIA-Akte fand man vertrauliche Berichte über Auftritte der Künstlerin in Paris, New York und anderen Städten.

Zwei Jahrzehnte lang durchleuchtete die CIA insgesamt 28 Millionen Briefe und fotokopierte fast jeden zehnten davon. Als das FBI eine ähnliche Aktion erwog, wurde ihm von zuständiger Stelle bedeutet, Langley habe sich der Sache bereits angenommen. Postsendungen in sozialistische Länder oder aus diesen wurden bewußt fehlgeleitet, festgehalten oder aussortiert. Noch Mitte der achtziger Jahre gehörte es beispielsweise zu den Spezialitäten der »Briefträger« Langleys, in die DDR adressierte Post von der US-Ostküste erst nach Santo Domingo zu dirigieren, wo sie dann mit Irrläuferstempeln versehen und verspätet auf den Weg gebracht wurde.

1967 lief das CIA-Projekt MERRIMAC an, dessen Aufnahme mit dem Schutz von Mitarbeitern und Gebäuden des Geheimdienstes in Washington begründet wurde. Man nahm zehn Organisationen sehr voneinander abweichenden Charakters ins Visier, darunter die Ethische Gesellschaft, die Liga der Kriegsdienstverweigerer, den Kongreß für Rassengleichheit und die Partei der Schwarzen Panther (Black Panther Party). Besonderes Interesse bekundete Langley an der zur Friedensbewegung zählenden Gruppe Frauen kämpfen für den Frieden (Women Strike for Peace – WSP), die sich für eine Beendigung des Wettrüstens einsetzte und deshalb in den Verdacht geriet, »Moskaus Ziele zu fördern«. Schon 1962 hatte das CIA-Büro für Sicherheitsfragen ein Memorandum mit Kurzbiographien der Mitglieder des WSP-Nationalkomitees und einer lückenlosen Aufstellung der Aktivitäten dieser Organisation in Auftrag gegeben. Die geheimdienstlichen Nachforschungen führten dazu, daß die WSP-Vorsitzende Dagmar Wilson vor den Kongreßausschuß zur Untersuchung Unamerikanischen Verhaltens geladen wurde. Im Februar 1967 gelang es der CIA, eine MERRIMAC-Agentin im Washingtoner WSP-Büro unterzubringen. Diese nahm nicht nur an sämtlichen Sitzungen der Organisationsspitze teil, sondern fotografierte auch eine große Anzahl weiblicher Demonstranten und entwendete Hunderte vertraulicher Dokumente.

Langleys Aktionen im eigenen Land gipfelten Ende 1967 in der Operation CHAOS, für die 50 besonders geeignete CIA-Agenten abkommandiert wurden. Sie konzentrierte sich auf die Bespitzelung von 7.000 ausgewählten Persönlichkeiten und auf Spionage gegen etwa 1.000 Organisationen. Die CIA arbeitete in diesem Fall parallel zum FBI, das den CHAOS-Stab, trotz aller Rivalitäten, monatlich mit etwa 1.000 Berichten versorgte. Andererseits gingen auch Ermittlungsergebnisse der »Company« regelmäßig an Hoovers Apparat. Ähnlich eng war die Zusammenarbeit mit den militärischen Geheimdiensten. Im April 1971, als die CHAOS-Aktivitäten ihren Höhepunkt erreichten und Langleys Feldbüros bereits Akten über 13.000 Personen angelegt sowie Hunderttausende von Namen routinemäßig überprüft hatten, versicherte Direktor Helms vor der Vereinigung der Zeitungsverleger, die CIA ziele nicht auf amerikanische Bürger.

CIA-Direktor Richard Helms

1974 mußte die Operation CHAOS unter dem Druck massiver Proteste der Öffentlichkeit abgebrochen werden. An ihre Stelle traten besser getarnte Programme.

Unabhängig von den bereits geschilderten illegalen Unternehmungen verwirklichte die CIA von den fünfziger bis zu den siebziger Jahren chemisch-biologische Testprojekte, um Substanzen zu erproben und zu entwickeln, »die bei geheimdienstlichen Operationen zur Beeinflussung des menschlichen Verhaltens angewandt werden können«.

Einbezogen wurden dabei »Bestrahlung, Elektroschocks, verschiedene Methoden der Psychologie, Psychiatrie, Soziologie und Anthropologie, Graphologie, Aufputschmittel sowie paramilitärische Hilfsmittel und Materialien«.[72] Zahlreichen nichtsahnenden Versuchspersonen – von Strafgefangenen über Insassen psychiatrischer Kliniken und Soldaten bis zu im Land weilenden ausländischen Journalisten – wurden Speisen oder Getränken beigemischte Drogen verabreicht, die Halluzinationen hervorriefen oder Übelkeit erregten. Die einzelnen Programme der Operation, für die 25 Millionen Dollar bereitgestellt worden waren, trugen Bezeichnungen wie »Artichoke«, »MK-Ultra« und »MK-Delta«.

In ihrem »wissenschaftlichen Eifer« übernahmen sich die Experten von Allen Dulles und dessen Nachfolgern bisweilen. Am 27. November 1953 fanden New Yorker Stadtpolizisten auf dem Pflaster vor dem Hilton-Hotel den Leichnam eines gewissen Frank Olson. Der Vater von drei Kindern war aus einem Fenster im zehnten Stock gesprungen. Routinemäßig wurde der Fall als Selbstmord abgeschlossen. Erst 22 Jahre später stellte sich heraus, daß Olson, ein Zivilangestellter der Armee, der für ein Drogentestprogramm des Geheimdienstes in Camp Detrick (Maryland) benutzt worden war, vor seinem Sturz in die Tiefe unwissentlich ein Glas Cointreau mit LSD-Zutat getrunken hatte.

Der gesprächige Mr. Colby, zu dessen Amtszeit als CIA-Direktor das Programm offiziell bereits ausgelaufen war, bestätigte, daß der Geheimdienst zahlreiche ahnungslose US-Bürger in Versuchskaninchen verwandelt hatte. In einem »Spiegel«-Interview bezeugte er, daß »einige Versuche … auf schlimmste Art gemacht« worden seien. Die CIA habe dabei mit der Armee und dem »Institut für Narkotika und gefährliche Drogen« zusammengearbeitet.

Im Spätsommer 1977 räumte Präsident Carters CIA-Chef Admiral Stansfield Turner, der sich damit den Haß der »Falken« zuzog, ein, seit 1953 sei ein auf 25 Jahre berechnetes Programm durchgeführt worden. Rund 200 Wissenschaftler aus 88 verschiedenen Einrichtungen (darunter 44 Universitäten und Colleges, zwölf Krankenhäuser und drei Gefängnisse) hätten Experimente in der Absicht angestellt, mit chemisch-biologischen Mitteln auf die menschliche Psyche einzuwirken, den Willen der Versuchspersonen zu brechen und deren geistige Tätigkeit zu kontrollieren. Zu den Standardmethoden gehörten Serien hochdosierter Elektroschocks, tagelange Geräuschfolter, Dauereingabe gleichartiger »Informationen« und Verabfolgen bestimmter Substanzen, um Verhaltenswandel und Bewußtseinsänderung durch »Gehirnwäsche« herbeizuführen. »Einige der menschlichen Versuchskaninchen wußten, auf was sie sich einließen, viele andere hatten keine Ahnung davon«, schrieb »U.S. News & World Report« am 4. Januar 1994.

CIA-Direktor Stansfield Turner

Im Oktober 1988 mußte sich die CIA, um ein Gerichtsurteil abzuwenden, zur Entschädigung einer Gruppe von Kanadiern bereit erklären. Sie waren von dem durch Langley finanzierten Psychiater Dr. Ewen Cameron ohne ihr Wissen jahrelang gesundheitsgefährdenden Tests verschiedener Art unterworfen worden.

An dieser Stelle ist vielleicht eine Bemerkung angebracht, die auf ganz persönlichen Erfahrungen beruht. Als ich – wie eingangs erwähnt – im Frühjahr 1972 aus dem kalifornischen San Jose über den Monate dauernden Prozeß gegen Angela Davis berichtete, trieb die CIA nicht wenig Aufwand, um den ersten in die USA eingereisten »Polit-Reporter« aus der DDR gewissen Belastungssituationen zu unterwerfen und sein Persönlichkeitsraster abzutasten. Großzügige finanzielle Angebote und konkrete Vorschläge zur Anregung männlicher Sinnlichkeit gehörten ebenso dazu wie Drohungen und Einschüchterungsversuche. Auch eine von mir auf den Rat meines Freundes Eduard Bashakow aus dem New Yorker TASS-Büro angenommene Einladung nach Washington, wo es angeblich allein um Sondierungen im Vorfeld künftiger diplomatischer Beziehungen zwischen USA und DDR gehen sollte, war Teil eines ausgeklügelten Programms, mich gesprächig zu machen und auf die andere Seite zu ziehen.

Am Tag meiner Ankunft in der amerikanischen Bundeshauptstadt wurde ich von einem als »Regierungsbeamten« ins Spiel gebrachten CIA-Mitarbeiter, der sich Thomas Fitzgerald nannte und mich bereits in San Jose zweimal aufgesucht hatte, zum Abendessen in ein Chambre Separé des vornehmen Madison-Hotels ausgeführt. Als Abschluß des Diners bot mir der Gastgeber ein Glas Cointreau an, mit dem sich offenbar bestimmte Substanzen besonders gut vermischen ließen. Das Getränk enthielt einen Zusatz. Ich wurde anschließend sofort in mein Hotel zurückgebracht. Die Nacht über erlebte ich die wildesten Halluzinationen. Gegen Morgen stellten sich dann starke Übelkeit und Schwindel ein.

Wiederholt erkundigte sich »Mr. Fitzgerald«, mit dem ich einen strammen Besuchsplan zu absolvieren hatte, nach meinem Befinden. Alle Kraft zusammennehmend nannte ich mich »fit«. Ich stand auch die folgenden zwei Tage durch, ohne mir etwas anmerken zu lassen. Der Test blieb in diesem Falle für die CIA eine Fehlinvestition.

Das Bonner Modell

Langley betrachtete den deutschsprachigen Raum als sein bevorzugtes Aktionsgebiet. Darin folgte es den Traditionen und Gepflogenheiten des OSS, das seine westeuropäische Leitstelle in der Schweiz installiert hatte. Die Besonderheiten der Entwicklung in Deutschland, auf dessen Boden zwei gegensätzlichen Weltsystemen zugehörige Staaten entstanden waren, insbesondere aber die nachrichtendienstlichen Möglichkeiten in der Frontstadt Berlin, die sich als Zentrum der Weltspionage herausgebildet hatte, führten dazu, daß die CIA in der Bundesrepublik ihre größte überseeische Station mit Niederlassungen in Bonn, Frankfurt am Main, Hamburg, München und Westberlin einrichtete. Allein in Bonn konzentrierte man bis zu 60 Case Officers.

»In jenen Tagen wurden Geheimdienstoperationen gegen die Sowjetunion und Osteuropa mit und ohne Zustimmung Bonns unternommen«, erinnerte die »International Herald Tribune« am 12. März 1997 an die eingeschränkte Souveränität der Bundesrepublik Deutschland.

»Die frühere deutsche Hauptstadt schaut ruhig aus, ist aber einer der härtesten Plätze, an denen die CIA wirkte«, bemerkte »U.S. News & World Report« am 4. Juli 1994. Der verschlafene Regierungssitz am Rhein sei »ein verdammt schwieriger Posten«. Hier habe es immer wieder scharfe Kontroversen zwischen echten und falschen Diplomaten der USA gegeben, da sich die zweite Kategorie ständig der Arbeitsergebnisse der ersten Gruppe bedient und diese dann Langley gegenüber als Resultate eigener Bemühungen ausgegeben habe. Nachdem sich der seinerzeitige US-Botschafter Robert Kimmitt über den unablässigen Raub von Berichten beschwert hatte, sei zwischen State Department und CIA-Führung ein intern als »Bonner Modell« bezeichnetes Kompetenzabgrenzungs-Agreement darüber geschlossen worden, »welche Behörde welche deutschen Regierungsbeamten rekrutieren darf«, warf »U.S. News & World Report« einen Blick auf Spionagedetails.

Für die Annahme, daß der Wettbewerb im Anheuern von Agenten zu stark forciert worden ist, spricht die Tatsache, daß im März 1997 zum ersten Mal ein amerikanischer »Diplomat«, den der Verfassungsschutz beim Ausspähen von Geheimnissen eines Hochtechnologie-Projekts erwischt hatte, zum sofortigen Verlassen der BRD veranlaßt wurde. »Der unter diplomatischem Deckmantel arbeitende CIA-Agent versuchte, Top-Secret-Material zu beschaffen und Beamte aus Deutschlands Wirtschaftsministerium anzuwerben«, hieß es am 10. März 1997 in der »Washington Post«. Offenbar auf einen Wink aus Langley korrigierte sich die Zeitung nur zwei Tage später, indem sie nun behauptete, der CIA-Officer habe lediglich »Informationen über ein Drittland« zu beschaffen versucht. In der Ära des Kalten Krieges befaßte sich das Gros der in Deutschland stationierten US-Geheimdienstler – bei der Westberliner Mission in der Clay Allee 170 gab es dafür eine eigene »Sektion Ostfragen« unter zeitweiliger Leitung des späteren Generalkonsuls Alexander Akalovsky – mit Operationen gegen die DDR und auf deren Gebiet. Die Ernte fiel allerdings schlechter aus als erhofft.

Schütt und Schütteres

»Unter dem notorischen Spymaster Markus Wolf waren Ostdeutschlands Spione vielleicht die besten in der Welt«, urteilte »U.S. News & World Report« am 4. Juli 1994. Vier Jahre zuvor habe ein CIA-Team die Berliner Akten des DDR-Ministeriums für Staatssicherheit sorgfältig gesichtet. »Die CIA-Beamten waren schockiert, dabei zu entdecken, daß ihre ostdeutschen Agenten bis auf wenige Ausnahmen als Doppelagenten durch das kommunistische Regime in Ostberlin angeworben worden waren.«

Schon am 22. April 1992 erschien in »U.S. News & World Report« unter dem Titel »Erfolgreichster Spionagedienst des Kalten Krieges« ein Interview mit Generalleutnant Harry Schütt, Leiter der für Gegenspionage zuständigen Abteilung IX der Hauptverwaltung Aufklärung (HVA) des Ministeriums für Staatssicherheit (MfS). Harry Schütt hatte den amerikanischen Journalisten John Marks in Gegenwart eines Anwalts empfangen und ihm zehn Stunden lang Rede und Antwort gestanden. Der General war 1991 groteskerweise in München wegen Landesverrats (!) verurteilt worden, obwohl er nie der BRD gedient hatte und bis 1990 nicht deren Staatsbürger gewesen war.

»Viele US-amerikanische und deutsche Geheimdienstler sagen, daß kein Spionagedienst bei der Kompromittierung seiner Gegner erfolgreicher war als die HVA«, schrieb »U.S. News & World Report«. »Ungeachtet ihrer recht bescheidenen Größe fügte die HVA Amerika und dessen Verbündeten schweren Schaden zu«, hieß es in dem Bericht vom 22. April 1992. »Während der neun Jahre vor dem Mauerfall identifizierte, enttarnte oder kompromittierte die HVA jeden CIA-Angehörigen, der auf Ostdeutschland angesetzt werden sollte«, erklärten durch das Blatt befragte Geheimdienstoffiziere aus den USA und der BRD. Einer der zu Rate gezogenen Amerikaner sagte der Zeitschrift zufolge: »In den achtziger Jahren war unser Ergebnis gleich null.« Ein anderer hielt sich etwas bedeckter. Entsprechende Behauptungen der HVA seien »nicht von wilder Ungenauigkeit«, bestätigte er vorsichtig. »Die HVA war erfolgreicher als wir.« Durch strategisch plazierte Agenten der Abteilung IX seien unter anderem Top-Secret-Dokumente für Reagans Sternenkriegsprogramm (SDI) sowie Mobilisierungspläne der NATO beschafft worden.

Wie sehr sich Langley an den trotz mancher Enthüllungen noch weithin ungehobenen Schätzen der HVA interessiert zeigte, veranschaulichte ein im Mai 1990 an Generaloberst Markus Wolf durch CIA-Aufklärungschef Gardner Hathaway persönlich herangetragenes Angebot zur Zusammenarbeit: Dem früheren Leiter der HVA wurden nach dessen eigener Darstellung eine siebenstellige Dollarsumme, eine neue Identität und ein Haus in Kalifornien in Aussicht gestellt.

NSA: Augen und Ohren des Pentagon

Eine Lüge mit Flügeln

Als sich Generalleutnant William E. Odom, Direktor der National Security Agency (NSA), Anfang September 1987 plötzlich mit der Forderung zu Wort meldete, die US-Bundesregierung solle Nachrichtenagenturen, Zeitungen und Sender unter Anklage stellen, die gewisse Spionagedetails an die Öffentlichkeit gebracht hätten, war das ein ungewöhnliches Ereignis. Denn der Chef jener in Fort Meade (Maryland) – rund 35 Kilometer von der Bundeshauptstadt Washington entfernt – angesiedelten gigantischen Institution, die der New Yorker Publizist David Burnham »den größten und geheimsten aller Geheimdienste der Vereinigten Staaten« nannte, tritt selten in Erscheinung. »Undichte Stellen haben das System in den vergangenen drei, vier Jahren mehr geschädigt als in der langen, langen Zeit davor«, gab die »Washington Post« am 4. September 1987 Odoms Klage wieder. »Die Amerikaner waren sich der Existenz der National Security Agency überhaupt nicht bewußt«, stellte Morton Halperin 1976 fest. »Die NSA verfügt über ein größeres Potential zum Sammeln von Informationen als irgendein Polizeistaat jemals besessen hat.«[73]

Schon im Jahr 1952 erließ Präsident Harry Truman eine streng geheime Direktive unter der Bezeichnung »Communications Intelligence Activities«, mit der die NSA geschaffen und deren ursprüngliche Aufgaben als Verschlüsseln und Brechen von Codes umrissen wurden. Der Nationale Sicherheitsrat legte dann durch weitere Direktiven fest, wie der Apparat des neuen Geheimdienstes strukturiert sein und womit er sich außerdem noch befassen sollte. »Kein Gesetz bestimmt die Grenzen der Machtbefugnisse der NSA«, urteilte David Burnham. Ihr »rechtlicher Status« sei »einmalig«.[74] Die Arbeit der zwar eng mit der CIA verflochtenen, aber dem Pentagon unterstellten Behörde wurde in zwei hauptsächliche Bereiche – einen defensiven und einen offensiven – eingeteilt: COMSEC (Communication Security) befaßt sich mit der als »Kryptographie« bezeichneten Absicherung der Unenträtselbarkeit codierter Botschaften der US-Regierung an nachgeordnete Dienststellen. SIGINT (Signals Intelligence) hat die Aufgabe, die Nachrichten des Gegners – früher war das vor allem die Sowjetunion, heute ist es in erster Linie China, wobei auch Rußland für die USA weiterhin im Visier bleibt – aufzufangen und den jeweiligen Code zu knacken. Diese Hauptabteilung der NSA untergliedert sich ebenfalls zweimal: ELINT (Electronic Intelligence) zielt auf Signale wie Radar und Raketenstarts, während COMINT (Communications Intelligence) elektronisch übermittelte Nachrichten einsammeln und »Zielwörter« entschlüsseln soll.

NSA-Hauptquartier in Fort Meade

»Die NSA unterhält Abhörstationen in der ganzen Welt«,[75] heißt es in der »Guilforder Chronik« über die spezifische Funktion dieses Geheimdienstes bei der Einkreisung gegnerischer Staaten. Rund 2.000 im Ausland stationierte elektronische Horchposten, deren Positionen von Okinawa bis Kreta und von Puerto Rico bis Schottland reichen – überwiegend aus Maschinen der Typen AWACS und RC-135 gebildete Staffeln der U.S. Air Force und ganze Verbände gleichfalls mit modernster Elektronik bestückter Spionageschiffe der U.S. Navy – gehorchen den Befehlen aus Fort Meade. Ein Peilsystem an Bord der neuesten Zerstörer der amerikanischen Flotte wurde zum Beispiel seinerzeit im Golf von Fonseca eingesetzt, um die Befehlsstränge der salvadorianischen Nationalen Befreiungsfront Farabundo Marti zu orten. Der NSA-Stab berechnet die jeweiligen Standorte sämtlicher US-Spionagesatelliten und stimmt sie mit Flügen von Spezialmaschinen der Luftwaffe ab.

Für den Raum des Stillen Ozeans ist die dem Pazifischen Oberkommando der US-Streitkräfte (CINCPAC) beigegebene Regionalgruppe der NSA operativ verantwortlich. Bei ihr liefen am

1. September 1983 alle Fäden einer von der CIA bestellten schweren Provokation über fernöstlichen Gebieten der UdSSR zusammen, die in der entscheidenden Phase des Kampfes gegen die Stationierung amerikanischer Mittelstreckenraketen die Demoralisierung und Demobilisierung der westeuropäischen Friedensbewegung bewirken und die internationale Atmosphäre vergiften sollte. An jenem Tag war auf dem Airport Anchorage in Alaska der Flug Nr. 007 einer Boeing 747 der Korean Airlines mit 269 Passagieren an Bord nach Seoul freigegeben worden. Die in acht Stunden zu bewältigende Route führte durch den Luftkorridor 20, der an einigen Stellen nur wenige Meilen vom Hoheitsgebiet der UdSSR beziehungsweise Rußlands entfernt verläuft. Der Kapitän hatte die Strecke bereits 83 Mal zurückgelegt.

Das NSA-Radar registrierte schon nach einer halben Stunde, daß das Flugzeug 30 Kilometer von seinem Kurs abgekommen war. Man unternahm jedoch nichts, um den Piloten auf sein Wegdriften hinzuweisen. Lag ein Navigationsfehler vor, oder war es Absicht? Die NSA, die im pazifischen Raum über das dichteste Netz hochempfindlicher Horch- und Radarstationen verfügt, behielt den Flug 007 mehrere Stunden lang unter Kontrolle, ohne irgend jemanden zu warnen oder zu informieren. Im Zenit stand zur gleichen Zeit ein amerikanischer Spionagesatellit, parallel zur Boeing 747 flog eine RC-135 der NSA, um die durch den Eindringling ausgelöste Funk- und Radartätigkeit sowjetischer Bodenstationen genau zu erfassen. Beharrlich versuchten Jäger der UdSSR-Luftverteidigung, das Flugzeug, das die Piloten für eine Spionagemaschine hielten, zur Änderung seines Kurses und schließlich zur Landung zu veranlassen. Die südkoreanische Maschine setzte den Überflug Sachalins, einer strategisch besonders sensiblen Zone der Sowjetunion, fort. Schließlich wurde die Boeing 747 von einer Suchoi-15 abgeschossen.

Der Tod so vieler unschuldiger Menschen war eine furchtbare Tragödie. In Washington aber frohlockte man über die gelungene Provokation und entfesselte eine antisowjetische Kampagne großen Stils. Doch sehr bald zeigte sich, daß NSA und CIA den Abschuß von 007 zynisch einkalkuliert hatten.

Jahre später – am 19. Januar 1988 – brachte die »New York Times« einen Kommentar: »Eine Lüge ist abgeschossen worden«, lautete die Überschrift. Von der Reagan-Regierung sei damals steif und fest behauptet worden, die Sowjetunion habe wissentlich ein ziviles Flugzeug angegriffen, erinnerte die Zeitung. »Jetzt wurde durch den Abgeordneten Lee Hamilton eine geheimdienstliche Analyse freigegeben«, aus der hervorgehe, »daß die Administration de facto anerkennt, das amerikanische Volk und die Welt irregeführt zu haben«. Die Diplomatie erfordere bisweilen, »die Wahrheit etwas zu strecken«, meinte das Blatt.

In seinem 1986 erschienenen Buch »The Target Is Destroyed« (Das Ziel ist zerstört) hatte der prominente amerikanische Publizist Seymour Hersh erklärt, US-Geheimdienste seien binnen weniger Stunden nach dem Abschuß zu der Einschätzung gelangt, der sowjetische Pilot habe 007 für die während der ganzen Nacht in dieser Region kreuzende Spionagemaschine der NSA gehalten. Lee Hamilton, der bei CIA-Direktor William Webster angefragt hatte, ob Hershs Auffassung zutreffend sei, bekam nicht von diesem, sondern vom State Department die Antwort. Sie fiel deutlich aus: »Wir kamen am zweiten Tag zu der Erkenntnis, daß die Sowjets dachten, sie hätten ein US-Aufklärungsflugzeug verfolgt.« Am 6. September 1983 aber hatte der Sprecher des Weißen Hauses empört versichert, es gäbe »unwiderlegbare Beweise dafür, daß die Russen wissentlich eine Zivilmaschine abgeschossen haben«. Die »New York Times« zog das Fazit: »Hohe Beamte gaben einer Lüge Flügel und ließen sie lange Zeit fliegen.«

Später wurden noch weitere Einzelheiten bekannt, die den Hintergrund des seinerzeitigen Geschehens zusätzlich erhellten. Am 2. September 1996 veröffentlichte Alvin A. Snyder in der »Washington Post« einen aufschlußreichen Artikel. Er erschien unter der Schlagzeile »Wir irrten über Flug 007«. Als für die Fernsehprogramme der mit der CIA verzahnten Auslandspropagandazentrale USIA Verantwortlicher war Snyder Anfang September 1983 plötzlich zu einem eiligen Geheimtreffen ins State Department beordert worden, um eine dringende TV-Produktion zu besprechen. In einem kleinen Konferenzraum, der hinter ihm durch eine Tresortür mit Zahlenkombination verschlossen worden sei, habe man ihm ein Tonband ausgehändigt und die Anweisung erteilt, auf dessen Grundlage umgehend ein Video herzustellen. Dieses sollte zwei Tage später auf einer Sitzung des UN-Sicherheitsrates gezeigt werden. Es handelte sich um Fragmente des Sprechfunkkontakts zwischen dem sowjetischen Suchoi-15-Piloten Major Gennadi Osipowitsch und seiner Bodenleitzentrale.

Der Film wurde den Mitgliedern des Sicherheitsrats am 6. September 1983 vorgeführt. Schon in den folgenden Tagen übernahmen Fernsehstationen in aller Welt dieses brisante Material. »Das Video war machtvoll, wirksam und falsch«, gestand Snyder später. Durch die tendenziöse »Auswahl der Dialoge« sei die Weltöffentlichkeit bewußt irregeführt worden. Der NSA sei völlig klar gewesen, »daß Major Osipowitsch das Flugzeug nicht identifizieren konnte, daß er Warnschüsse abfeuerte und mit den Tragflächen wippte, was als internationales Signal gilt, um eine Maschine zur Landung zu zwingen«, offenbarte Snyder in der »Washington Post«. Die Weglassungen, fügte er unter Bezugnahme auf einen hohen US-Beamten, der sein Inkognito gewahrt wissen wollte, hinzu, seien absichtlich erfolgt, »um der Friedensoffensive des Kreml ernsten Schaden zuzufügen«.

Am 6. September 1982 – damals stand noch Luftwaffengeneral Lincoln Faurer an der Spitze der NSA – schrieb »Newsweek«, diese verfüge über »den bedeutendsten Teil der Technik der US-Geheimdienste für das Sammeln von Informationen: von ›Aquacade‹-Satelliten 22.000 Meilen über dem Indischen Ozean bis zu ausgedehnten ›Antennenwäldern‹ in den Bergen Westvirginias«. Die NSA sei »viel mehr als ein gewaltiges computergesteuertes Zentrum, das für den Präsidenten und solche Organisationen wie CIA und FBI Informationen sammelt, sortiert und kanalisiert«, bemerkte »The New York Times Magazine« am 27. März 1993. Sie besitze mehr Mitarbeiter als CIA und FBI und verfüge über ein beträchtlich höheres Jahresbudget, das im Haushalt des Pentagon versteckt sei.

Während die NSA in raren Äußerungen über ihre Tätigkeit »nur« etwa 10.000 zivile und 45.000 militärische Mitarbeiter angibt, bezifferte der Kongreßausschuß für Regierungsoperationen ihren Personalbestand schon 1976 in einem vertraulichen Bericht mit rund 120.000 Mitarbeitern. Den Jahresetat der Institution schätzte man auf 15 Milliarden Dollar. Von den Aufwendungen aller US-Geheimdienste für Spionage gegen die Sowjetunion, die bei zehn Milliarden Dollar jährlich lagen, entfiel der höchste Anteil auf die NSA. Wie James Bamford in seinem Buch »The Puzzle Palace: Inside America's most Secret Intelligence Organisation: A Report on America's most Secret Agency« (»NSA: Die Anatomie des mächtigsten Geheimdienstes der Welt«) berichtete, werden in Fort Meade täglich 40 Tonnen Geheimdokumente produziert – vor allem Niederschriften von Mitschnitten, deren Auswertung nicht einmal ein Heer qualifizierter und eingewiesener Spezialisten bewerkstelligen könnte. Deshalb installierte man auch eine Verbrennungsanlage mit gleicher Kapazität. Nur die wichtigsten Resultate der Überwachung internationaler Nachrichtenverbindungen durch den US-Spionageapparat werden herausgefiltert. Was mit ihnen geschieht, zeigte sich zum Beispiel während des Konflikts um die Falklandinseln (Malwinen). 1982 habe die NSA – so berichtet »Newsweek« – den argentinischen Code geknackt und damit die Möglichkeit geschaffen, entscheidende Informationen über die Verteilung der Streitkräfte Argentiniens an die Briten weiterzugeben. Im übrigen ist die als Sicherheitsobjekt der Flotte getarnte NSA-Auffangzentrale bei Sugar Grove (Westvirginia) mit ihren Parabolantennen von 50 Metern Durchmesser wohl nicht zufällig nur etwa 100 Kilometer von der Bodenstation Comsat entfernt, wo mehr als die Hälfte aller über kommerzielle Satelliten empfangenen oder gesendeten Nachrichten erfaßt werden.

»Pueblo« am Enterhaken

Wie im Fall der CIA markieren auch den Weg der NSA nicht wenige schwere Niederlagen. Ein solches Debakel ereignete sich, als Fort Meade nach dem Sturz des iranischen Schahregimes im Jahr 1979 seine beiden im Iran an der Grenze zur UdSSR stationierten Tacksman-Horchposten zur elektronischen Registrierung sowjetischer Raketentests einbüßte. Die Bevölkerung zerstörte die Spionageobjekte, in die Millionen Dollar investiert worden waren, ohne auf Anweisungen aus Teheran zu warten.

Als schlimmste Blamage in der Geschichte der NSA – sie mußte wegen deren supergeheimer Rolle offiziell von der CIA eingesteckt werden – erwies sich am 24. Januar 1968 die Aufbringung eines vor der nordkoreanischen Küste operierenden US-Spionageschiffes. Kapitän Bucher und die 82 Mann starke Crew der elektronisch hochbestückten »Pueblo« hatten die Seestreitkräfte Nordkoreas unterschätzt und waren deshalb nicht mehr imstande gewesen, umfangreiches Top-Secret-Material beiseite zu schaffen, als ein Kommando koreanischer Matrosen den umgebauten Dampfer nach kurzem Kampf enterte. Unter den NSA-Spionen gab es drei Verletzte und einen Toten. Die Überlebenden wurden in Gewahrsam genommen. 20 Jahre später erinnerte die französische Zeitung »Le Monde« daran, daß die »Pueblo« das erste amerikanische Schiff gewesen sei, das seit dem Krieg mit Großbritannien im Jahr 1812 auf See erobert wurde.

In Washington konnte man die Schlappe nicht so leicht verwinden. Kongreßabgeordnete und Senatoren schlugen scharfe Töne an. Besonders tat sich Ronald Reagan hervor, damals Gouverneur des Bundesstaates Kalifornien. In kriegerischer Pose erklärte er: »Ich verstehe nicht, warum der Präsident der Vereinigten Staaten von Amerika diesen Koreanern nicht einfach sagt, die ›Pueblo‹ innerhalb von 24 Stunden freizugeben.«[76] Auch Richard Nixon, zu jener Zeit im Anmarsch auf das Weiße Haus, ließ seinem Ärger freien Lauf: »Die Vereinigten Staaten sind so tief gesunken, daß es sich eine Nation vierten Ranges erlauben kann, ein amerikanisches Schiff auf offenem Meer als Geisel zu nehmen.«[77]

Am 26. Januar 1968 stellte Lyndon B. Johnson in einer Fernsehansprache Stärke zur Schau. Der Flugzeugträger »Enterprise« – das größte Kriegsschiff der Welt – nähere sich dem nordkoreanischen Hafen Wonsan, erklärte der Präsident. Außerdem würden zwei Staffeln auf Okinawa stationierter amerikanischen Bomber nach Südkorea verlegt. Und schließlich seien 14.700 Reservisten einberufen worden.

Doch in Pjöngjang ließ man sich dadurch nicht beeindrucken. Nordkorea kündigte an, die Mannschaft der »Pueblo« werde nach den Strafgesetzen des Landes vor Gericht gestellt und abgeurteilt. Kapitän Bucher und seine Offiziere führte man der Presse vor.

Im Weißen Haus tagte in kurzen Intervallen der Krisenstab. Alle Möglichkeiten einer Revanche wurden in Erwägung gezogen – von der Blockade der Küsten bis zur Verminung der Häfen Nordkoreas. Aber Johnson ging trotz scharfer Worte in der Praxis nicht so weit. Er begriff, daß Zetern und Drohen nicht zum Ziel führen würden. So begannen schließlich Verhandlungen, bei denen die ungarische UNO-Mission zwischen Pjöngjang und Washington vermittelte. Bevor die 82 amerikanischen »Seeleute« am 23. Dezember 1968 in die Vereinigten Staaten entlassen wurden, übergaben die US-Unterhändler der nordkoreanischen Regierung eine schriftliche Entschuldigung für die Spionageaktivitäten der »Pueblo«. Der neugewählte Präsident Nixon kommentierte das Hissen der weißen Fahne mit den Worten, der Ausgang der Affäre habe »ein Sinken des Glaubens in die amerikanische Allmacht eingeleitet«.[78]

Operation »SHAMROCK«

Spielt die NSA aufgrund ihrer enorme Mittel verschlingenden technischen Ausrüstung vielleicht die wichtigste Rolle im System der US-Spionagedienste, so ist ihre Tätigkeit indes keineswegs nur gegen äußere Feinde des Systems gerichtet. Ihr fällt auch eine zentrale Aufgabe im Konzept der »inneren Sicherheit« zu. »Ein weltweites Netz von Satelliten, Horchposten, Computern und Antennen« gestatte ihr, sich »praktisch in jeden internationalen Telex-, Telegramm- und Fernsprechverkehr einzuschalten«, schrieb »Newsweek« am 6. September 1982.

In der Vergangenheit entwickelte Fort Meade wiederholt spezielle Programme zur elektronischen Überwachung von US-

Bürgern. Das bekannteste, das unter der internen Bezeichnung »SHAMROCK« lief, sah die Durchleuchtung aller aus den Vereinigten Staaten versandten privaten Telegramme vor. Im August 1945 ersuchte die Signal-Sicherheitsbehörde der Armee (Army Signals Security Agency – ASSA) Amerikas private Kabelkonzerne RCA Global, ITT und Western Union um deren Einverständnis zur Fortsetzung der während des Krieges eingeführten geheimdienstlichen Überwachung des Telegrammverkehrs. Nach einigem Zögern stimmte das Trio zu, forderte aber angesichts der Illegalität des Vorgehens Garantien, daß es nicht eines Tages von Gesetzen zur Verantwortung gezogen werde. 1947 versicherte Verteidigungsminister James Forrestal den Konzernen, hinter SHAMROCK stehe die gesamte Truman-Administration. Nach Forrestals Selbstmord – er hatte sich mit dem Ruf »Die Russen kommen!« aus dem Fenster gestürzt – bekräftigte auch dessen Amtsnachfolger Louis Johnson den regierungsoffiziellen Charakter der Maßnahme.

»Ehrlich, Senator, ... schrapp ... es gibt kein einziges geheimes Dokument ... schrapp ..., das diese Behörde mit dem Ausspionieren des amerikanischen Volkes in Verbindung bringt.« O. Harrington-Karikatur in »Daily World«

1952, als die NSA die Aufgaben der 1949 gegründeten Armed Forces Security Agency übernahm, blieben die getroffenen Abmachungen in Kraft. Ende der sechziger Jahre wurden allein im Rahmen des SHAMROCK-Programms monatlich etwa 150.000 von Amerikanern in andere Staaten gesandte Botschaften abgefangen und ausgewertet. Ab 1962 fischte man zusätzlich mit einem weitaus feineren Netz, indem man die Überwachung telegrafischer und telefonischer Auslandskontakte solcher Organisationen und Personen einleitete, die auf besonderen Beobachtungslisten der Geheimdienste (Watch Lists) standen. Betroffen waren – von Ausnahmen abgesehen – die gesamte Friedens- und Bürgerrechtsbewegung sowie linke Parteien und Gruppen. Obwohl sich keinerlei Anhaltspunkte für Spionagekontakte der »ins Auge und Ohr Gefaßten« ergaben, wurden Tausende Berichte angefertigt.

Im Juli 1969 lief zusätzlich die Operation »MINARET« an, die noch zu einer Ausweitung der Schnüffelpraktiken führte. Als General Lew Allen jr. im August 1973 NSA-Direktor wurde, erhob er Einwände gegen MINARET, weil er befürchtete, die illegale Operation könnte ruchbar werden. Im Oktober desselben Jahres wies der amtierende Justizminister Elliot Richardson die Verantwortlichen in Fort Meade darauf hin, MINARET sei von »fraglicher Legalität«. Obwohl das Programm daraufhin formell abgebrochen wurde, setzte man die Überwachung des internationalen Telegrammverkehrs von US-Bürgern fort.

Erst am 15. Mai 1975 ließ der damalige Verteidigungsminister James Schlesinger auch SHAMROCK einstellen. Der Zeitpunkt war nicht zufällig. Zu dieser Zeit hatten Enthüllungen über nach innen gerichtete Operationen der US-Geheimdienste bereits die amerikanische Öffentlichkeit alarmiert. Im Mai waren Dokumente über SHAMROCK einer von Vizepräsident Nelson Rockefeller geleiteten Untersuchungskommission übergeben worden. Auch der Senatsausschuß für Geheimdienstfragen ersuchte um Informationen in dieser Angelegenheit. Die NSA teilte dem Gremium daraufhin mit, die Sache sei »von so empfindlicher Natur«, daß nur die Senatoren Frank Church und John Tower (ein Öl- und Rüstungsmultimillionär aus Texas) in ihrer Eigenschaft als Vorsitzender und stellvertretender Vorsitzender unterrichtet werden könnten.

Wie das »New York Times Magazine« am 27. März 1983 meldete, legte das Office of Security (Sicherheitsbüro) der NSA zwischen 1952 und 1974 über nahezu 75.000 Amerikaner jederzeit auch der CIA zugängliche Akten an. Es handelte sich um »aktive Bürgerrechtler und Kriegsgegner, Kongreßmitglieder und andere

Bürger, die die Regierungspolitik in Frage stellten«. Ihre Namen hatten in abgefangenen Botschaften irgendeine Rolle gespielt. Der supergeheime Status der NSA schirmte sie dabei stärker gegen die Unbill der Entlarvung ab, die die CIA immer wieder erlitt.

»Obwohl SHAMROCK und MINARET beide offiziell eingestellt wurden, setzte man dieselben Programme in nur leicht modifizierter Form fort«, schrieb Morton Halperin. »Da Telegramme jetzt durch die Luftwellen versandt werden, bedarf die NSA nicht länger der Zusammenarbeit mit den Kabelkonzernen, um Zugang zu deren Magnetbändern zu erlangen.«[79]

Übrigens entschied der von Klägern angerufene Bundesgerichtshof 1983, daß Fort Meade auch weiterhin die Überseegespräche sämtlicher Amerikaner abhören darf.

Abschuß der U-2

Die National Security Agency als ein außerhalb der legalen Strukturen bestehender, durch kein Gesetz regulierter und jeder parlamentarischen Kontrolle entzogener gigantischer Spionageapparat des Pentagon ist nur eine der tiefgestaffelten Formationen des militärischen Geheimdienstes der Vereinigten Staaten. Als deren Dach gilt die 1961 durch eine Direktive des Verteidigungsministeriums geschaffene und etwa 5.000 Mitarbeiter beschäftigende Defense Intelligence Agency (DIA). Während sich das über einen Jahresetat von mindestens zwei Milliarden Dollar verfügende Nationale Erkundungsamt (National Reconnaissance Office – NRO) mit Sitz im Pentagon für Stationierung und Betrieb sämtlicher US-Spionagesatelliten (schon 1983 gab es etwa 100) verantwortlich zeichnet, befaßt sich die DIA – jedenfalls nach offizieller Lesart – unter anderem damit, alle von diesem gelieferten Daten und Aufzeichnungen auszuwerten und zu systematisieren. Sie speichert auch Zieldaten strategischer Raketen der Vereinigten Staaten. Es obliegt ihr ferner, die Militärattachés bei über 90 US-Botschaften zu ernennen und anzuleiten. Deren Hauptaufgabe ist es – folgt man dem Text der »Guilforder Chronik« –, »so viel wie möglich detaillierte Informationen über die militärischen Establishments ihrer neuen Aufenthaltsländer in Erfahrung zu bringen«. Ihre »verdeckten Aktivitäten« seien »weithin bekannt«, heißt es dort ohne Umschweife.[80]

Der DIA sind die Geheimdienste der US-Teilstreitkräfte direkt unterstellt. Zu der Army Intelligence (AI) – dem Spionageapparat des Heeres – gehören, wiederum nach den Angaben aus Guilford, rund 40.000 Mann, deren Erkundungsziel die militärischen

Ressourcen und die Stärke der Bewaffnung der Armeen gegnerischer Staaten darstellen.

Das DIA-Symbol

Das Office of Naval Intelligence (ONI) – der US-Marinegeheimdienst – ist eine der ältesten Sparten dieses Gewerbes. Er unterhält heute mit modernster Elektronik ausgerüstete Schiffe, betreibt eigene Spionagesatelliten und verfügt über ein Netz vor Ort – besonders in Häfen und in der Nähe von Stützpunkten der Seestreitkräfte anderer Staaten – operierender Feldagenten. Seine Mission besteht darin, Flottenbewegungen und einzelne Schiffe, vor allem U-Boote, zu überwachen und sich in deren Funkverkehr einzuschalten sowie mobile Kräfte für »Terrorismus und verdeckte Aktionen« in Bereitschaft zu halten. Auch die U.S. Marines besitzen eine eigene Intelligence-Gruppe, die Sonderaufgaben im Rahmen amphibischer Kriegsführung zu erfüllen und dabei Objekte wie Strände, Häfen und Werftanlagen zu erkunden hat.

Ehemaliger US-Spionagesatellit

Die Vereinigten Staaten verfügen seit Jahrzehnten über eine spezielle Flotteneinheit, um den Ozeangrund nach geheimdienstlich relevanten Objekten abzusuchen und die Fernmeldekabel anderer Staaten anzuzapfen. Diese Tatsache enthüllte im April 1994 der Ingenieur John P. Craven, der in den sechziger Jahren das Deep Submergence Project (Tieftauchprojekt) der U.S. Navy geleitet hatte, vor einem Unterausschuß des Kongresses in Washington. Aufgabe der jeweils aus drei bis vier umgebauten Kampf-Unterseebooten bestehenden Flottillen des Marinegeheimdienstes sei es gewesen, den Boden der Weltmeere in bestimmten strategisch wichtigen Zonen »systematisch abzukämmen«, um Spionageinformationen zu beschaffen, an die man sonst nicht herangekommen sei. Gegenstände des Interesses seien gesunkene Schiffe als feindlich betrachteter Staaten, vor allem Atom-U-Boote, ins Meer gestürzte Flugzeuge, Raketenteile, nicht ans Ziel gelangte Raumfahrtausrüstungen und undetonierte nukleare Sprengköpfe gewesen. Die eingesetzte Technik habe es ermöglicht, durch Absenken instrumentenbestückter Kabel bis in solche Tiefen vorzustoßen, in die sich Unterwasserfahrzeuge aufgrund des enormen Drucks nicht begeben können.

Prototyp später verwendeter US-Spionageschiffe war das schon in den sechziger Jahren benutzte U-Boot »Halibut« (Heilbutt), das unter anderem zur Erkundung sowjetischer Schiffsverluste diente. Die Methode, sich mit Spezialgeräte tragenden Kabeln aus großer Entfernung an das jeweilige Objekt heranzutasten, werde ebenso wie das Knacken und Manipulieren fremder Kommunikationsstränge auch weiterhin betrieben, sagte Craven aus.

Die »New York Times«, die sich der Informationen des Ingenieurs annahm, warf ihrerseits die Frage auf, warum sich die Navy nunmehr zu solchen Erklärungen entschlossen habe. Das Blatt gab selbst die Antwort: »Mr. Cravens Enthüllungen werden von privaten Experten als Begründung dafür angeführt, daß das U-Boot-Budget der Kriegsmarine erhöht werden sollte.«[81]

Das weitaus größte Budget aller Spionagedienste der US-Teilstreitkräfte erhält die Air Force Intelligence (AFI), der außer Satelliten, die Tag für Tag die Erdoberfläche mit den Objektiven ihrer Kameras absuchen, mehrere Flotten technisch hochbestückter Spezialmaschinen für tief in den Luftraum anderer Staaten führende Flüge zur Verfügung stehen. Das als CIA-Sondereinheit bekannte Geschwader C 10 setzte ursprünglich vor allem die düsengetriebene U-2 ein, die ihre Spionageaufnahmen aus 21 Kilometer Höhe schoß. Am 1. Mai 1960 holte die Raketenflak der UdSSR ein Flugzeug dieses Typs, das der CIA-Offizier Francis Gary Powers steuerte, bei Swerdlowsk vom Himmel. Dadurch platzte das sowjetisch-amerikanische Gipfeltreffen in Paris.

Die U-2 navigierte an vielen fremden Himmeln

Washington gab sich als die Unschuld vom Lande. Es habe absolut keinen bewußten Versuch gegeben, sowjetischen Luftraum zu verletzen, meinte man dort. Doch in Moskau stellte man den in flagranti ertappten und aussagebereiten Eindringling, der es vorgezogen hatte, sich nicht – wie befohlen – mit Zyankali zu vergiften, sondern am Fallschirm zur Erde zu schweben, vor Gericht. Er sagte aus, seine Einheit habe fast hundertfünfzigmal die UdSSR überflogen. Powers wurde rechtskräftig abgeurteilt und nach zweieinhalb Jahren Haft auf der Glienicker Brücke gegen den sowjetischen Kundschafter Rudolf Abel ausgetauscht. Er starb 1977.

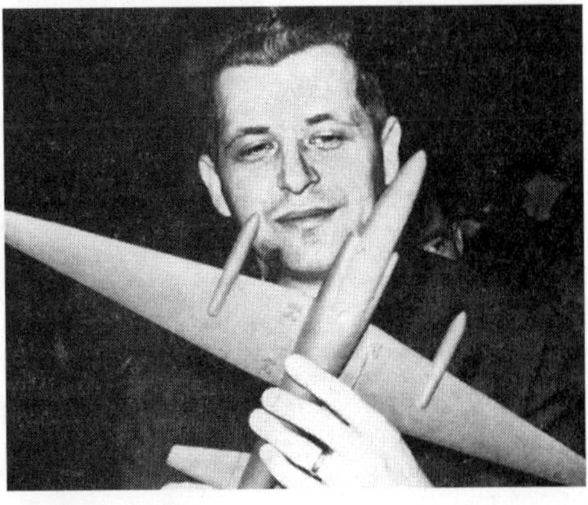

CIA-Pilot Gary Powers

Übrigens bildete Powers nur ein Glied in einer unendlichen Kette. »Gary Powers war niemals der einzelne amerikanische Akteur, zu dem ihn seine Regierung gemacht hatte«, stellte »U.S. News & World Report« am 15. März 1993 richtig. »Seine Mission war kein isolierter Zwischenfall, sondern nur die Spitze eines riesigen Eisbergs der Spionage des Kalten Krieges.« Das CIA-nahe Washingtoner Nachrichtenmagazin räumte ein: »Mehr als ein Jahrzehnt, bevor stiernackige KGB-Leute Powers in den Moskauer Gerichtssaal geleiteten, riskierten Tausende amerikanische Flieger ihr Leben, um die sowjetische Luftverteidigung auszukundschaften. Zweitrangige Anstrengungen richteten sich gegen die Regierung des kommunistischen China.«

Dem Bericht der Zeitschrift zufolge waren Verletzungen des Luftraums der UdSSR – von Kuba ganz zu schweigen – buchstäblich Routine. Zahlreiche U-2-Flüge gingen dem Powers-Abschuß voraus. Ungezählte Tornados (RB-45) operierten in großer Höhe. Ganze Geschwader patrouillierten zusätzlich an den sowjetischen Land- und Seegrenzen. »Sehr häufig unterschritten wir das Radar und gingen erst in ihrem Luftraum wieder hoch«, erklärte Bruce Baily, der nach eigenen Angaben rund vierhundertmal dabei war. »U.S. News & World Report« schätzte die Zahl der von 1950 bis Ende der sechziger Jahre gegen die UdSSR und China geflogenen Einsätze auf 10.000 bis 20.000. Auf dem Höhepunkt des Kalten Krieges seien täglich fast 100 Maschinen in der Luft gewesen.

Die Hauptrolle bei solchen »Detektivflügen«, wie die U. S. Air Force sie nannte, fiel dem 55. Aufklärungsgeschwader des Strategischen Luftwaffenkommandos zu, das in Topeka (Kansas) stationiert war. Die 7499. Zusammengesetzte Staffel in Wiesbaden und die 91. Strategische Staffel in Yokota (Japan) hatten ebenfalls großen Anteil.

Bei diesem Spiel mit dem Feuer nahm Washington hohe eigene Verluste bewußt in Kauf. Im Zeitraum von 1950 bis 1970 schoß die sowjetische Luftverteidigung USA-Spionagemaschinen mit insgesamt 252 Mann Besatzung ab. Laut »U.S. News & World Report« betrug die Bilanz 24 tödlich Verunglückte, 90 lebendig Geborgene und 138 Verschollene. Diese seien von US-Seite in der Regel völlig totgeschwiegen worden.

»Hätten wir diese Fälle an die Öffentlichkeit gebracht, wäre das für die Verteidigungsbehörden sehr unangenehm gewesen. Diese hätten sich dann nämlich zu dem Eingeständnis gezwungen gesehen, daß wir Spionage betreiben«, zitierte das Blatt den Rechtsberater des State Department Leonard Meeker.

Am 9. März 1997 machte Francis Gary Powers jr., ein Sohn des in die Schlagzeilen geratenen U-2-Piloten, von sich reden. Er eröffnete im CIA-Hauptquartier Langley eine Ausstellung von Gegenständen und Memorabilien aus dem Besitz seines Vaters, die den Grundstock für ein ins Auge gefaßtes »Museum des Kalten Krieges« bilden sollten. Er bemühe sich insbesondere um Exponate aus der Zeit der Kuba-Raketenkrise, vom Wettrüsten im Weltraum und von der Berliner Mauer, verkündete Powers jr.

Im August 1997 wurde in der geheimen CIA-Zeitschrift »Studies of Intelligence« eine von Gerald Haines verfaßte Untersuchung »Die Rolle der CIA beim Studium von UFOs 1947 – 1990« gedruckt, von der die »New York Times« vorab Kenntnis erhielt. Am 4. August 1997 berichtete das Blatt von einem Geheimdienst-Ablenkungsmanöver, dem nicht nur Laien und Mystiker wie Herr von Dänecken, sondern auch ernstzunehmende Wissenschaftler und selbst Mitglieder der Regierung der Vereinigten Staaten Glauben geschenkt hatten. Die »Unbekannten Flugobjekte« – damals berichtete die Presse von »fliegenden Untertassen« und ähnlich unenträtselbaren Phänomenen – waren in Wirklichkeit Luftspiegelungen von Spionagemaschinen der Typen U-2 und SR-71, die in 18.000 bis 19.000 Metern Höhe operierten. Sie erfüllten Aufträge der CIA und wurden von Piloten der Air Force Intelligence gesteuert. »Über die Hälfte aller UFO-Berichte aus den späten fünfziger und den sechziger Jahren gingen auf das Konto bemannter Aufklärungsflüge«, schrieb die »New York Times«. Zu deren Verschleierung seien die unglaublichsten UFO-Legenden erfunden worden. Zugleich habe man ständig seriöse Experten zu Wort kommen lassen. Diese hätten dann von atmosphärischen Erscheinungen wie Eiskristallen und Temperatur-Inversionen gesprochen. Die meisten Maschinen seien von Geheimbasen in Kalifornien und Nevada gestartet. Zu ihren Flugzielen gehörten Großbritannien, Westdeutschland und Taiwan. Man habe die amerikanische Öffentlichkeit jahrzehntelang vorsätzlich irregeführt und ihr Interesse auf angebliche UFOs gelenkt, um »die wachsenden Flotten von Spionagemaschinen zu verbergen«, heißt es in der CIA-Studie.

Nach dem Debakel über dem Ural ersetzte der US-Luftwaffengeheimdienst die U-2 weitgehend durch die A-11, bis die erwähnte und noch heute verwendete SR-71 (Black Bird) deren Platz einnahm. Sie spioniert ständig über Territorien von Staaten, die keine ausreichende Luftverteidigung besitzen, wird aber auch verwendet, um die Konzentrierungsräume und Operationszonen bewaffneter Befreiungsbewegungen zu erkunden. Besondere Bedeutung für den geheimdienstlichen Auftrag der AFI haben heute vor allem die fliegenden AWACS-Systeme, die in Europa, Nordafrika, im Nahen Osten, in der Karibik und im Fernen Osten Tag für Tag Informationen sammeln und potentielle Angriffsziele erfassen.

Neben ihrer nach außen gerichteten Spionagetätigkeit arbeiten alle Zweige der militärischen Intelligence zugleich nach innen. Im Juli 1969, während des durch Washington rasch ausgeweiteten Vietnamkriegs, richtete das US-Verteidigungsministerium im Kellergeschoß des Pentagon plötzlich einen neuen »Situationsraum« ein. Für die Arbeit in dem über einen bedeutenden Gerätepark verfügenden Komplex wurden 180 sorgfältig ausgewählte Mitarbeiter abkommandiert. Das Personal bezeichnete die Kommandozentrale, hinter der sich das Direktorat für Planung und Operationen im Fall ziviler Unruhen verbarg, allgemein als »Inlands-Kriegsraum«. Der Ministerialbereich des Pentagon, der später in Abteilung für Militärische Dienste umbenannt wurde, richtete seine Spionageaktivitäten ausschließlich gegen die eigene Bevölkerung.

Schon im Herbst 1968 setzte die U.S. Army den größten Teil ihrer Abwehrexperten auf amerikanische Zivilisten an. Wie Morton Halperin, damals selbst im Pentagon tätig, aussagte, waren zu Beginn der siebziger Jahre etwa 1.500 nichtuniformierte Geheimagenten der Streitkräfte auf 350 Büros verteilt, die sich mit der Überwachung und Durchdringung Tausender legaler Organisationen zivilen Charakters beschäftigten. Datenbanken mit jeweils etwa 100.000 Eintragungen bestanden in der DIA-Zentrale Fort Holabird (Maryland) und beim Stab der 4. Armee im texanischen Fort Sam Houston. Wie FBI, CIA und NSA hatten die militärischen Geheimdienste ebenfalls vor allem Kriegsgegner, aktive Vertreter der ethnischen Minderheiten, Befürworter sozialer Reformen und die politische Linke im Visier. Doch selbst bürgerlich-liberale Organisationen wie das Amerikanische Komitee für Freundesdienste (American Friends Service Committee), eine auch als Quäker bekannte religiös-humanitäre Vereinigung, gerieten auf ihre Listen. Monatliche, wöchentliche und sogar tägliche Rapporte wurden über das Ergebnis der Nachstellungen verfaßt und weitergeleitet. Geheimoperationen zur Unterwanderung und Zerschlagung fortschrittlicher Gruppen waren an der Tagesordnung. Sie hatten harmlose Code-Namen wie GARDEN PLOT, ROSEBUSH, PUNCH BLOCK, STEEP HILL, LANTERNSPIKE, QUIET TOWN, GRAM METRIC und CABLE SLICER. Eigens für den Zweck der inneren Überwachung schuf die Armee besondere Spionagestäbe unter den Bezeichnungen CONUS, CONARC und USAINTC. Hinsichtlich verdeckter Aktionen im Innern waren die militärischen weitaus erfahrener als die meisten anderen Geheimdienste der Vereinigten Staaten. Schon während des Ersten Weltkriegs gab die Armee mehr als zwei Millionen Dollar – damals eine bedeutende Summe – für die Bespitzelung, Diskreditierung und Verfolgung von Kriegsgegnern aus. Pazifisten, »Rote« und als potentielle Spione verdächtigte Angehörige bestimmter Einwanderergruppen wurden von Agenten der Military Intelligence Division gezielt überwacht. Obwohl die Regierung im März 1923 offiziell befahl, solche Nachstellungen zu beenden, setzte der Heeres-Geheimdienst – nun als Abteilung G-2 deklariert – seine Bespitzelung bis gegen Ende der zwanziger Jahre fort. Im Mai 1932 fand ein Aufmarsch durch die Weltwirtschaftskrise verelendeter Kriegsveteranen statt, die finanzielle Unterstützung forderten. Das Kriegsministerium (War Department), wie sich das Verteidigungsministerium damals nannte, beauftragte daraufhin die für Spionage Verantwortlichen sämtlicher Einheiten, umgehend Untersuchungen anzustellen, ob kommunistische Einflüsse bei dieser Aktion eine Rolle gespielt hätten. Vom 8. Korps in Houston (Texas) wurde gemeldet, die Marschteilnehmer stünden »mit jüdischen Kommunisten, die von der Filmgesellschaft Metro-Goldwyn-Mayer finanziert und durch die Sowjetunion unterstützt«[82] worden seien, im Bunde. Auch im Kampf gegen die US-Gewerkschaftsbewegung blieb der Armeegeheimdienst keineswegs Gewehr bei Fuß. So entwickelte das für Teile des Mittelwestens zuständige 6. Armeekorps einen Plan zur Sammlung von Informationen über Tausende von Gruppen, wobei den später vereinigten Dachverbänden Amerikanische Föderation der Arbeit (American Federation of Labor – AFL) und Kongreß der Industrieverbände (Congress of Industrial Organizations – CIO) besondere Aufmerksamkeit galt.

Während des Zweiten Weltkriegs und in der darauffolgenden Ära scharfen Gesinnungsterrors schalteten sich die Streitkräfte aktiv in die Tätigkeit zur Niederhaltung linker und demokratischer Organisationen ein. 1962 und 1963 wurden wiederholt Truppen angefordert, um Aktivitäten der Bürgerrechtsbewegung – von den Medien als »Rassenkrawalle« abgewertet – vor dem »Ausufern zu bewahren«. Damals empfahl der mit seinen Einheiten nach Birmingham (Alabama) beorderte General Creighton Abrams, später Generalstabschef der U. S. Army, in einem Memorandum, die Funktionen der militärischen Geheimdienste wesentlich zu erweitern: »Wir in der Armee sollten ohne Zögern ein größeres Erkundungsprojekt auf den Weg bringen, um schwarze wie weiße Persönlichkeiten zu identifizieren, Analysen der verschiedenen Bürgerrechtssituationen zu entwickeln, in die sie verstrickt werden könnten, und ein Geheimdienstzentrum für Bürgerrechtsfragen zu errichten.«[83]

Heute ist bekannt, daß zahlreiche Armeedienststellen koordiniert oder auf eigene Faust Nachforschungen betrieben. 1962 begann das 113. Aufklärungskorps mit der Zusammenstellung von Hintergrundinformationen über »in Betracht kommende« Bürger von Minneapolis. 1963 mischten sich Spitzel der militärischen Geheimdienste unter den nach Washington führenden Marsch für Freiheit und Arbeitsplätze. 1965 fotografierten Agenten der 112. Abwehrgruppe Teilnehmer einer Aktion gegen den Vietnamkrieg in Oklahoma City. 1966 hängten sich Mitarbeiter der 11. Abwehrgruppe der Armee an die Fersen eines Bürgerrechtlers, der Mississippi auf demonstrative Weise durchqueren wollte.

Als die seit langem explosive Lage in den städtischen Ballungsgebieten der schwarzen Bevölkerung 1967 und 1968 zu einer Reihe von Ghettoaufständen führte, erweiterte Washington die inneren Befugnisse der Pentagon-Geheimdienste noch mehr. Cyrus Vance, der sich im Auftrag Präsident Johnsons an Ort und Stelle über die Erhebung von Afroamerikanern im Detroiter Stadtkern unterrichtet hatte, schlug dem Weißen Haus vor, »Unruhezonen« ein größeres Gewicht beizumessen. Erstmals wendete man die Begriffe »Gegenspionage« und »Gegensubversion« mit Blick auf US-Bürger an. »... im Oktober 1967 bat General William Yarborough die NSA, festzustellen, ob es Anhaltspunkte dafür gebe, daß ausländische Regierungen oder Organisationen beziehungsweise deren Agenten die Aktivitäten von US-Friedensgruppen und Black-Power-Organisationen kontrollieren oder beeinflussen. ... Es wurden keinerlei Anhaltspunkte gefunden ..., die Suche nach ausländischen Agenten diente als Entschuldigung für massive politische Überwachung«,[84] berichtete Halperin.

1968 entwarf die Armee einen Plan, der die Beschattung von Dissidenten zum Ziel hatte. Damals wuchs der Protest Schwarzer überall in den Vereinigten Staaten mächtig an. Die Armee setzte in Washington D.C., Baltimore, Chicago und zahlreichen anderen Brennpunkten der Empörung Truppen ein. Zu jener Zeit wurde vom Pentagon das bereits erwähnte Direktorat für Planung und Operationen im Fall ziviler Unruhen geschaffen, das den Einsatz von mehr als 250.000 Soldaten gegen Kräfte im eigenen Land als maximale Variante erwog. Unter den Zielgruppen der Überwachung befanden sich nahezu sämtliche Bürgerrechtsorganisationen und die KP der USA. Armeespione schlichen sich 1968 nicht nur in den von Dr. Martin Luther King vorbereiteten Marsch armer Leute auf Washington und in spezielle Studienkurse für Afroamerikaner an der New York University ein, sondern interviewten auch, als Fernsehreporter getarnt, Führer der Demonstration, die aus Anlaß des Konvents der Demokratischen Partei in Chicago stattfand.

1969 gingen in Fort Holabird monatlich etwa 1.200 Berichte über militärische Spionagetätigkeit dieser Art ein. Der Senatsunterausschuß für Verfassungsmäßige Rechte bezeichnete die dort angelegte Sammlung von Denunziationen und Verleumdungen als »eine der außergewöhnlichsten Chroniken innenpolitischer Tätigkeit, die jemals zusammengestellt wurden«.[85] Unter der Rubrik »Zwischenfälle« lagerten am 31. Dezember 1971 in Fort Holabird nicht weniger als 211.243 Dossiers über Organisationen und biographische Aufzeichnungen, die 80.731 Personen betrafen. In Fort Monroe (Virginia) wurden solche Unterlagen erst ab Mai 1968 erfaßt. Hierhin lieferten Geheimagenten der Streitkräfte binnen eines Jahres 4.398 streng vertrauliche Rapporte, die zu etwa 60 Prozent Aktionen des Widerstands gegen den Vietnamkrieg und zu 40 Prozent »Rassenkrawalle« zum Gegenstand hatten. Zu den zentral geführten Vorgängen kamen noch von 300 örtlichen Spionagebüros der Streitkräfte in eigener Regie angelegte Akten. Ein zweibändiges, nur die »gravierendsten Fälle« enthaltendes Handbuch, das die Analyseabteilung des Armeegeheimdienstes auch dem FBI, der CIA und anderen Behörden zur Verfügung stellte, erfaßte etwa 100 Organisationen und annähernd 350 aktive Angehörige der Bürgerrechtsbewegung. J. Edgar Hoover hatte sich schon früher für die Mitarbeit der militärischen Geheimdienste revanchiert, indem er diesen seit 1962 sämtliche Archive des FBI öffnete.

Die massive Beteiligung des Pentagon an der Ausschaltung von Dissidenten kommentierte der frühere Militärgeheimdienstler Christopher Pyle im Januar 1970 in der Monatszeitschrift »Washington Monthly« mit der Bemerkung, die Armee habe »den wesentlichen Apparat eines Polizeistaats zusammenmontiert«.

Spezialisten für »stilles Töten«

Die militärische Komponente amerikanischer Geheimdiensttätigkeit bilden Operative Sonderkräfte (Special Operational Forces – SOF), die offiziell zum Pentagon gehören, zugleich aber das Hauptinstrument für offene, verdeckte und geheime Aktionen von CIA und NSA darstellen. Ursprünglich hatte man die während des Koreakrieges 1952 formierten und gegen Ende der Vietnam-Intervention auf die Stärke von 13.000 Mann gebrachten

Green Berets – Einheiten für »stilles Töten« – sogar Langley direkt angegliedert. Bedauerlicherweise war es der in manchen innenpolitischen Fragen liberale Präsident Kennedy, der die Special Forces als »Verkörperung amerikanischer Tugenden« pries und die Schaffung weiterer Kontingente vorantreiben ließ. Nach der Niederlage der Amerikaner in Vietnam sank der Stern der im Hinterland ihres Gegners operierenden perfekten Killer. Enthüllungen von Seymour Hersh und anderen Publizisten brachten die von ihnen massenhaft begangenen Verbrechen ans Tageslicht. Die Zahl der Grünen Barette fiel auf 3.600, ihr Budget wurde drastisch gekürzt.

Im Januar 1981, als ein neuer Chef ins Weiße Haus einzog, änderte sich die Situation. »Ronald Reagans offizielle Politik in Sachen unkonventionelle Kriegsführung« habe den Special Forces »eine zentrale Rolle zurückgegeben – von Nikaragua bis zum Persischen Golf«, schrieb »Newsweek« am 16. Oktober 1983. »Für diese unorthodoxen Kampfaktionen wird ein besonderer Typ von Soldat gebraucht«, fügte »Time« am 13. Januar 1986 hinzu. In dem Artikel mit der Überschrift »Eine Kriegerelite für schmutzige Arbeiten« hieß es, ein solcher Soldat müsse »in der schwarzen Kunst der List und Sabotage geschult sein, auf ausländischem Territorium untertauchen können und sich stets zu unterschiedlichen und überraschenden Aktionen einsetzen lassen«.

Unter dem SOF-Motto: »Alles, zu jeder Zeit, an jedem Ort, irgendwie« begann das Pentagon 1983 auf der Basis Fort Bragg in Fayetteville (Nordkarolina) mit der Ausbildung von zunächst 1.500 neuen Green Berets. Oberst Joseph Cincotti, Direktor der dortigen Sonderkriegsschule, deutete an, wofür man die Rekruten scharf machte: »Wir brauchen dringend irgendwo einen Sieg«, sagte er genau 15 Tage vor dem am 25. Oktober 1983 erfolgenden Überfall amerikanischer Elitetruppen auf Grenada.

Aufschlußreich ist auch die Standortverteilung der damals rund 5.000 Grünen Barette. Dem Special Forces Operations Command in Fort Bragg unterstehen sogenannte Kleingruppen, die »zur selbständigen Erfüllung schwieriger Aufträge« in der Lage sein müssen. Die 1. Special Forces Group in Fort Lewis, von der ein Bataillon auf Okinawa stationiert ist, hat den asiatischen Raum und die Golfregion zum Aktionsfeld; die 5. Group und die 7. Group mit einem Bataillon in Panama sind von Fort Bragg aus für Afrika und Lateinamerika zuständig; die 10. Group mit einem Bataillon in Bad Tölz soll Europa im Auge behalten. Wie die »Frankfurter Allgemeine Zeitung« am 29, Oktober 1986 ergänzte, sind Green Berets »heute in vielen Staaten der Dritten Welt im Einsatz, um die lokalen Streitkräfte in den Techniken der Anti-Guerilla-Strategie und der Terrorbekämpfung zu schulen«. Sie können jedoch auch »im gegnerischen Ausland eingesetzt werden, um dort … einen Guerillakampf zu führen, Sabotageakte zu begehen, mit Anschlägen wichtige Führungs- oder Versorgungseinrichtungen zu lähmen, Agenten und Kämpfer verdeckt ein- und auszuschleusen oder strategische Aufklärung zu betreiben«.

Welche Bedeutung Washington den SOF beimißt, zeigt sich darin, wie sich deren Etat entwickelte. Wurden 1982 erst 441 Millionen für die Special Forces aufgewendet, so waren es vier Jahre später 1,2 Milliarden Dollar. Im Zeitraum zwischen 1987 und 1991 gab das Pentagon für Aufstockung, Ausrüstung und Abrichtung der Sonderstreitkräfte nicht weniger als zwölf Milliarden Dollar aus. »Operative Sonderkräfte sollten die Vorhut bei Amerikas Anstrengungen bilden, … Kriege von geringer Intensität zu führen«, schrieb »U.S. News & World Report« am 3. November 1986. Ihre »Mission« sei »der kleine Krieg, der von schnellen chirurgischen Eingriffen wie in Grenada bis zur Bereitstellung eines Green-Beret-Teams für das Trainieren von Ausländern reicht, die als Aufständische hinter den feindlichen Linien kämpfen«. Der US-Militärexperte Jeffrey Record erklärte laut »Time«: »Ich hege keinen Zweifel daran, daß Konflikte mit geringer Intensität für die kommenden Jahrzehnte typisch sein werden.« Die »bekanntere Bezeichnung« für solche Kampfhandlungen laute allerdings »schmutzige kleine Kriege«, präzisierte die Zeitschrift am 13. Januar 1986. Zwischen 1980 und 1986 entsandte Washington Hunderte von »Spezialistenteams für Fragen der Aufstandsbekämpfung« in 60 Länder – mehr als doppelt soviel wie in einem vergleichbaren Zeitraum der siebziger Jahre ins Ausland abkommandiert waren. Gegen Ende der Reagan-Ära wurde die personelle Gesamtstärke der SOF mit 15.000 Mann angegeben – 9.300 Grüne Barette und Ranger des Heeres, 4.000 Angehörige von Sonderformationen der Luftwaffe und 1.700 Marinespezialisten.

Debakel in der Salzwüste

Die geheimste aller Einheiten der Armee, deren Existenz sogar offiziell bestritten wurde, war lange Zeit die auf Weisung Präsident Carters geschaffene und in Fort Bragg stationierte Delta Force, die aus Elitescharfschützen und Nachschubtruppen bestand. Sie erwies sich als besonders eng mit CIA und FBI verzahnt. Bei den Olympischen Spielen von Los Angeles galt sie als Rückgrat sämtlicher „militärischer Sicherheitsvorkehrungen, für die nicht weniger als eine Milliarde Dollar ausgegeben wurde. Doch zwischen ihrer Aufstellung und diesem »Höhepunkt« lag das Debakel in der iranischen Salzwüste Dasht-e-Kavir.

Was dort – 450 Kilometer südöstlich von Teheran – am 25. April 1980 geschah, veranlaßte Donald Fowler, den bis zu diesem Tag von keinem Zweifel an Amerikas Größe geplagten Vorsitzenden der Demokratischen Partei im Bundesstaat Südkarolina, zu der Feststellung: »Das Ding läßt uns als Bande torkelnder Idioten erscheinen.«[86] »Das Ding« war die Operation »Blue Light« (Blaues Licht) der Delta Force zur Befreiung von CIA-Leuten und Diplomaten aus der Gefangenschaft iranischer »Revolutionswächter«. Während Präsident Carters Chefsicherheitsberater Zbigniew Brzezinski verkündete, er sei stolz auf alles, was mit dieser Sache verbunden ist, kostete die amerikanische Presse die Einzelheiten der Blamage aus. Die Vorgänge in der Salzwüste könnten nur mit dem Fehlschlag jenes Kommandos aus 60 Grünen Baretten und Rangern verglichen werden, schrieb sie, das am 21. November 1970 abgeschossene US-Bomberpiloten mit Hubschraubern aus dem nordvietnamesischen Kriegsgefangenenlager Son Tay holen sollte. Nach der erfolgreichen Landung hatte man die sorgfältig ausgekundschafteten Baracken menschenleer vorgefunden. Von Vietnams Armee war den Experten der CIA ein Strich durch die Rechnung gemacht worden.

Bevor wir uns mit dem Drehbuch von »Blue Light« oder »Desert One« (Wüste Eins) – wie die Operation später allgemein genannt wurde – vertraut machen, sei die Geschichte der Delta Force kurz erzählt. Schon Mitte 1977 wurde in Fort Bragg die Aufstellung einer Sondertruppe mit Zugang zu hochentwickelten Waffen und Kampfstoffen eingeleitet. Sie setzte sich aus Männern mit sehr spezifischer »Vietnamerfahrung« zusammen: Alle hatten 1975 im Mekongdelta an Geheimdienstoperationen »zur Abschreckung und Einschüchterung der Zivilbevölkerung« teilgenommen. Ihr damaliger Kommandeur Oberst Charles Beckwith wurde auch mit der Aufstellung der neuen Delta Force betraut. Am 25. April 1980 startete diese in höchstem Auftrag ein Kommandounternehmen, das – wäre es nicht bereits in seinem Anfangsstadium gescheitert – einen großen Krieg mit allen seinen Konsequenzen hätte auslösen können.

Der Szenenablauf war folgendermaßen geplant: In einer ersten Etappe sollten sechs riesige Maschinen des Typs C-130 – drei Truppentransporter und drei Tankflugzeuge – nach ihrem Start vom Militärflugplatz Assuan in Ägypten über das Rote Meer und den Golf von Oman unbemerkt in iranischen Luftraum eindringen und auf einer zuvor durch vor Ort tätige CIA-Leute erkundeten Wüstenpiste (Codebezeichnung »Desert One«) niedergehen. Das Projekt sah vor, diese Verbände durch acht schwere Marinehubschrauber vom Typ Sikorsky RH-53 zu ergänzen, die auf dem mit weiteren 27 US-Kriegsschiffen im Indischen Ozean küstennah kreuzenden Flugzeugträger »Nimitz« stationiert waren.

Die zweite Etappe umfaßte den Angriff auf Objekte im Zentrum Teherans. Mit mindestens sechs Helikoptern wollte man das Delta-Kommando in bergiges Gelände unweit der Hauptstadt bringen. In Teheran waren Handstreichoperationen gegen das Außenministerium und auf dem Gelände der besetzten US-Botschaft vorgesehen, wobei das Szenarium massive Verluste auch unter der Zivilbevölkerung einplante.

Doch das sechs Monate lang vorbereitete und siebenmal in den Wüsten Nevadas und Arizonas geprobte Landungsmanöver nahm einen für seine Organisatoren katastrophalen Verlauf. Die ganze Geschichte endete in Dasht-e-Kavir. Dort waren die sechs C-130 tatsächlich gelandet. Minuten später hatten die zum Teil persischsprachigen Männer des Delta-Teams einen die nahe gelegene Wüstenchaussee passierenden Reisebus durch gezieltes Feuer zum Stehen und 44 Iraner in ihre Gewalt gebracht. Ein bald darauf eintreffender Tankwagen wurde in Brand geschossen, den flüchtenden Fahrer versuchte man, wie Oberst Beckwith meldete, »aus Sicherheitsgründen zu neutralisieren«. Schwierigkeiten stellten sich ein, als die Hubschrauber nicht vollzählig in »Desert One« eintrafen. Der erste Helikopter mußte kurz nach dem Erreichen des iranischen Luftraums wegen Motorschadens notlanden, ein zweiter RH-53 büßte im Sandsturm wichtige Navigationsgeräte ein und flüchtete sich zur »Nimitz« zurück. Eine dritte Maschine schließlich erreichte zwar den Landeplatz, meldete von dort aus aber einen nicht behebbaren Schaden an der Hydraulik.

Verbrannter CIA-Hubschrauber in der Salzwüste Irans

Nachdem Beckwith aufgrund dieser Serie technischer Pannen dem in Assuan postierten Gesamtbefehlshaber Generalmajor James B. Vaught den Abbruch der Operation empfohlen und Carter dem Rückzug zugestimmt hatte, wurde das Desaster perfekt, als ein frisch aufgetankter Hubschrauber einen der C-130-Transporter rammte. Bei der Explosion kamen acht Ledernacken und zwei Piloten ums Leben. Unter Zurücklassung von insgesamt fünf Helikoptern, vor allem aber einer vollständigen Kopie ihres streng geheimen Angriffsplans, floh das Delta-Kommando in einem Anfall von Panik. Ein zweiter Versuch, die Geiseln in Iran zu lokalisieren und aus dem Land zu bringen – er lief unter der Bezeichnung »Operation Snow Bird« (Schneevogel) und lag in den Händen von Luftwaffengeneralmajor Richard Secord – mußte wegen zu geringer Erfolgsaussichten abgeblasen werden.

Metastasen in der Armee

»Im Gefolge des unglücklichen Geiselrettungsversuchs von 1980 in Iran schuf das Pentagon eine Einrichtung, die einer geheimen Armee am nächsten kam«, schrieb »Time« am 31. August 1987. Diese umfaßt Truppen aller Teilstreitkräfte. Unter der Chiffre »Task Force 160« wurde ein Transportgeschwader des Heeres aufgestellt, um Grüne Barette, Ranger und Angehörige der Delta Force unbemerkt in ihre Einsatzgebiete bringen zu können. Dieser Verband wurde unter anderem ausgerüstet mit Hubschraubern Black Hawk, Hughes 500 MD und Chinook, die über Infrarot-Nachtsichtgeräte verfügen. 1.700 Seals (Sea-Air-Land-Teams – See-, Luft- und Landgruppen) der U.S. Navy bilden das den Geheimdiensten zur Verfügung stehende Kontingent »extraharter« Marinesoldaten.

Gruppen für Sonderkriegsführung in Coronado (Kalifornien) und Little Creek (Virginia) sind den Pazifik- und Atlantikflotten unterstellt. Als ihr Einsatzgebiet gelten Mittel- und Südamerika sowie Südost- und Südwestasien. Seals werden unter anderem im Nahkampf, in Unterwassersabotage, Kampfschwimmen und Fallschirmspringen ausgebildet. Sie haben Küsten und Häfen auszuspionieren, Schiffe und Schleusen zu sprengen sowie unter der Zivilbevölkerung Furcht und Schrecken zu verbreiten.

Die SOF-Verbände der US-Luftwaffe sind im Ersten Geschwader für Sonderoperationen (First Special Operations Wing) zusammengefaßt. Die hauptsächlich in Hurlburt Field nahe der Air Force Base Eglin (Florida) stationierte Einheit zählt mit Reservisten 5.000 Mann. Eine Staffel befand sich damals auf der

Clark Air Force Base bei Manila (Philippinen), eine andere hat ihren Standort auf der Rhein-Main-Luftbasis in der Bundesrepublik. Erklärte Hauptaufgabe des Geschwaders ist das Absetzen und Bergen von Kommandotruppen hinter feindlichen Linien, Kampfunterstützung und Versorgung von Special Forces. Aus seinen C-130 sprangen die Ranger der U.S. Army beim Überfall auf Grenada ab. Auch »Newsweek« bestätigte den Einsatz von SOF-Einheiten bei der Invasion. Die Teilnahme von Delta Force und Task Force 160 sei einer der Gründe dafür gewesen, daß die Reagan-Administration Reportern zu Beginn des Angriffs eine Berichterstattung vom Ort des Geschehens nicht gestattet habe, teilte die Zeitschrift am 22. April 1985 mit.

Wie eng das Zusammenwirken von Geheimdiensten und Sonderkräften der Armee ist, verriet »U.S. News & World Report« am 3. November 1986: Aus entsprechenden Quellen gehe hervor, daß »Armee-Einheiten der Central Intelligence Agency zugeteilt wurden, um nikaraguanische Contrarebellen und andere antisowjetische Guerillas auszubilden«. »Time« schilderte am 31. August 1987 das Maß der Verflechtung von CIA und Pentagon. Zu diesem Zeitpunkt bestanden »Spezialeinheiten«, die für viel geheimere Operationen vorgesehen waren als »die älteren paramilitärischen Eliteformationen wie Ranger und Seals«. Ihre Codenamen lauteten »Yellow Fruit« und »Seaspray«. Sie verfügten über neuartige Ausrüstungen, darunter Ein-Mann-Satelliten-Kommunikationsgeräte und Parabolreflektoren, berichtete das Blatt.

Ausbilder für den Anti-Guerillakampf

»Außerdem versetzte eine weitverzweigte Geheimdienstorganisation mit der Bezeichnung Intelligence Support Activity(ISA) die Armee zum ersten Mal in die Lage, unter Einsatz von Agenten vor Ort regelrecht Spionage zu betreiben«, schrieb »Time«. »Es ist die geheimste Einheit in der U.S. Army, und nur eine Handvoll höherer Offiziere kennt die genaue Zahl und die Namen aller ihrer Mitglieder, die Standorte ihrer sämtlichen Büros und sicheren Häuser, ihre zahlreichen überseeischen Fronten«, hob »U.S. News & World Report« am 21. März 1986 hervor. »Um das Eindringen ihrer Agenten in andere Länder zu erleichtern, benutzte ISA falsche Pässe und Strohmann-Unternehmen. Amerikaner spanischsprachiger, asiatischer und mittelöstlicher Herkunft, die als Ortsansässige gelten konnten, wurden rekrutiert.«

1985 beschäftigte diese Metastase Langleys in der Armee 283 Mitarbeiter und verfügte über getarnte Agenten in Marokko, Nigeria, Somalia, Sudan und mehr als zehn Ländern Lateinamerikas. In Panama verbarg sie sich hinter einer Kühlschrankfirma, deren Angestellte wiederholt in der Wohnung und dem Büro General Manuel Antonio Noriegas, des damaligen Befehlshabers der Streitkräfte, »Wanzen« anzusetzen versuchten, nachdem dieser langjährige CIA-Vertrauensmann bei Washington in Ungnade gefallen war.

1986 teilten sich ISA und »Seaspray« in die Operation »Queens Hunter«, deren Ziel es war, Einheiten der salvadorianischen Nationalen Befreiungsfront Farabundo Martí (FMLN) durch Abhören ihres Funkverkehrs zu lokalisieren. Schon drei Jahre zuvor lieferten die beiden Armeesonderformationen der CIA eine Anzahl Schnellfeuergeschütze des Typs Bushmaster. Diese ließ die Kanonen auf Schnellboote montieren und setzte sie bei der Beschießung des nikaraguanischen Ölhafens Corinto ein. Seaspray vermachte der CIA nicht nur einige Spezialhubschrauber, sondern überschrieb ihr auch deren Piloten, die Langley als Zivilangestellte übernahm. »Sie flogen die Hubschrauber bei direkten Angriffen gegen die Sandinisten«, hieß es im zitierten »Time«-Artikel. »Newsweek« faßte seine Ermittlungen in den Worten zusammen, SOF-Personal habe mehr getan, als einheimische Kräfte zu beraten und auszubilden.

FBI: Nur eine Super-Kripo?

Eisenharte G-Men

»FBI und CIA haben die gleiche Mission, Überwachungsmaterial zu sammeln, das FBI in den USA, die CIA im Ausland«, vereinfachte die »International Herald Tribune« am 5. März 1987 die Aufgaben der beiden Organisationen. Wir wissen bereits, daß beide Institutionen nicht nur in schärfste Rivalitäten verstrickt waren, sondern sich auch in der Spionage nach innen wie nach außen den Rang abzulaufen suchten. Die Überschneidungen auf der einen wie auf der anderen Strecke sind offenkundig.

Im Lauf der Jahre hat das Bureau – wie das Federal Bureau of Investigation kurz genannt wird – manche Wandlungen erfahren und seinen Apparat ständig ausgebaut. Ein großer Teil der normalen Ermittlungs- und Untersuchungstätigkeit fällt nicht in seinen Bereich. Das FBI ist ausschließlich für die Verfolgung von mehr als 100 Delikten zuständig, die zu landesweiter Ahndung unterliegenden Bundesverbrechen erklärt wurden.

Unter den über 20.000 Beschäftigten der einen Jahresetat von 1,5 Milliarden Dollar verschlingenden »Super-Kripo«, als die sich Amerikas Geheimpolizei darzustellen pflegt, befanden sich im Mai 1989 rund 9.600 eisenharte Special Agents. Man bezeichnet sie auch als »G-Men«. Sie arbeiten in der Zentrale – dem J. Edgar Hoover Building in Washington – und sind auf 59 Feldbüros in den Vereinigten Staaten sowie eine Reihe von Auslandsposten verteilt. Obwohl das Bureau durch kein Gesetz der USA zum Überschreiten seiner ausdrücklich auf die Verfolgung krimineller Aktivitäten beschränkten Zuständigkeit ermächtigt werde, untersuche es »Politik und Verbrechen«, schrieb Halperin. »Es ist zu einem landesweiten Spionageapparat angewachsen, der mehr als 20 Prozent seiner Ressourcen ... dafür aufwendet, vor allem gegen politisch engagierte US-Bürger gerichtete Aufklärungsoperationen durchzuführen ... Seit 40 Jahren besteht die innere Spionagemission des FBI darin, ›die Ausbreitung des Kommunismus‹ einzudämmen und die herrschende politische Ordnung zu schützen.«[87]

Bevor wir uns Einzelheiten zuwenden, wollen wir einen Blick in die Geschichte des am 26. Juli 1908 gegründeten FBI werfen, das lange Zeit Bureau of Investigations (BI) hieß.

Wie bereits in dem Abschnitt über militärische Geheimdienste angedeutet, wurden schon vor dem Ersten Weltkrieg in den USA Maßnahmen getroffen, um bestimmte Ausländergruppen und politisch unerwünschte Elemente zu erfassen. Die General Intelligence Division der Geheimpolizei führte entsprechende Ermittlungen und stellte Listen von Personen zusammen, die im Konfliktfall in Vorbeugehaft zu nehmen seien. Nach Kriegsausbruch wurden dann auch 6.300 Ausländer interniert, mehr als 2.000 von ihnen oft jahrelang ohne Prozeß festgehalten. Seit 1918 konzentrierte sich das Bureau vor allem auf die Verfolgung »Radikaler«. Im Januar 1920, nach einem Bombenanschlag auf die Wohnung von Justizminister Mitchell Palmer, entfesselte es die erste großangelegte Jagd auf »Rote« in der Geschichte der Vereinigten Staaten. Im ganzen Land setzten Massenverhaftungen ein, mehr als 10.000 Anhänger linker Gruppen – darunter nicht wenige Mitglieder der jungen KP der USA – wurden schlagartig festgenommen, viele von ihnen gefoltert und etliche umgebracht.

Bei den »Palmer-Raids« (Palmer-Razzien), wie man die Terrorwelle nannte, tat sich der junge, energische Assistent des Bureau-Direktors hervor: John Edgar Hoover. Am 10. Mai 1924 übernahm der erst 29jährige die Leitung jener Institution, aus der am 1. Juli 1935 das moderne FBI hervorging. Hoover, der sich später selbst als »Kommunistenjäger Nummer 1« bezeichnete und fast fünf Jahrzehnte Chef der amerikanischen Geheimpolizei war, richtete sein Augenmerk zunächst darauf, in dem von Korruption zerfressenen Apparat mit eiserner Faust Ordnung zu schaffen. Der bereits bewährte und gestählte Super-Cop und lebenslange Junggeselle propagierte im Bureau einen neuen Moralkodex, der von allen Mitarbeitern bedingungslose Einsatzbereitschaft und persönliche »Sauberkeit« verlangte. Hoover, der selbst 16 Stunden am Tag arbeitete, gab dabei ein Beispiel. Ohne Zaudern entließ er erpreßbar gewordene Mitarbeiter, um sie durch neue »saubere« zu ersetzen.

Da dem mit solchen Leuten verstärkten FBI einige spektakuläre Schläge gegen Spritschmuggler (in den Jahren des Alkoholverbots) und berüchtigte Straßengangster glückten, gewann Hoover, dessen vielfältige Talente die Medien mit Eifer zu rühmen wußten, rasch an Ansehen.

In den dreißiger Jahren wurde die Tätigkeit der Red Squad (des Dezernats für Rote) stark angekurbelt. Damals nahm die amerikanische Arbeiterbewegung einen stürmischen Aufschwung, der zum Anwachsen der KP und zur Gründung einer Reihe kämpferischer Industriegewerkschaften führte. Aber auch Rechtsextremisten und Hitler-Anhänger bekamen Zulauf.

Präsident Franklin D. Roosevelt zeigte sich darüber beunruhigt, hob eine 1924 getroffene Festlegung, das Bureau solle sich aus der Überwachung politischer Tätigkeit fortan heraushalten, auf und forderte vom FBI-Direktor, entsprechende Schritte zu unternehmen. Er erteilte ihm hierzu mehrere geheime Instruktionen. Bei einer Unterredung im Weißen Haus, die 1936 stattfand, wurde Hoover angewiesen, »subversive Aktivitäten in den Vereinigten Staaten« im Auge zu behalten. Roosevelt ersuchte das FBI um »ein breites Bild der allgemeinen Bewegungen und ihrer Aktivitäten, soweit sie das ökonomische und politische Leben des Landes als Ganzes betreffen«[88]. Der Präsident ging vor allem von der Gefährlichkeit des Wirkens der Agenten Hitlerdeutschlands aus, gegen die er schon 1934 eine erste Untersuchung hatte einleiten lassen. Doch Hoover verschob die Akzente in seinem Sinne. Während des Gesprächs erwähnte er die amerikanischen Faschisten um Pater Coughlin und andere Schreihälse nur ganz am Rande, um dann seiner alten Leidenschaft freien Lauf zu lassen. Er gab dem Präsidenten eine dramatische Schilderung vom Anwachsen kommunistischer Einflüsse im Bergarbeiterverband, unter den von Harry Bridges geführten Dockern und Schauerleuten der Westküste sowie in der Newspaper Guild, die Mitarbeiter von Zeitungen vereinte. Der Bericht des FBI-Chefs veranlaßte Roosevelt, seine ursprünglich allein die Faschisten betreffende Instruktion auch auf die Linke auszudehnen. Am 6. September 1939 wies er die Polizeiorgane des Landes an, das FBI »im Kampf gegen Spionage, Konterspionage, Sabotage ... und Verletzung der Neutralitätsgesetze« sowie »subversive Tätigkeit« zu unterstützen. Auf diese Order bezog sich Hoover übrigens bis 1973.

»Mr. Andrews, wir haben Beweise, daß Sie eingetragenes Mitglied der Öffentlichen Bibliothek sind.« K. Goldberg-Karikatur in »Daily World«

1940 nahmen Senat und Repräsentantenhaus den später ausschließlich gegen Kommunisten gerichteten Smith Act an, der »jedes Eintreten für den gewaltsamen Sturz der Regierung der Vereinigten Staaten« zum Bundesdelikt erklärte und damit die Zuständigkeit des FBI für das Ermittlungs- und Untersuchungsverfahren begründete. Ein Jahr später folgte der Voorhis Act, der die Registrierung »subversiver Organisationen mit ausländischen Querverbindungen« verlangte.

Hoover zögerte nicht, das Bureau entsprechend den neuen Erfordernissen umzugestalten. In einem Atemzug nannte er fortan faschistische Zusammenschlüsse wie Christian Front, Christian Mobilizers, American Destiny Party und American Nationalist Party mit der Kommunistischen Partei der USA und der Nationalen Vereinigung für den Fortschritt der Farbigen (National Association for the Advancement of Colored People – NAACP). Das FBI überwachte sogar eine New Yorker Kindertagesstätte, weil sie »offensichtlich von Kommunisten betrieben wurde«. 1944 schätzte Hoovers Behörde die Zahl der »wissentlich oder unwissentlich in Aktivitäten der kommunistischen Front verwickelten US-Bürger« auf eine Million.

Nachdem Präsident Roosevelt gestattet hatte, Gespräche von Angehörigen »subversiver Kreise« ohne richterliche Ermächtigung abzuhören, wurden Wohnungen und Telefone von Mitgliedern und Funktionären der KP angezapft. Gleichzeitig begann ein Postöffnungsprogramm. Diese Maßnahmen wurden auch nicht aufgehoben, als die Vereinigten Staaten und die UdSSR 1941 offiziell Verbündete geworden waren. Das FBI stellte eine Liste für die Festnahme aller Bürger auf, deren »Anwesenheit und Freiheit im Fall des nationalen Notstands eine Bedrohung des öffentlichen Friedens und der Sicherheit« sein würden. Gemeint waren Personen »mit starken faschistischen oder kommunistischen Tendenzen«. Als sich liberale Kongreßabgeordnete darüber besorgt zeigten, wiegelte Hoover diese mit der Erklärung ab, bei Kriegsende würden alle Sondermaßnahmen ohnehin sofort abgebrochen.

McCarthys Hexenjäger

Doch es kam ganz anders. Die vom FBI geschaffenen Strukturen für den Ausnahmezustand blieben unangetastet. In der Propaganda, die besonders schrille Töne anschlug, vermischte man die nicht bestehende »äußere Bedrohung« mit einer ebenso wenig vorhandenen »inneren Gefahr«. »Die Behörde, die die Ängste der

Öffentlichkeit hätte dämpfen können, war das Federal Bureau of Investigation. Das Büro hatte die Kommunistische Partei und die politische Linke die ganzen Kriegsjahre hindurch überwacht und war imstande, die ›reale‹ Gefahr des inneren Kommunismus einzuschätzen«, schrieb Halperin. »Hoovers Akten zeigten, daß die Zahl des potentiellen ›kommunistischen Untergrunds im Regierungsapparat‹ 100 Personen nicht überschritt ...«[89]

Die amerikanischen Kommunisten, aber auch unzählige Bürger, die keinerlei Verbindungen zu ihnen unterhielten, wurden als »sowjetische Agenten« abgestempelt. Der Fall des 1996 verstorbenen Roosevelt-Diplomaten Alger Hiss, der bezichtigt wurde, während des Zweiten Weltkriegs der Geheimhaltung unterliegende Informationen an die UdSSR weitergegeben zu haben, bildete dabei den Auftakt. Nach dem Zusammenbruch der Sowjetunion wurden die nun geöffneten Moskauer Archive von amerikanischen Journalisten und Historikern – unter ihnen Gewährsleute der CIA und des FBI – auch nach belastendem Material gegen Hiss, der nach seiner Verurteilung einige Jahre in Haft verbracht hatte, gründlich durchforstet. Es fand sich nichts Belastendes. Die UdSSR hatte den Mann des State Department – wie im Umgang mit diplomatischen Vertretern anderer Staaten durchaus üblich – allein bei Routinegesprächen abzuschöpfen versucht.

Das Komitee des Repräsentantenhauses zur Untersuchung unamerikanischen Verhaltens (House Un-American Activities Committee – HUAC) und der durch Joseph McCarthy geleitete Senatsausschuß für Innere Sicherheit eröffneten eine Hexenjagd ohnegleichen. Diese Periode der zügellosen Gesinnungsschnüffelei ging als McCarthyismus in die Geschichte der Vereinigten Staaten ein.

Senator Joseph McCarthy entfesselte die antikommunistischen Hexenjagden

Kurz nach den Präsidentschaftswahlen im November 1952, die Dwight D. Eisenhower gewann, erschien in der Presse eine aufschlußreiche Karikatur. Sie zeigte eine Hexe mit dem angedeuteten Kopf eines Elefanten – dem Parteisymbol der siegreichen Republikaner –, die auf einem Besenstiel über Washington ritt. »Unsere neue Staatsführung«, stand unter der Zeichnung, die drohendes Unheil ankündigte.

Tatsächlich stürzte sich die Administration des Generals, der Nixon als Vizepräsident angehörte, mit fanatischem Eifer in die Schlacht. Die bereits zu Zeiten Harry Trumans, des mit Roosevelts Tod auf den Präsidentenstuhl gelangten rechtskonservativen Südstaatler-Demokraten, eingeleitete Politik der Kommunistenverfolgungen beherrschte das Leben. Unter McCarthy, der sich auf dem Höhepunkt seines Einflusses für den »mächtigsten Mann Amerikas« hielt, nahm die Suche nach dem »inneren Feind«, dem »Bösen«, stark zu.

Rückhalt fand McCarthy vor allem bei den Ölbossen aus Texas. Auf der Ranch des Ölmillionärs Clinton Murchison, wo McCarthy mit der vom Milliardär Haroldson Hunt – einem Mäzen der amerikanischen Ultras – angeführten texanischen Machtelite zusammentraf, wurde die Strategie zur »Liquidierung der Roten« in großen Zügen ausgearbeitet. Um ihr psychologisch den Boden zu bereiten, entfachte man eine beispiellose Hysterie.

Präsidentendekrete wie Trumans 1947 erlassene Order Nr. 9835 zur Überprüfung der Gesinnungstreue von Staatsangestellten und bestimmten Arbeiterkategorien in der Rüstungsindustrie sowie die Demokratie untergrabende Gesetze vom Zuschnitt des am 23. September 1950 angenommenen McCarran-Act über »innere Sicherheit«, gegen den sogar Präsident Truman sein Veto eingelegt hatte, ebneten das Terrain für Verfolgungen und »Säuberungen« aller Art. Der Kongreß ermächtigte die Leiter der Behörden, Angestellte wegen des Verdachts illoyalen Verhaltens zu entlassen. Durch die Einführung des Lehrern und Universitätsprofessoren abgeforderten antikommunistischen Loyalitätseids, den viele aufrechte Amerikaner aus Überzeugungs- und Gewissensgründen nicht zu leisten bereit waren, wurden Hunderte von Pädagogen und Wissenschaftlern entlassen. Wie später aus einem Senatsbericht hervorging, genehmigte Präsident Truman das Loyalitätsprogramm, obwohl er fürchtete, es werde das FBI in eine Gestapo verwandeln. Die Loyalitäts- und Sicherheitsausschüsse (Loyalty and Security Boards), die überall in Aktion traten, stützten sich stets auf »Beweise«, die das Bureau gesammelt hatte. Bis 1952 waren vom FBI über 6,6 Millionen US-Bürger auf ihre »Zuverlässigkeit« überprüft worden. Gegen 25.750 führten die Feldbüros ausgedehnte Untersuchungen.

In erster Linie richteten sich die Repressalien gegen Kommunisten. Schon im Juni 1947 war der Generalsekretär der KP der USA, Eugene Dennis, wegen »Mißachtung des Kongresses« zu einem Jahr Gefängnis verurteilt worden. Damals hatte Hoover vor dem HUAC mit einer besonders scharfen Erklärung aufgewartet. Er bezeichnete die Kommunisten als »Bedrohung der Freiheit, der demokratischen Ideale, der Anbetung Gottes und der amerikanischen Lebensweise«.[90] Der FBI-Direktor pries alle, die bereit seien, am Kampf gegen den Kommunismus durch Identifizierung und Entlarvung seiner Verfechter teilzunehmen. In der Erklärung Hoovers hieß es: »Die Linie der Kommunistischen Partei ist klar. Ihre erste Sorge ist der Vormarsch Sowjetrußlands und der gottlosen kommunistischen Sache.«

Am 17. Januar 1949 begann vor dem Bundesgericht am New Yorker Foley Square die Hauptverhandlung gegen elf nach dem Smith Act angeklagte Mitglieder des Nationalkomitees der KP, nachdem das Verfahren gegen den schwerkranken Parteivorsitzenden William Z. Foster abgetrennt worden war. Die Ermittlungen zu diesem Prozeß hatte das FBI geführt. Zehn der Angeklagten – unter ihnen Eugene Dennis, Henry Winston und Gus Hall – wurden zu fünf Jahren, ein Angeklagter zu drei Jahren Gefängnis verurteilt.

Der langjährige Generalsekretär und spätere Nationalvorsitzende der KP der USA Gus Hall

Unmittelbar nach dem Urteilsspruch setzte die Verfolgung von Kommunisten im ganzen Land ein. Hoovers Apparat lief auf Hochtouren. Im März 1950 berichtete die »New York Post«, gegen 12.000 Mitglieder der KP der USA würden Prozesse eröffnet, sobald das Oberste Gericht die Berufung der elf KP-Führer verworfen habe. Nur zwei Monate später heizte der FBI-Direktor die von Washington gesteuerte Kampagne mit der Erklärung an, in den Karteien der Geheimpolizei seien bereits 55.000 »kommunistische Landesverräter« erfaßt. Bald darauf sprach ein ehemaliger Justizminister der Vereinigten Staaten davon, über Millionen US-Bürger gebe es beim FBI Vermerke.

Tatsächlich hatte das Bureau im Rahmen eines Programms gegen kommunistische Infiltration (COMINFIL) Hundertausende von Akten angelegt, obwohl die KP der USA nach seinen eigenen Schätzungen zu keiner Zeit in der Periode des Kalten Krieges mehr als 80.000 Mitglieder in ihren Reihen vereinte. Während des ersten Jahrzehnts nach dem Zweiten Weltkrieg wurden allein in der Zentrale des FBI rund 432.000 Akten über »subversiver Tätigkeit« verdächtigte Personen und Gruppen geführt. 1955 berichtete der US-Justizminister, »das gesamte Spektrum der sozialen und Arbeiterbewegung« stehe unter Kontrolle des FBI.

Fast 1.600 Operativagenten – damals etwa ein Drittel aller G-Men des Hoover-Apparats – waren in den fünfziger Jahren zur »Sicherheitsarbeit« eingeteilt. Sie rekrutierten und unterwiesen rund 5.000 »subversive Informanten«, deren Mehrheit das FBI in demokratische Organisationen einzuschleusen versucht hatte. Der Überwachung unterlag das gesamte liberale und fortschrittliche Lager, einschließlich des linken Flügels der Demokratischen Partei. Im Rahmen von COMINFIL wurden Spitzel auf das American Friends Service Committee – die religiöse Vereinigung der Quäker –, die Bürgerrechtsvereinigung NAACP und die zur Friedensbewegung zählende Organisation SANE angesetzt, um angeblich herauszubekommen, ob »Parallelen zur kommunistischen Linie« festzustellen seien. Sogar der Anwaltsverband National Lawyers Guild und die Amerikanische Vereinigung für Bürgerliche Freiheiten (American Civil Liberties Union – ACLU) gerieten auf die COMINFIL-Liste.

Die Entfachung dieses primitiven Antikommunismus und der »Russen«-Psychose stand in einem direkten Zusammenhang mit dem Korea-Krieg 1950. Kurz nach Beginn der Kampfhandlungen ließ die US-Administration in mehreren Bundesstaaten Lager errichten, in die »unter bestimmten Voraussetzungen« Zehntausende vom FBI listenmäßig erfaßte »Systemgegner« eingeliefert werden sollten, wie das während des Zweiten Weltkriegs mit sämtlichen US-Bürgern japanischer Herkunft geschehen war. Zur Verwirklichung dieses von Hoover ausgeheckten Schutzhaftplanes kam es indes nicht. Es wurde jedoch bekannt, welche Listen im FBI-Hauptquartier vorgelegen hatten. Der Security Index, der 11.982 Namen, darunter die sämtlicher Führer der KP der USA, enthielt, erfaßte jene Personen, welche »im Fall einer nationalen Krise« sofort festzunehmen waren. Der Communist Index wies 17.783 weitere Namen auf. Hierbei handelte es sich um Parteimitglieder und Sympathisanten, deren Verhaftung ebenfalls in Erwägung gezogen wurde. Die FBI-Feldbüros aber gingen davon aus, daß mehr als 200.000 US-Bürger in Notstandssituationen eine Gefahr für die nationale Sicherheit darstellten.

1951 bestätigte der Oberste Gerichtshof der Vereinigten Staaten das Urteil in Sachen Dennis und andere. Richter Felix Frankfurter charakterisierte das Wirken der KP der USA als eine »hochorganisierte Verschwörung mit internationalem Hintergrund«.

Das Rosenberg-Martyrium

Im Juni 1953 ging ein erschütterndes Bild um die Welt. Es zeigte ein junges Ehepaar kurz vor der Hinrichtung auf dem elektrischen Stuhl des New Yorker Zuchthauses Sing Sing. Die Hände gefesselt, im Hintergrund das Gitter der Todeszelle, gaben sich Ethel und Julius Rosenberg den Abschiedskuß. Seit dem Urteilsspruch vom 5. April 1951 hatten weltweit Menschen um sie gekämpft. Was legte man den beiden Menschen zur Last?

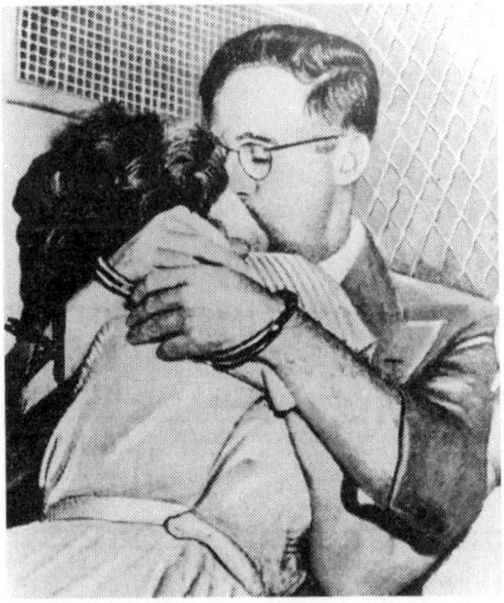

Die letzte Umarmung des Ehepaars Rosenberg vor der Hinrichtung

Im Frühjahr 1950 – damals standen die US-Politiker noch unter dem Schock, daß nun auch die UdSSR über Atomwaffen verfügte – wies Hoover sein Kommunistendezernat an, einen spektakulären Spionagefall aufzuziehen. Allein ein arglistiger Raub habe Moskau die Enträtselung des Geheimnisses ermöglicht, hieß es. So erfolgte die Verhaftung des linksgerichteten Ingenieurs Julius

Rosenberg und seiner Frau. Beide wurden bezichtigt, wichtige Konstruktionsunterlagen der ersten amerikanischen Atombombe an die Sowjetunion weitergegeben zu haben. Da das FBI keinerlei Beweise erbringen konnte, präparierte es Ethels Bruder David Greenglass als Kronzeugen. Dieser war während des Krieges Mechaniker im US-Entwicklungszentrum für Atomwaffen in Los Alamos gewesen und hatte dort, wie die Polizei wußte, Radioröhren und Spezialfilme entwendet. Jetzt stellte man ihn vor die Wahl, entweder wegen dieses Deliktes zum Tode verurteilt oder bei Nennung von »Mittelsmännern« begnadigt zu werden. Greenglass sagte daraufhin aus, er habe seinem Schwager Julius Rosenberg, mit dem er aus persönlichen Gründen nicht harmonierte, eine Skizze der Hiroshimabombe und zwölf Seiten mit technischen Erläuterungen geliefert.

Der Prozeß wurde aber erst eröffnet, nachdem sich Julius Rosenberg geweigert hatte, die ebenfalls in Haft befindlichen Führer der KP der USA als Preis für seine eigene Entlassung zu denunzieren. In einer gigantischen Rufmordkampagne stempelten die Medien das Ehepaar daraufhin bereits vor Beginn der Hauptverhandlung als »rote Atomspione« ab. Vom 6. bis 29. März 1951 fand in New York ihr Prozeß statt. Nach dem Schuldspruch von zwölf unter Druck gesetzten Geschworenen fällte Bundesrichter Irving Kaufman das auf die Aussagen des FBI-Spitzels Greenglass gestützte Todesurteil.

Nachdem Präsident Eisenhower schon am 11. Februar 1953 die Gnadengesuche mit der Behauptung abgewiesen hatte, den Verurteilten sei »ein volles Maß an Gerechtigkeit zuteil geworden«, erfolgte in der Nacht vom 19. zum 20. Juni die Exekution.

Erst viele Jahre später wurde bekannt, was sich in den letzten Tagen und Stunden der Rosenbergs abgespielt hatte. Im Sommer 1970 veröffentlichte James V. Bennett – von 1937 bis 1964 ranghöchster Gefängniswärter der USA – seine Memoiren. Er habe »im Auftrag der Regierung der Vereinigten Staaten ein Schema entworfen, um die Rosenbergs doch noch zu einem Geständnis zu bewegen«. Mit Einwilligung des Justizministers Herbert Brownell habe er Julius Rosenberg vorgeschlagen, sich »unter Vermeidung des normalen Dienstwegs über FBI und Staatsanwaltschaft« direkt an Präsident Eisenhower zu wenden. »Mir schien, das werde es Rosenberg erleichtern, sich selbst aus den Banden einer falschen Loyalität zu lösen«, schilderte Bennett seine Mephistorolle.[91] Als bereits qualvolle Monate in einer Tag und Nacht beleuchteten Todeszelle hinter Julius Rosenberg lagen, gesellte sich plötzlich der oberste Chef der Gefängnisverwaltung zu ihm. Höchste Regierungsstellen hätten davon Kenntnis erlangt, daß er »gewisse Informationen« noch immer zurückhalte, lockte Bennett. Die »Informationen«, die auszupacken er empfahl, hatte Bennett in Gestalt einer bereits formulierten »Aussage« vorsorglich mitgebracht: Er – Rosenberg – habe im Auftrag der Kommunistischen Partei der USA gehandelt, die zu einer »weitverzweigten Spionageagentur der Sowjets« geworden sei. »Ihre stillschweigende Freilassung ist eine Frage von Stunden – Präsident Eisenhower ist in alles eingeweiht«, legte Bennett den Köder aus. »Das Würde natürlich auch für Ihre Frau gelten. Denken Sie an Ihre Kinder!« Julius Rosenberg – ein überzeugter Marxist – unterschrieb nicht.

Am Abend des 19. Juni – wenige Stunden vor der Hinrichtung – befand sich Bennett im Büro von Hoover. Aus den Fenstern des FBI-Hauptquartiers beobachteten beide, wie Tausende in einer Rosenberg-Mahnwache die Pennsylvania Avenue zum Weißen Haus hinaufzogen. Die Demonstranten ahnten indes nicht, was sich in der FBI-Zentrale zutrug. In seinen Memoiren schilderte Bennett auch das Endstadium des Dramas: »Hoover und ich warteten auf ein Wort über die direkte Leitung. Man hatte den Rosenbergs ein letztes Mal gesagt, wenn sie sich offenbaren würden, gebe es noch einen Aufschub. Einer meiner Assistenten war im Zimmer des Aufsehers von Sing Sing stationiert, um jeden ›Durchbruch‹ an Hoover und mich zu melden. Und im Weißen Haus war Präsident Eisenhower zur Hand, der bis zuletzt auf eine Nachricht von uns wartete.«[92]

US-Präsident Dwight D. Eisenhower

Doch man wartete vergebens. Die Rosenbergs wurden hingerichtet. Noch in letzter Minute ließ Ethel ihren Anwalt Emanuel Bloch wissen: »Mein ganzes Herz weilt bei jenen, die mich lieben. Ich bin nicht allein, und ich sterbe ehrenhaft und würdig in der Gewißheit, daß mein Mann und ich durch die Geschichte rehabilitiert werden.«[93]

Am 6. Februar 1963 entschied das Berufungsgericht in Washington, die Rosenbergs hätten, lebten sie noch, Anspruch auf Wiederaufnahme des Verfahrens, da die Verteidigung neue Beweisdokumente zu ihrer Entlastung vorlegen könne.

Ebenso wie der Mord an den beiden italienischen Einwanderern Nicola Sacco und Bartolomeo Vanzetti, die man am 23. August 1927 nach siebenjähriger Instanzenschlacht wegen eines nachweislich nicht von ihnen begangenen Verbrechens hinrichtete, wurde der Fall der Rosenbergs zum klassischen Beispiel eines Justizverbrechens.

Nicola Sacco und Bartolomeo Vanzetti

Diese Bewertung hält auch jüngsten Erkenntnissen stand. Im August 1996 hatte ein Mann sein Schweigen gebrochen, der in den Jahren des Zweiten Weltkriegs eng mit Julius Rosenberg verbunden gewesen war: der inzwischen 82jährige ehemalige sowjetische Geheimdienstler Alexander Semjonowitsch Feklisow. Seit 1941 beim New Yorker Konsulat der UdSSR tätig gewesen, hatte er in späterer Zeit – lange nach dem Tod der Rosenbergs – als diplomatisch abgeschirmter Resident des KGB in Washington gearbeitet. Feklisow offenbarte sein Wissen in einem Ende März 1997 vom Discovery Channel des amerikanischen Kabelfernsehens ausgestrahlten Dokumentarfilm.

Julius Rosenberg, dessen Frau keinerlei Kontakt zu sowjetischen Nachrichtendiensten unterhalten habe, sei in härtesten Kriegszeiten ein freiwilliger Helfer der Roten Armee gewesen, teilte der einstige Führungsoffizier des Ingenieurs vor der Kamera mit. »Er war vom Kommunismus fest überzeugt und kam der Sowjetunion in der Stunde der größten Not – nach dem Überfall Hitlerdeutschlands – zu Hilfe.« Damals seien Antifaschisten aus vielen westlichen Ländern bereit gewesen, der UdSSR Zugang zu jenen wissenschaftlich-technischen Entwicklungen zu verschaffen, welche für die Verteidigungsindustrie besonderes Gewicht besessen hätten. Die optimale Bewaffnung der sowjetischen Armee habe über Verlauf und Ausgang des Krieges entschieden.

»Bis die westlichen Alliierten im Juni 1944 in Frankreich die zweite Front eröffneten, hatte Rußland die ganze Last der Verteidigung, der Menschheit gegen die deutsche Aggression zu tragen. Deshalb gab es keinen Mangel an idealistisch gesonnenen jungen Kommunisten in Amerika und Westeuropa, die bereit waren, das erste sozialistische Land der Welt auf jede nur mögliche Weise zu unterstützen«, bemerkte die »International Herald Tribune« am 17. März 1997 in einem groß aufgemachten Beitrag zu den Äußerungen Feklisows. Der Kreis, dem Julius Rosenberg angehörte, habe in den Kriegsjahren wichtige Informationen geliefert, auch solche zu neuesten Erkenntnissen auf den Gebieten der Elektronik und der Radartechnik. Mit der Atomwaffenskizze, für deren angebliche Übergabe man die Rosenbergs verurteilt und hingerichtet habe, hätten sie indes nichts zu tun gehabt, stellte Feklisow klar.

Der Rosenberg-Prozeß löste eine Welle landesweiter Inquisition aus. Überall gab es Nachahmer. In mehreren Bundesstaaten wurden nach dem Vorbild des HUAC und des Senatsausschusses für Innere Sicherheit eigene Hexenjagdkomitees ins Leben gerufen. Sie maßten sich im Zuge der systematisch vorangetriebenen Zerstörung der Rechtsstaatlichkeit polizeiliche und gerichtliche Strafverfolgungsbefugnisse an. Am rabiatesten gebärdeten sich die McCarthyisten in Kalifornien, wo als besonders forscher Vernehmer der spätere Vizepräsident und Präsident Richard Nixon hervortrat. »Die Komitees betrieben ein öffentliches Spaltungsprogramm. Komiteemitglieder verlasen Listen von Personen, denen die KP-Zugehörigkeit unterstellt wurde. Dem HUAC wohlgesonnene Zeugen – grundsätzlich verdeckte Agenten des FBI – nannten reihenweise Namen«, charakterisierte Halperin das Klima jener Jahre.[94]

Der McCarthyismus durchdrang buchstäblich alle Sphären des gesellschaftlichen Lebens in den USA. Auf Verlangen der Inquisitoren ließ man sämtliche Literatur aus öffentlichen Bibliotheken verbannen, deren Verfasser »Kommunistenfreunde« oder Personen waren, die vor dem Unamerikanischen Komitee die

Aussage verweigert hatten. Da mit großer Kelle geschöpft wurde, gelangten sogar Schriften bekannter Antikommunisten versehentlich auf den Index.

Die auf hohe Abschußziffern bedachten Gesinnungsterroristen mischten in ihrer Verblendung die politischen Farben wild durcheinander. Wer Linke kannte oder schätzte, war für sie automatisch selbst ein Roter. Auch eigene Leute gerieten ins Visier. So zwang man den Münchener US-Generalkonsul Thayer, einen Schwager des Washingtoner Diplomaten Charles Bohlen, zum Verzicht auf sein Amt, nachdem ihn McCarthy der »Sympathien für Kommunisten« deshalb verdächtigt hatte, weil er fließend russisch sprach und in der Moskauer Botschaft der Vereinigten Staaten tätig gewesen war. Im November 1953 wurde sogar Harry Truman angeschossen. Eisenhowers Justizminister Brownell behauptete, der weit rechts stehende Ex-Präsident habe den 1947 verstorbenen und von allen gegen ihn erhobenen Vorwürfen ausdrücklich freigesprochenen Harry Dexter White in eine hohe Position gebracht, »obwohl er wußte, daß dieser ein russischer Agent war«. Truman wurde vor das HUAC geladen, verweigerte jedoch sein Erscheinen. Er sagte: »Dieser fürchterliche Krebsschaden des McCarthyismus frißt an den Eingeweiden Amerikas.«[95]

Präsident Harry Truman (m.) mit J. Edgar Hoover (l.)

Gezielt gingen die Hexenjäger gegen amerikanische Intellektuelle vor. Schon im Sommer und Herbst 1947 konstruierte man einen Fall, der den Auftakt für viele andere Attacken der modernen Inquisition bilden sollte. Schauplatz des Verfahrens gegen zehn Schriftsteller, Drehbuchautoren und Regisseure war die Filmstadt Hollywood von Los Angeles. Die »subversiver Handlungen« Angeklagten wurden erst vor das als illegales Tribunal fungierende HUAC geschleppt, nachdem Versuche gescheitert waren, sie mit günstigen Angeboten als Preis für künftiges Wohlverhalten zu ködern.

Von den insgesamt 41 durch die Gesinnungsschnüffler zur Aussage aufgeforderten Filmleuten verweigerten 19 jede Zusammenarbeit, was mit strengen Strafen geahndet werden konnte. Unter jenen, welche dem HUAC beherzt entgegentraten, befanden sich der Schriftsteller und Spanienkämpfer Alvah Bessie, der Schöpfer des Films »Salz der Erde« Herbert J. Biberman, die Szenaristen und Regisseure John Howard Lawson, Dalton Trumbo und Ring Lardner jr. sowie der Schriftsteller Albert Maltz. »Ich lehne es ab, mich von Leuten überprüfen zu lassen, für die der Ku-Klux-Klan eine akzeptable amerikanische Institution ist«, begründete Albert Maltz sein Nichterscheinen vor dem Untersuchungsausschuß.

In eine besonders schwierige Lage gerieten diejenigen, welche dem Amerikanischen Republikanischen Komitee – einer Hilfsorganisation für nach 1939 vor dem Franco-Terror in die USA geflohene spanische Antifaschisten – angehört hatten und nicht bereit waren, Listen der mit Spenden Bedachten an die Geheim-polizei auszuliefern. Wegen »Mißachtung der Tätigkeit des HUAC« wurden zehn Künstler zu jeweils einem Jahr Gefängnis sowie zu hohen Geldstrafen verurteilt. Gemeinsam mit vielen anderen kamen sie, die meist keine Kommunisten, sondern bürgerliche Demokraten waren, auf schwarze Listen der großen Studios und blieben über ein Jahrzehnt von jeglicher Filmarbeit ausgeschlossen. Nur wenigen gelang es, unter Pseudonymen weiter zu schreiben.

Erst sehr viel später konnten Martin Ritts mit Woody Allen gedrehter Streifen »Der Strohmann« (The Front) und vor allem der mutige Film »Jene Jahre in Hollywood« mit Barbra Streisand und Robert Redford diese düstere Periode aufrichtig darstellen.

Gegen die Verurteilung der Zehn von Hollywood, die 1950 auf richterliches Geheiß festgenommen wurden, wandten sich bedeutende Vertreter liberaler Kreise in den Vereinigten Staaten. In

Hollywood selbst rief der Regisseur John Huston die Künstler dazu auf, den Feinden der Meinungsfreiheit Widerstand zu leisten. Bald formierte sich hier ein Komitee, dem sich über 500 Prominente anschlossen. Unter diesen befanden sich Judy Garland, Humphrey Bogart, Lauren Bacall, Burt Lancaster, Kirk Douglas, John Ford, Billy Wilder, William Holden, Julius »Groucho« Marx und Gregory Peck.

Allerdings fehlte es auch nicht an Leuten, die dem Druck nachgaben. So schlug der Schauspieler Adolphe Menjou dem Gesinnungstribunal vor, »alle amerikanischen Kommunisten in die Wüste von Texas zu deportieren und dort den Klapperschlangen auszuliefern«. Robert Taylor diffamierte Charlie Chaplin als »gefährliches Individuum«, und auch Walt Disney lieferte eine Aussage nach Maß, indem er erklärte, er halte die KP der USA »nicht für eine politische Partei, sondern für eine antiamerikanische Sache«.[96]

Einen besonderen Part spielte der Regisseur Elia Kazan. Am 10. April 1952 griff er vor dem HUAC eine Reihe seiner ehemaligen Genossen an. Tags darauf veröffentlichte er in der »New York Times« eine Anzeige, die eine ganze Seite füllte. Hier bezeichnete er den Kommunismus als »eine gefährliche und vom Ausland angezettelte Verschwörung«. Obwohl der Künstler daraufhin Karriere machte und später sogar zu Weltruhm gelangte, weigerte sich die Filmkritikervereinigung von Los Angeles im Januar 1997, ihm für sein Lebenswerk einen jährlich verliehenen Preis zuzuerkennen. Dazu gehöre auch die Biographie eines Preisträgers, hieß es zur Begründung der Ablehnung. Der große Filmemacher erfülle nicht die moralischen Kriterien für eine Auszeichnung dieser Art.

Als Hauptzeuge der Anklage diente der Darsteller und spätere Seifenpulver-Reklamestar der Firma Borax, Ronald Reagan, der sich zunächst fortschrittlich gegeben hatte und deshalb zum Präsidenten der American Screen Actors Guild – des Filmschauspielerverbandes – gewählt worden war. Am 5. Januar 1987 teilte das US-Nachrichtenmagazin »Newsweek« seinen Lesern mit: »Reagan war nicht nur im Film ein Geheimagent. Als wirklicher FBI-Informant erhielt er 1947 den Codenamen T-10. Seine Aufgabe bestand darin, über Vorstandsmitglieder der Screen Actors Guild zu berichten.« In dem Artikel hieß es weiter: »Eine von Ronald Reagans ersten Amtshandlungen als US-Präsident bestand darin, zwei FBI-Beamte zu begnadigen, die wegen Rechtsbruchs verurteilt worden waren, weil sie amerikanischen Bürgern nachspioniert hatten.«

Ronald Reagan als Zeuge vor dem HUAC

In den Reihen der damals von den McCarthyisten gejagten Künstler und Wissenschaftler befand sich auch der Kernphysiker Robert Oppenheimer. Charlie Chaplin hatte es vorgezogen, sich den geheimpolizeilichen Belästigungen durch Verlassen des Landes zu entziehen. Aber auch zahlreiche antifaschistische Emigranten – unter ihnen Bertolt Brecht und Gerhart Eisler – wurden vom HUAC verfolgt. Die Hexenjäger und Kleingeister besaßen keinen Respekt vor großen Geistern. So forderte der ehemalige HUAC-Vorsitzende Thomas Rankin sogar die Ausweisung des Nobelpreisträgers Albert Einstein, den er als »größten Schwindler, den die Welt jemals gekannt hat«, bezeichnete.

Solches Verhalten blieb indes nicht auf die Ära McCarthys beschränkt. Am 1. Oktober 1987 veröffentlichte die »Washington Post« einen Artikel, der mit den Worten begann: »Mehr als 50 Jahre lang haben das FBI und andere Bundesbehörden umfangreiches Spionage-Aktenmaterial über einige der hervorragendsten Schriftsteller Amerikas zusammengetragen, offenbar, weil deren Arbeit oder Verhalten als subversiv, verdächtig oder unkonventionell betrachtet wurde.« Wie sich herausstellte, standen neben Ernest Hemingway auch Theodore Dreiser, John Steinbeck, Pearl S. Buck, Thomas Wolfe, Carl Sandburg und William Faulkner auf der Liste jener Autoren, welche seit den zwanziger Jahren von der Geheimpolizei überwacht wurden. »Das FBI legte einige hundert Seiten umfassende Dossiers über Schriftsteller an, deren Werk Sympathie für die Armen oder Solidarität mit Minderheiten ausdrückte«, teilte die »Washington Post« mit.

Obwohl Millionen Dollar für Beschattung und Information ausgegeben worden seien, habe man keinen der Betroffenen wegen irgendeines Delikts je unter Anklage gestellt oder verurteilt, schrieb Herbert Mitgang am 5. Oktober 1987 in »The New Yorker«. Natalie Robins, die fünf Tage später in der Zeitschrift

»The Nation« zur selben Thematik Stellung nahm, verwies auf 134 Namen durch das FBI verfolgter Literaten, von denen einige – zum Beispiel Norman Mailer und Howard Fast – noch am Leben sind.

Die Gründe, die dazu führten, daß der Hoover-Apparat in Aktion trat, waren mannigfaltig. So setzte man Edna St. Vincent Millay auf die Liste, nachdem sie sich am Wettbewerb um eine kostenlose Reise in die UdSSR beteiligt hatte, der von einer Gruppe ausgeschrieben worden war, die 40.000 Dollar zum Kauf von Traktoren für sowjetische Bauern sammeln wollte. Pearl S. Buck wurde registriert, weil sie sich Anfang der vierziger Jahre gegen die Rassendiskriminierung in den US-Streitkräften gewandt hatte. Ihre Zugehörigkeit zur Amerikanischen Union für Bürgerliche Freiheiten (ACLU) erfaßte das FBI als »Mitgliedschaft in Organisationen der Kommunistischen Front«. Als die Autorin und ihr Mann 1958 ein Kind afroamerikanisch-japanischer Abkunft adoptierten, machten Hoovers Leute den Vorgang aktenkundig.

Hemingway und Bernstein

Auf besonders groteske Weise wagte man sich an Ernest Hemingway heran. Im »The New York Review of Books« berichtete Jeffrey Meyers, Professor für Englische Sprache an der Universität von Colorado, am 31. März 1983 darüber, wie die Fährtenhunde des FBI zwischen Oktober 1942 und Januar 1961 der Spur des großen Erzählers folgten, über dessen »subversive Tätigkeit« eine 124 Seiten umfassende Beschattungsakte angelegt worden war. In dieser fehlten bei Freigabe aus »Gründen der nationalen Sicherheit« 15 Blätter, weitere 14 hatte man fast vollständig gelöscht.

Die »Operation Hemingway« begann, nachdem der in Kuba lebende Schriftsteller dort 1942 eine vor allem aus spanischen Republikanern bestehende Gruppe zur Beobachtung von Aktivitäten der Agenten Hitlers aufgebaut hatte. Während der US-Missionschef später in seinen Memoiren von einer »exzellenten Organisation« sprach, unternahm Hoover alles, um sie zu diskreditieren. Seinen Residenten in Havanna, den Attaché für Rechtsfragen Raymond Leddy, wies er an: »Jede beliebige Information, die Hemingsways Unzuverlässigkeit als Nachrichtenübermittler ausweist, sollten Sie Botschafter Braden auf diskrete Weise zur Kenntnis bringen.«[97] Während der FBI-Chef die Herabsetzung des antifaschistischen Künstlers betrieb, ließ er zugleich detailliertes Material über dessen Arbeit zur Unterstützung des Sanitätswesens der spanischen Republik sammeln. Bereitstellung von Ambulanzen für Verwundete, Errichtung von Flüchtlingsasylen, Sicherung medizinischer Hilfe für Kranke – so lauteten die schwerwiegendsten Anklagepunkte in Hoovers geheimem Dossier. Unter der Rubrik »Mögliche Verbindungen zur Kommunistischen Partei« hieß es ohne irgendeinen die Hypothese stützenden Beweis: »Im Herbst 1940 wurde Hemingways Name der Liste mit den Namen jener Personen hinzugefügt, von denen anzunehmen war, daß sie mit kommunistischen Aktivitäten befaßt seien.«[98]

In den Jahren des Kalten Krieges und der beginnenden McCarthy-Ära verstärkte das FBI Hemingways Beschattung. Man behielt ihn Tag und Nacht im Auge, registrierte jeden seiner Kontakte, jede öffentliche Äußerung. Hoover ließ in Zeitschriften erscheinende Beiträge, ja sogar an Redaktionen gerichtete Briefe des Nobelpreisträgers in die Akte aufnehmen. Als der schwerkranke Autor wenige Monate vor seinem Tod in die Mayo-Klinik von Minneapolis eingeliefert wurde, folgte ihm selbst dorthin ein Sonderagent des FBI.

Seit 1943 befand sich auch der amerikanische Komponist und Dirigent Leonard Bernstein unter den vom FBI auf Schritt und Tritt Überwachten. Der Grund: Verdacht der Zusammenarbeit mit Kommunisten. Obwohl sich Hoovers Leute schon Anfang der 50er Jahre sicher waren, daß Bernstein nicht der KP angehörte, blieb der Musiker zeitlebens im Feindraster der Geheimpolizei. Dem FBI war seine Neigung zu linksliberalen und humanitären Auffassungen verdächtig, hatte Bernstein seinen Namen doch gerade des öfteren mit solchen Anliegen verbunden, deren Bekämpfung Hoover besonders intensiv betrieb.

Im Juli 1994 wurde in Los Angeles die 666 Seiten umfassende FBI-Akte Bernsteins von Bürgerrechtlern der Öffentlichkeit vorgestellt. Wie auch in anderen hier erwähnten Fällen, waren Teile des Vorgangs unkenntlich gemacht oder dem Dossier entnommen worden. Worin bestand nun Bernsteins »Verletzung der Loyalität gegenüber den Vereinigten Staaten«?

1943 teilte ein »vertraulicher Informant von bekannter Verläßlichkeit«, wie es in der Akte heißt, dem FBI mit, der junge Assistenzdirektor des New Yorker Philharmonischen Orchesters L.B. habe einer von 13 durch das Justizministerium als kommunistisch eingestuften Organisationen eine Grußbotschaft zukommen lassen. 1945 – im Jahr des Sieges – trieb es Bernstein noch ärger. Er gab sich dazu her, eine in der »New York Times« erschienene Annonce zu Ehren der amerikanischen Spanienkämpfer – der Veteranen der Abraham-Lincoln-Brigade – mitzuunterzeichnen. Am verdächtigsten aber wirkte auf die Geheimpolizei wohl die

Tatsache, daß der Komponist damals an einem Stück arbeitete, das einem von Franco freien Spanien gewidmet war.

1951 gelangte dann der untrügliche Beweis für die »rotfrontlerische« Umtriebigkeit Bernsteins in die Hände der Hoover-Leute: Benjamin Davis, der kommunistische Stadtrat aus Harlem, hatte ihn in einer launigen Rede einen »Anhänger der Partei« genannt. Eine Folge war die zeitweilige Verweigerung des Auslandspasses, der Bernstein erst gewährt wurde, nachdem er eidesstattlich versichert hatte, der KP der USA nicht anzugehören.

In den sechziger Jahren machte sich der Künstler bei der Regierung dadurch unbeliebt, daß er nicht nur zu den entschiedenen Widersachern des Krieges der USA in Vietnam zählte, sondern obendrein auch noch die Bürgerrechtsbewegung der Afroamerikaner aktiv unterstützte. Als er dann in seiner New Yorker Wohnung sogar ein Fund-Raising-Dinner zur Sammlung von Mitteln für die in jener Zeit besonders hart attackierte Black Panther Party veranstaltete, riß Hoover der Geduldsfaden. Nun postierte er seine »G-Men« direkt vor Bernsteins Haustür.

»Mein Vater wußte, daß das FBI schon in früheren Jahren ein Auge auf ihn geworfen hatte«[99], sagte Jamie Bernstein, die Tochter des von der Geheimpolizei so fürsorglich Betreuten.

Auch John Steinbeck war sich der ihm erwiesenen Aufmerksamkeit voll bewußt. 1942 schrieb er an Roosevelts Justizminister Francis B. Biddle: »Glauben Sie, daß Sie Edgars Boys stoppen könnten, mir auf die Fersen zu treten? Sie denken, ich bin ein ausländischer Feind. Es wird ermüdend.«[100]

1954 verstärkten die McCarthyisten ihre Aktionen noch mehr. Zu dem Zeitpunkt befanden sich bereits über 80 Führer der KP der USA seit Jahren in Haft, während weitere 160 aktive Mitglieder der Partei unter Anklage standen. Insgesamt wurden in dieser Periode 104 Kommunisten zu Freiheitsstrafen verurteilt. Ende August 1954 verkündete Eisenhower den Communist Control Act. Das Gesetz entzog der KP alle Rechte, Privilegien und Immunitäten, forderte die Registrierung von Kommunisten, verhängte über sie ein allgemeines Berufsverbot für den Staatsdienst sowie für die Verteidigungsindustrie und sperrte ihre Auslandspässe. Zugleich wurde festgelegt, daß Gewerkschaften, die KP-Mitglieder in ihren Reihen duldeten, das Recht abgesprochen werden sollte, als Partner bei Tarifverhandlungen aufzutreten. Alle diese Maßnahmen seien von Hoover ausdrücklich unterstützt worden, betonte Halperin.

Doch Mitte der fünfziger Jahre begann der Stern McCarthys zu sinken. Er hatte den Bogen überspannt. Als er, der bereits vom

Einzug in das Weiße Haus geträumt hatte, seine Kräfte maßlos überschätzend Präsident Eisenhower beleidigte und sogar die US-Streitkräfte wegen »prosowjetischer Unterwanderung« angriff, geriet er endgültig ins politische Abseits. Im Grunde war McCarthy bereits ein geächteter Mann, als er am 2. Mai 1957 starb. Schon 1956 hatte der Oberste Gerichtshof der Vereinigten Staaten entschieden, die Möglichkeiten der Anklageerhebung nach dem Smith Act drastisch einzuschränken. Das Justizministerium beendete daraufhin die automatische Verfolgung von Mitgliedern der Kommunistischen Partei.

Das FBI wurde durch diese Entwicklung allerdings nicht von seinem bisherigen Kurs abgebracht. Hoover und dessen engste Umgebung berieten darüber, was den Smith Act ersetzen könnte. Man entschied sich für verdeckte Aktionen, die von der Geheimpolizei auf eigene Faust betrieben werden sollten. Im August 1956 lief COINTELPRO (Counterintelligence Program) an – ein geheimes Programm, das darauf abzielte, »die Kommunistische Partei und mit ihr verbundene Organisationen auseinanderzureißen, bloßzustellen, zu diskreditieren und auf andere Weise zu neutralisieren«.[101] Die FBI-Feldbüros wurden entsprechend instruiert und zur Schaffung von Arbeitsstäben verpflichtet.

In der Folgezeit sorgten Hoovers Leute dafür, daß streng vertrauliche Polizeiunterlagen »zufällig« in die Medien gerieten und von Agenten verfaßte Artikel erschienen. Zugleich wurde eine Kampagne entfacht, um Linke und andere unerwünschte Elemente durch anonyme Briefe an Unternehmer und Behördenchefs um ihren Arbeitsplatz zu bringen. So organisierte man Boykott und Diskriminierung, auch an Universitäten und Hochschulen. Unter den lächerlichsten Vorwänden wurden Kommunisten festgenommen – besonders häufig wegen angeblicher Verletzung der Straßenverkehrsordnung. Das FBI unterwanderte zahlreiche Organisationen mit als »Undercover Agents« (verdeckten Agenten) bezeichneten Spitzeln und Provokateuren. Gefälschte Briefe und Dokumente, die auf eine Zusammenarbeit demokratischer Persönlichkeiten mit dem Bureau folgern ließen, wurden den Leitungen linker Vereinigungen zugespielt. Das FBI versuchte sogar, nur aus Agenten bestehende Zellen der KP zu bilden, um der Partei finanzielle Mittel zu entziehen und »Abweichungen von der Linie« zu inszenieren.

Obwohl sich COINTELPRO vor allem gegen Kommunisten richtete, gerieten auch andere Gruppen, darunter das bürgerlich-liberale Komitee für die Abschaffung des HUAC und die Landarbeitergewerkschaft United Farmworkers, auf deren Kundgebungen ein KP-Mitglied gesprochen hatte, in den Kreis der erfaßten Organisationen.

Während der sechziger Jahre wurden die gewaltlose Bürgerrechtsbewegung, die besonders mit Studentengruppen verbundene kleinbürgerlich-radikale Neue Linke, afroamerikanische Black-Power-Gruppen, die Frauenbewegung und eine Vielzahl von Vietnamkriegsgegnern vom FBI anvisiert. Sogar der liberale Flügel der Demokratischen Partei erweckte Hoovers Argwohn.

Intimfeind Martin Luther King

Grimmig verfolgte der FBI-Chef den schwarzen Prediger Dr. Martin Luther King. Schon 1957 war über den Geistlichen aus Atlanta (Georgia), der im Mai des Jahres als Präsident der Konferenz Christlicher Führer des Südens (Southern Christian Leadership Conference – SCLC) auf einem Pilgermarsch nach Washington vor 35.000 Demonstranten gesprochen hatte, beim FBI eine Akte unter dem Stichwort »Rassenangelegenheiten« eingerichtet worden.

Man kreidete dem SCLC an, sich für die »Registrierung von Negerwählern der Südstaaten« einzusetzen. In dem Maß, wie die Bürgerrechtsbewegung anwuchs, verstärkten sich die geheimpolizeilichen Nachstellungen. Dabei wurde nach bekanntem Muster vorgegangen, indem man angebliche Querverbindungen zu Kommunisten konstruierte.

Martin Luther King

Am 8. Januar 1962 sandte der FBI-Direktor Justizminister Robert Kennedy ein vertrauliches Memorandum, das unterstellte, Kings enger Freund, der New Yorker Anwalt Stanley Levison, sei Mitglied der KP der USA. Nur einen Monat später ließ Hoover den Pfarrer als eine Person erfassen, die unter dem Verdacht subversiver Tätigkeit stehe. So geriet King als im Notstandsfall zu internierender »Kommunist« auf den Index. Im Juni 1962 ging dem Präsidentenbruder ein zweites Memorandum zu. Darin wurde behauptet, der Mitarbeiter des SCLC-Stabes Jack O'Dell gehöre dem Nationalkomitee der KP der USA an. Diese Erfindung brachte man auch in den »Augusta Chronicle«, wo es hieß, der »führende Kommunist O'Dell« sei »amtierender Exekutivdirektor der Organisation«. King antwortete darauf am 30. Oktober, indem er erklärte, niemand mit bekannten kommunistischen Bindungen bekleide im SCLC Funktionen. Ungeachtet dessen wies Hoover die FBI-Feldbüros an, im Rahmen des COMINFIL-Programms umfassende Informationen über Kings Freundeskreis zu sammeln: Inzwischen waren weitere Einzelheiten über die beiden angeblichen Kommunisten im SCLC bekannt geworden. Es stellte sich heraus, daß Levison 1954 der Labor Youth League angehörte, die das FBI als subversiv, aber nicht mit der KP liiert, erfaßt hatte.

Zwischen Januar und Juni 1963 wurde das Justizministerium mit FBI-Memoranden buchstäblich bombardiert. In ihnen hieß es, King habe den Kontakt zu Levison und O'Dell nicht abgebrochen. Am 22. Juni trafen John und Robert Kennedy mit dem vom FBI Denunzierten zusammen. Kurz darauf berichtete King seinem damaligen Mitstreiter, dem späteren UNO-Chefdelegierten der USA und Bürgermeister von Atlanta, Andrew Young, es habe »einen Versuch gegeben, die Bewegung auf der Basis kommunistischen Einflusses anzuschwärzen«. Präsident Kennedy habe ihm bei einem Spaziergang durch den Rosengarten des Weißen Hauses gesagt: »Ich nehme an, Sie wissen, daß Sie unter sehr strenger Überwachung stehen.«[102] Gewisse Kontakte könnten überdies die in Vorbereitung befindliche Bürgerrechtsgesetzgebung in Gefahr bringen.

Massiver Druck Washingtons führte dazu, daß Levison aus der SCLC, der er seit ihrer Gründung angehört hatte, austrat. O'Dell wurde von King mitgeteilt, sein Arbeitsverhältnis mit der Organisation sei beendet.

Doch Hoover gab sich selbst damit nicht zufrieden. Am 29. Juli 1963 sandte er einen Bericht an Robert Kennedy, der den Titel trug: »Martin Luther King: Verbindungen mit der kommunistischen Bewegung«. Gefordert wurde jetzt, sämtliche Telefonanschlüsse des Geistlichen abzuhören. Drei Monate später ermächtigte der Justizminister das FBI, Kings Gespräche für die Dauer von zwei Jahren mitzuschneiden.

Der Erfolg des Marsches der 250.000 Apartheidgegner, die am 28. August 1963 nach Washington zogen, versetzte den FBI-Direktor in Rage. Obwohl nur ein Marschblock aus 200 KP-Mitgliedern an der Manifestation teilgenommen hatte, beschwor Hoover einmal mehr die »kommunistische Gefahr«. In einem Memorandum wurde King folgendermaßen charakterisiert: »Wir müssen ihn jetzt ... vom Standpunkt des Kommunismus, der Neger und der nationalen Sicherheit als den gefährlichsten Neger der Zukunft dieser Nation kennzeichnen.« [103] Am 18. Oktober brachte die FBI-Zentrale ein weiteres Dokument mit persönlichen Angriffen auf King in Umlauf, das erstmals auch der CIA, dem Pentagon und den Geheimdiensten der Streitkräfte zugestellt wurde.

Unmittelbar nach der Ermordung Präsident Kennedys am 22. November 1963 beriet das FBI auf einer Konferenz, wie die »Demontage Dr. Kings« vonstatten gehen sollte. Es wurde beschlossen, »alle verfügbaren Techniken« einzusetzen, um den Prediger in Mißkredit zu bringen. Dabei wollte man andere Priester, »verärgerte« Bekannte, »aggressive« Journalisten und »farbige« Agenten verwenden. Detektive und Fotografen des FBI wurden eingesetzt, um King rund um die Uhr zu beschatten. Sein Zimmer im Washingtoner Willard Hotel wurde »verwanzt« in der Hoffnung, dem Geistlichen moralische Verfehlungen nachzuweisen.

Im Dezember 1963 war Martin Luther King von »Time« zum »Mann des Jahres« gewählt worden. 1964 ernannten ihn mehrere Universitäten zum Ehrendoktor. In Rom wurde er von Papst Paul VI. in Privataudienz empfangen. Mitte Oktober erkannte man dem Führer der US-Bürgerrechtsbewegung den Friedensnobelpreis zu. Die feierliche Übergabe der Auszeichnung sollte im Dezember stattfinden.

Während all dies geschah, setzte Hoover seine Intrigen fort. Auf die »Time«-Entscheidung reagierte er mit der Notiz: »Sie haben tief im Müll wühlen müssen, um mit dem hier aufzuwarten.«[104] Der FBI-Chef hatte zuvor alles nur Erdenkliche unternommen, um King in den Augen des Nationalrats der Kirchen herabzusetzen. Kardinal Francis Spellman wurde sogar gebeten, den Papst zum Verweigern der Audienz zu bewegen.

Als Antwort auf die Verleihung des Nobelpreises ließ Hoover eine diffamierende »King-Monographie« verfassen. Zugleich bot das FBI verschiedenen Zeitungsleuten Tonbandaufnahmen aus dem Willard Hotel an, die Kings Intimsphäre preisgaben. Es fand sich in Washington niemand, der die gehässige Kampagne stoppen wollte. Der neue Präsident Lyndon B. Johnson fürchtete den FBI-Direktor und wollte sich – wie seine Vorgänger und sein Nachfolger – nicht mit ihm anlegen, da es besser sei, »daß er aus dem Zelt hinaus- als in das Zelt hineinpißt«.

So konnte Hoover Martin Luther King ungestraft als »einen der niedrigsten Charaktere« und »notorischsten Lügner« des Landes beschimpfen.[105] Auf dem Höhepunkt des Nervenkrieges gegen den Prediger kam es zu einer Begegnung der beiden Männer. Offiziell wurde dabei ein »Waffenstillstand« ausgehandelt. Wie weit das FBI in seinem Haßfeldzug gegen King gegangen war, erfuhr man erst später. Das Hauptquartier der Geheimpolizei hatte die erwähnten »Hotel-Tonbänder« an das SCLC-Büro in Atlanta geschickt. Ein Begleitbrief forderte den Bespitzelten auf, entweder Selbstmord zu begehen oder die Veröffentlichung der Mitschnitte am Vorabend der Nobelpreisverleihung in Kauf zu nehmen. »King, Dir ist nur noch eins zu tun geblieben. Du weißt, was das ist. Du hast noch 34 Tage Zeit ... Du bist fertig. Es gibt nur einen Ausweg für Dich ...«[106], stand in dem Brief, der genau 34 Tage vor der Zeremonie in Oslo zugestellt wurde.

Auch Lyndon B. Johnson (r.) wollte auf Hoovers Dienste nicht verzichten

Von 1965 bis zu Kings Ermordung am 4. April 1968 setzte das Bureau seine Bestrebungen zur »Ausschaltung« des Geistlichen trotz des »Waffenstillstands« fort. Bis 1967 wurde die polizeistaatliche Überwachung mit höchster Genehmigung betrieben. Erst Justizminister Ramsey Clark verweigerte sein Ja zur Weiterführung der Maßnahmen.

Beim Bureau war besonders die Tatsache aufmerksam registriert worden, daß sich die politischen Ansichten Kings unter dem Einfluß der Ereignisse in Vietnam und in den Vereinigten Staaten selbst deutlich verändert hatten. Dabei bildete die Predigt, die er am 4. April 1967 in der New Yorker Riverside Church hielt, einen markanten Einschnitt. »Ich wurde zunehmend zu der Erkenntnis gedrängt, daß der Krieg ein Feind der Armen ist und daß er als solcher attackiert werden muß«, war von King in jener Nacht verkündet worden. Schwarze, braune und weiße GIs würden im Namen von Freiheiten nach Vietnam geschickt, die man ihnen im eigenen Land verweigere. »Ich könnte niemals wieder meine Stimme gegen die Gewalt in den Ghettos erheben, ohne mich zuerst eindeutig gegen den größten Verursacher von Gewalt in der heutigen Welt ausgesprochen zu haben – meine eigene Regierung«[107], erklärte King. Welche Haßausbrüche dessen nachfolgende Worte bei Hoover ausgelöst haben dürften, kann man sich unschwer vorstellen: »Dies sind revolutionäre Zeiten.« In der ganzen Welt revoltierten die Völker gegen »alte Systeme der Ausbeutung und Unterdrückung«. Der Westen aber habe sich »aus tödlicher Furcht vor dem Kommunismus auf die Seite der Antirevolutionäre geschlagen«:

Auf den Tag genau ein Jahr nach der Rede in der Riverside Church wurde Martin Luther King in Memphis (Tennessee) erschossen. Wenige Wochen vor dem Attentat – am 23. Februar 1968 – hatte er in der New Yorker Carnegie Hall auf einer Festveranstaltung zum 100. Geburtstag von William E. B. Du Bois das politische Vermächtnis des berühmten afroamerikanischen Gelehrten, der noch im Alter von 93 Jahren der KP der USA beigetreten war, nachdrücklich verteidigt. »Der Antikommunismus hat uns zu oft in den Morast geführt«,[108] lautete Kings Feststellung.

Als King unmittelbar vor seinem gewaltsamen Ende das Washingtoner Frühlingsprojekt verkündete, aus dem später die Kampagne armer Leute wurde, ließ Hoover noch einmal seine berüchtigte »Monographie« in Umlauf setzen. Während Millionen Amerikaner um den toten Bürgerrechtler trauerten und der US-Kongreß bereits über später verwirklichte Vorschläge debattierte, Kings Geburtstag zum Nationalfeiertag zu erklären, suchten FBI-Beamte die Abgeordneten auf, um sie über »Erkenntnisse aus dem Willard Hotel« zu informieren. So war es nur logisch, daß das FBI nach dem Mord alles Erdenkliche tat, um die Spuren des Verbrechens zu verwischen und mit James Earl Ray einen »Einzeltäter« zu präsentieren.

Der durch Indizien überführte und überdies geständige Attentäter habe King vom Fenster eines gegenüberliegenden Hauses auf dem Balkon seines Zimmers im Lorraine Motel mit einem Scharfschützengewehr getötet, behauptete das FBI.

Der angebliche Akteur des Verbrechens vermied einen aufwendigen Geschworenenprozeß und entging damit der ihm drohenden Todesstrafe durch »Bargaining« – einen in den USA üblichen Kuhhandel der Anwälte mit dem Richter, der nur dann stattfinden kann, wenn sich der Angeklagte ganz oder teilweise schuldig bekennt. James Earl Ray wurde zu einer Freiheitsstrafe von 99 Jahren verurteilt. Hoover wollte ihn auf Nimmerwiedersehen hinter Gefängnismauern verschwinden lassen. So nützte es Ray auch nichts, daß er sein vom FBI erpreßtes Geständnis bald widerrief, seine Unschuld beteuerte und ein ordentliches Gerichtsverfahren forderte.

Doch am 28. März 1997 berichtete die »International Herald Tribune« von einer ungewöhnlichen Begegnung in der Lois DeBerry Special Needs Facility – dem Haftkrankenhaus für schwere Fälle des Staates Tennessee. Dexter King, ein Sohn des Baptistenpredigers, war mit dem inzwischen 69jährigen Ray zu einem Gespräch zusammengetroffen. Auf dessen erneute Versicherung, nicht der Mörder gewesen zu sein, erwiderte King jr. der Pressemeldung zufolge: »Ich glaube Ihnen, und meine ganze Familie glaubt Ihnen. Wir werden alles in unserer Macht Stehende tun, damit die Gerechtigkeit den Sieg davonträgt. Denn noch sind nicht alle Fragen beantwortet.« Am 23. April 1998 verstarb Ray im Alter von 70 Jahren an Leber- und Nierenversagen in einem Gefängnis in Nashville (Tennessee). Es sei eine »Tragödie«, daß Ray ohne eine Wiederaufnahme des Prozesses gestorben sei, erklärte die Witwe des Friedensnobelpreisträgers Coretta Scott King. Die King-Familie hält Ray seit einiger Zeit für unschuldig und setzte sich für eine Wiederaufnahme des Verfahrens ein. Der Mann aber, der die Frage um die Täterschaft mit absoluter Sicherheit hätte beantworten können – J. Edgar Hoover –, ist tot. Er hat sein Geheimnis – wie auch das um den Mord an Präsident John F. Kennedy – mit ins Grab genommen.

Die Schüsse von Dallas

Der Anschlag auf Kennedy ist niemals wirklich untersucht worden. Bis heute liegen die Umstände des Attentats von Dallas im dunkeln. Aber selbst das wenige, was zweifelsfrei feststeht, läßt auf ein Verbrechen unter Verstrickung von US-Geheimdiensten im Zusammenspiel mit Mafiakreisen und exilkubanischen Kommandos schließen. Der zum Zeitpunkt des Anschlags 24jährige Lee Harvey Oswald – der angebliche Alleinschütze – besaß die Bilderbuch-Biographie eines Provokateurs: Vom Marinegeheimdienst als Radartechniker auf der Basis Atsugi (Japan) militärisch ausgebildet und im Russischen unterwiesen, war er Mitte Oktober 1959 plötzlich in die Sowjetunion »desertiert«. Als er 1962 mit seiner russischen Frau Marina unter Zustimmung der Moskauer US-Botschaft unbehelligt in die Vereinigten Staaten zurückkehrte, wurde er nicht – wie in solchen Fällen üblich – wegen Fahnenflucht vor Gericht gestellt.

Oswald drängte sofort ins Rampenlicht. Bald bezeichnete er sich in der Talkshow eines Regionalsenders als Marxist-Leninist. Er verlieh sich selbst den Rang des Präsidenten eines fiktiven Komitees »Fair Play for Cuba« in New Orleans. Auf prokubanischen Flugblättern nannte er als Sitz seiner »Organisation« ausgerechnet die Adresse einer stadtbekannten antikommunistischen Gruppe mit der Bezeichnung »Kreuzzug für ein freies Kuba«. Das war bereits starker Tobak. Doch die Dinge gingen noch weiter.

Im September 1963 reiste Oswald nach Mexiko-Stadt, wo David Atlee Phillips zur selben Zeit die Geschicke der CIA leitete. Hier suchte der Provokateur oder eine in seinem Namen handelnde Person die Botschaften Kubas und der Sowjetunion auf, um Einreisevisa für beide Länder zu erwirken. In Havanna strebe er ein Interview mit Fidel Castro an, ließ der Antragsteller durchblicken. Nachdem die Anträge abschlägig beschieden worden waren, flog Oswald am 4. Oktober nach Dallas zurück. Noch am Tage des Anschlags auf den US-Präsidenten – dem 22. November – präsentierte ihn das FBI als »Einzeltäter«. Die Schlagzeile der ersten Eilmeldung der Nachrichtenagentur UPI lautete: »Der Mörder von Präsident Kennedy ist ein sich bekennender Marxist, der drei Jahre in Rußland gelebt hat«. Die zweite UPI-Nachricht trug die Überschrift: »Nordamerikanischer Anhänger des kubanischen Premiers Fidel Castro war der Schütze«.

Doch die Konstruktion war allzu durchsichtig. So bestand dringender Handlungsbedarf. Der vermeintliche Präsidentenmörder mußte unverzüglich aus dem Wege geräumt werden. Oswald überlebte seine Festnahme nur bis zum Morgen des 24. November. In Anwesenheit von 70 bewaffneten Beamten wurde er im Keller des Gebäudes von Gericht und Sheriffsamt der Stadt Dallas durch den aus der Chicagoer Mafia-Szene hervorgegangenen Nachtklubbesitzer und Polizeispitzel Jack Ruby aus kürzester Distanz niedergestreckt. Dieser starb später in der Haft, wie es hieß, an Lungenkrebs.

Mit der Untersuchung des Kennedy-Mordes wurde eine siebenköpfige Kommission unter Vorsitz des Obersten Richters Earl

Warren beauftragt, in der rein zufällig Allen Dulles die CIA-Interessen vertrat, den der Präsident 1961 bekanntlich wegen des Schweinebucht-Debakels entlassen hatte. Wie im Fall Martin Luther King blockierten FBI und CIA bis auf den heutigen Tag alle Versuche unabhängiger Juristen, die Hintergründe des Anschlags auf den Mann im Weißen Haus aufzuhellen, dem am 5. Juni 1968 das gleichfalls durch einen obskuren Einzeltäter begangene Attentat auf den aussichtsreichen Präsidentschaftsbewerber Robert Kennedy folgte.

Hoovers »persönliche Akten«

Oft ist die Frage gestellt worden, was acht aufeinanderfolgende US-Präsidenten dazu veranlaßte, J. Edgar Hoover fast automatisch in seinem Amt zu bestätigen, während mit jedem Wechsel im Weißen Haus die alte Mannschaft ganz selbstverständlich entlassen wurde. Worauf stützte sich Hoover, um unter Republikanern wie Demokraten fast fünf Jahrzehnte zu überdauern?

Tatsächlich hatte der bullige Mann in seiner langen Amtszeit so viel belastendes Material über sämtliche Spitzenpolitiker des Landes gesammelt, daß es keines Hinweises auf »vertrauliche Akten« mehr bedurfte, um seine obersten Chefs eilfertig beteuern zu lassen, ein Wechsel an der Spitze des Bureaus komme gar nicht in Frage.

Hoover mit John (l.) und Robert Kennedy (r.)

Ende 1983 – mehr als neun Jahre nach Hoovers Tod – wurden 7.000 Blatt seiner persönlichen Akten für Forschungszwecke freigegeben. »U.S. News & World Report« veröffentlichte damals einen ersten zusammenfassenden Bericht. Wie aus den dort erwähnten Details hervorgeht, galt Hoovers besonderes Interesse den von ihm gehaßten Kennedy-Brüdern. Über den ausschweifenden Lebenswandel des Senators und späteren Präsidenten John F. Kennedy ließ er sich laufend unterrichten. Im Juli 1960, als sich Kennedys Nominierung für das höchste Amt der Vereinigten Staaten klar abzeichnete, stellte man Hoover einen Sonderbericht zusammen. Die Existenz dieses brisanten Materials war dem Politiker nicht entgangen. Am 10. November, nur zwei Tage nach seiner Wahl, bat der neue Präsident Hoover darum, auf dem Posten zu bleiben. Doch dieser ließ sich dadurch nicht abschütteln.

Am 20. März 1962 unterstrich der FBI-Direktor in seinen persönlichen Akten den Vermerk, eine gewisse Judith Campbell habe mehrere Telefonate mit Kennedys Sekretärin geführt. Zwei Tage darauf dinierte er mit dem Präsidenten im Weißen Haus. Vermutlich sagte er seinem Gegenüber nichts von dem, was er zu diesem Zeitpunkt bereits ahnte oder sogar wußte: Niemand anders als Frank Sinatra hatte die 25jährige Schönheit, deren Reize dieser selbst gut kannte, mit Kennedy in Las Vegas zusammengebracht. Am 7. Februar 1960 stellte er beiden seine eigene Hotelsuite zur Verfügung. Damit begann ein Verhältnis, das etwa zwei Jahre bestand. Nachdem Kennedy Feuer gefangen hatte, führte der Sänger die Geliebte des Präsidenten bei Sam Giancana ein, dem Nachfolger Al Capones als Chef der Chicagoer Mafia, der den Freundschaftsring Sinatras trug. Giancana kontrollierte unter anderem Prostitution, Spielhöllen und Rauschgifthandel der Vier-Millionen-Stadt. Bald unterhielt Judith Campbell gleichzeitig sexuelle Beziehungen zu einem Boß der Cosa Nostra und zum Präsidenten der Vereinigten Staaten von Amerika.

Geliebte des Mafia-Paten und des US-Präsidenten: Judith Campbell

Am 23. Februar 1988 vermeldete die »International Herald Tribune« neue Einzelheiten: Die einst für Aufsehen sorgende Frau habe, unheilbar krank und dem Tod nahe, nunmehr auch die letzten Geheimnisse ihres Lebens preisgegeben. Mit ihrem Zutun und zum Teil in ihrer Anwesenheit seien etwa zehn Begegnungen zwischen John F. Kennedy und Giancana arrangiert worden. Der Präsident habe von ihren Geschäften mit der Mafia – auch mit John Rosselli, dem Mann der Chicagoer Cosa-Nostra-»Familie« in Hollywood und Las Vegas – gewußt, »weil ich beide für ihn traf«, erklärte Judith Campbell gegenüber dem Magazin »People«. Nach dem Grund ihres bisherigen Schweigens gefragt, antwortete sie: »Wenn ich die Wahrheit gesagt hätte, wäre ich natürlich ermordet worden.« Sie erinnerte damit an das unnatürliche Ende Giancanas und Rossellis, die 1975 und 1976 nacheinander auf grausame Weise umgebracht wurden.

Hoover hielt sich auch Robert Kennedy auf Distanz. Im August 1962 bekam der Justizminister, Hoovers Vorgesetzter, vom FBI den »diskreten Hinweis«, man wisse, daß er in El Paso »eine Affäre« habe.

Aus dem freigegebenen Bruchteil der Handakten Hoovers ist ersichtlich, daß Präsident Johnson verschiedentlich »die guten Dienste« des FBI zur Bekämpfung politischer Gegner oder ihm nicht wohlgesonnener Journalisten in Anspruch nahm. Im Juni 1962, als er noch Vizepräsident war, beschwerte er sich bei Hoover über einen kritischen Leitartikel des Magazins »Farm and Ranch«. Die FBI-Zentrale schickte daraufhin ihre Agenten in die Redaktion, um den Herausgeber einzuschüchtern. Im Juni 1965 bat Johnson den FBI-Chef, die Zeitung »Washington Evening Star« wegen unfreundlicher Berichterstattung genauer unter die Lupe zu nehmen. Mit gleich fünf Redakteuren fanden daraufhin »deutliche Gespräche« statt. Im Februar 1966 wurde Hoover durch einen Mitarbeiter des Weißen Hauses davon unterrichtet, daß Johnson der Meinung sei, der Journalist Peter Lisagor von der »Chicago Daily News« sollte »etwas überwacht« werden, um seine Informanten in Erfahrung zu bringen. Das FBI erfüllte auch diesen Wunsch.

»Die 7.000 freigegebenen Seiten erzählen nur einen Teil der Geschichte. Fast jede Seite ist zensiert worden, vom Ausradieren einzelner Namen bis zum Unkenntlichmachen ganzer Absätze«, berichtete »U.S. News & World Report« am 19. Dezember 1983. »Das FBI hält noch mehr als 10.000 andere Seiten zurück, wobei es unter anderem Gründe der nationalen Sicherheit und des Schutzes der Privatsphäre von Personen anführt.«

Kein Pardon für Priester

Neben der gewaltlosen Bürgerrechtsbewegung, für die Kings Name stand, nahm das FBI in den späten sechziger und frühen siebziger Jahren vor allem zwei rasch an Breite gewinnende Strömungen des Massenprotestes unter Feuer: die Gegner des amerikanischen Aggressionskriegs in Vietnam und militante schwarze Organisationen. Schon 1965 hatte Präsident Johnson die Anweisung erteilt, »das Ausmaß des subversiven Einflusses« in der Friedensbewegung zu überprüfen. Ähnliche Instruktionen gab er nach den ersten Ghettounruhen, die damals wie ein Buschfeuer Amerikas Großstädte erfaßten. Hoover blieb natürlich nicht untätig. Er schickte sogar Agenten in Sitzungen des Außenpolitischen Senatsausschusses, um Äußerungen von Wayne Morse und anderen Kriegskritikern unter den Mitgliedern dieses Gremiums mit der »Linie der Kommunistischen Partei« zu vergleichen.

Seit 1968 stürzten sich sämtliche US-Geheimdienste auf die Überwachung der Friedensbewegung. 1970 genehmigte Präsident Nixon den Huston-Plan, der diesen Behörden die Aufgabe stellte, gemeinsam gegen den »inneren Feind« vorzugehen. Er regelte den Einsatz von Informanten sowie illegale Maßnahmen jeglicher Art. Bis Mitte der siebziger Jahre legte allein das FBI-Hauptquartier über 500.000 Akten an, in denen mehr als eine Million US-Bürger erfaßt wurden. Ins Visier gerieten dabei wiederum die verschiedenartigsten Gruppen – von der Partei der Schwarzen Panther über die Amerikanische Indianerbewegung bis zu den Quäkern. »1972 hielten die Geheimdienste der Regierung, mit dem FBI im Zentrum, die politische Linke und einen großen Teil der Demokratischen Partei unter Überwachung«[109], stellte Halperin fest.

Besonders aufschlußreich ist die Tatsache, daß in den USA, die sich gerne als Hort der Glaubens- und Gewissensfreiheit ausgeben, auch katholische Geistliche der Bespitzelung nicht entgingen. Wie die Zeitschrift »National Catholic Reporter« am 27. Februar 1987 berichtete, wurden der Erzbischof Raymond Hunthausen aus Seattle und der Detroiter Hilfsbischof Thomas Gumbleton wegen ihres Eintretens für die Friedens- und Bürgerrechtsbewegung vom FBI jahrelang beschattet. Ihre Überwachungsakten gab die Geheimpolizei inzwischen zu einem knappen Fünftel frei. »Ich muß sagen, ich bin überrascht und besorgt zu erfahren, daß das FBI Kontrollen ausübte und Unterlagen über Gelegenheiten oder Ereignisse sammelte, bei denen ich lediglich mein Recht als Bürger ausübte, über Dinge von öffentlichem Interesse zu sprechen«, sagte Bischof Hunthausen in einem Interview. Das vom FBI zusammengetragene Material reicht von den Sechzigern bis in die achtziger Jahre. Es enthält beispielsweise einen Zeitungsausschnitt vom 8. Mai 1969, aus dem hervorgeht, daß sich der Geistliche gegen die Raketenstationierung in Montana ausgesprochen hatte. Für wichtig wurde auch eine Pressenotiz vom 1. März 1983 erachtet, die Hunthausens Teilnahme an einer Veranstaltung im Rahmen des Kulturaustausches USA – UdSSR vermerkte. Bischof Gumbleton kreidete das FBI an, daß er vor über 20 Jahren eine Gruppe unterstützte, die das brutale Vorgehen der Polizei gegen Afroamerikaner kritisierte. In einem Schreiben an den »National Catholic Reporter« behauptete die Geheimpolizei dreist, in ihren Bischofsakten seien lediglich Hinweise enthalten, »die sich aus anderen Untersuchungen ergeben« hätten.

1972 fand in Harrisburg (Pennsylvania) ein Prozeß gegen den katholischen Priester und Friedenskämpfer Philip Berrigan statt. Damals verkündete Hoover, er verfüge über »einwandfreie Beweise«, daß es eine großangelegte Verschwörung katholischer Christen gegen die innere Sicherheit der Vereinigten Staaten gebe. Pater Berrigan und sechs weitere prominente Vietnamkriegsgegner hätten geplant, Chefsicherheitsberater Henry Kissinger zu kidnappen und das Heiztunnelsystem der Washingtoner Regierungsgebäude zu sprengen. Selbst die auf Sensationshascherei geeichte amerikanische Presse reagierte betreten. Sie forderte Hoover auf, seinen Informanten zu nennen. Die Antwort lautete: Ein in alle Einzelheiten eingeweihter enger Mitstreiter Berrigans namens Boyd Douglas, der aus Gewissensgründen abgesprungen sei, werde auspacken. Siebenmal vorbestraft, hatte dieser Kronzeuge bereits fünf Jahre in Haftanstalten zugebracht, als er wegen Scheckbetrugs ein weiteres Mal zu fünf Jahren Freiheitsentzug verurteilt wurde. Im Zuchthaus Lewisburg bot man Douglas eine einmalige Chance als auf Berrigan angesetzter Lockspitzel. Für sein Mittun an der Verleumdung der US-Friedensbewegung wurde er tagsüber aus der Haft entlassen, bekam einen Straßenkreuzer als Geschenk und einen Studienplatz an der Bucknell University. In einem Schreiben an seinen Leitbeamten forderte er für seine Denunziantendienste »mindestens 50.000 Dollar«.

Mit Eifer widmete sich der »künftige Akademiker«, der stets nach der neuesten Mode gekleidet war und auf großem Fuß lebte, der »Friedensarbeit«. Systematisch erkundete er den Mitarbeiterstab der Antikriegsorganisationen und stellte Verbindungen her. Als er dann mit Pater Berrigan in der Strafanstalt zusammengebracht wurde, verfügte er bereits über den zu seiner eigenen

Tarnung erforderlichen Einblick. Er bot sich dem Priester, dessen Vertrauen er bald erwarb, als Verbindungsmann nach draußen an. Im Auftrag des FBI führte er planmäßig Telefonate mit den Freunden des inhaftierten Geistlichen – fürs Tonband. An der Bucknell University schlug er die Werbetrommel für seinen Auftraggeber Berrigan und erklärte demonstrativ, dem in den USA bestehenden System sei nur mit Dynamit beizukommen.

Unmittelbar nach Hoovers Ankündigung, sein Hauptzeuge gegen die »katholische Verschwörung« heiße Douglas, wurde der Agent Provocateur »wegen guter Führung« endgültig aus Lewisburg verabschiedet. »Im Interesse seiner persönlichen Sicherheit« nahm ihn die Geheimpolizei anderenorts in Verwahrung, Als er später die Starrolle vor Gericht spielen sollte, enttäuschte er seine Auftraggeber arg. Bereits enttarnt und durchschaut, starrte er teilnahmslos vor sich hin und sagte lediglich den in der FBI-Zentrale zusammengereimten Vers auf. Wenige Tage später sah sich die Geschworenenjury gezwungen, alle sieben Angeklagten vom Vorwurf der Verschwörung freizusprechen.

Auch die Laufbahn von Louis Tackwood, den das FBI nach einem Autodiebstahl für seine Sondergruppe angeheuert hatte, um die schwarze Befreiungsbewegung zu unterwandern, charakterisiert die Werkzeuge der US-Geheimpolizei. Nicht anders als Douglas wurde Tackwood ebenfalls damit beauftragt, gewisse »Aktivitäten« anzustacheln oder auszulösen. Mehrere Male überbrachte er beispielsweise den Raratangas – einer extrem nationalistischen Bande schwarzer Terroranbeter – hohe Kopfgelder der Polizei mit dem konkreten Auftrag, linke afroamerikanische Politiker zu liquidieren. In jedem Fall gab er ihnen die Zusicherung, kein Mitglied der Gruppe werde sich dafür vor Gericht verantworten müssen.

Die Polizeiagenten, denen Tackwood zugeteilt worden war, befaßten sich auch mit dem Pflanzen von Waffenlagern in Ghettowohnungen, die anschließend vom FBI »aufgespürt« und ausgehoben wurden.

Eine besonders üble Rolle spielte der Spitzel – selbst schwarzer Hautfarbe – bei der Inszenierung des Komplotts gegen die afroamerikanische Philosophin Angela Davis, die 1972 in San José der Verschwörung, des Mordes und des Menschenraubs angeklagt vor Gericht stand und wegen erwiesener Unschuld freigesprochen werden mußte. Tackwood, der den Befehl hatte, in den Räumen des Davis-Verteidigungskomitees Abhöranlagen zu installieren und Materialien zu stehlen, gab sich als Anhänger der Bürgerrechtsbewegung aus. Ebenso eifrig wie ergebnislos bemühte er sich, Angela Davis und Angehörige mehrerer demokratischer Organisationen für den »konspirativen Kampf gegen die Polizei« zu gewinnen.

Die Spitzelkarriere Tackwoods nahm allerdings ein abruptes Ende: In einer Toilette fiel ihm der ständig mitgeführte »elektronische Spion« – ein Miniabhörgerät – zu Boden. Er rollte direkt vor die Füße eines beherzten Mannes, der den Lockvogel binnen Minuten dazu brachte, seine Hintermänner zu verraten. Dieses Geständnis mußte Tackwood dann auf einer rasch einberufenen Pressekonferenz wiederholen.

Angela Davis

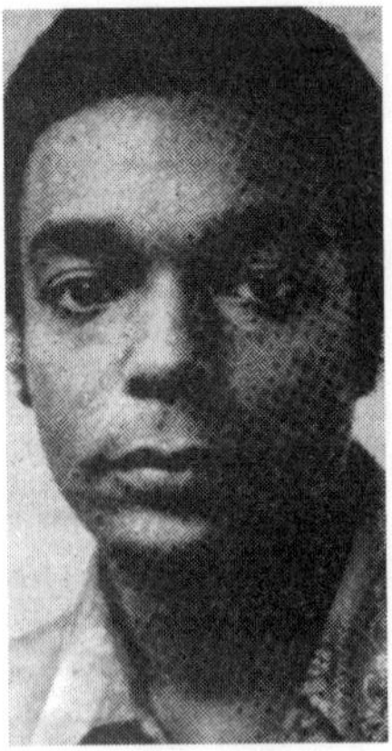

FBI-Provokateur Louis Tackwood flog auf

Der Fall John Lennon

Im Zusammenhang mit Maßnahmen gegen die amerikanische Friedensbewegung wurde auch der FBI-Vorgang über den Ex-Beatle, Rockstar, Texter und Komponisten John Lennon angelegt. Während Hoover in der Öffentlichkeit den Eindruck zu erwecken suchte, er spüre dem in die USA übergesiedelten Briten und dessen japanischer Frau Yoko Ono nur nach, weil sie Kontakte zu kleinbürgerlichen Radikalen unterhielten und möglicherweise

Rauschgiftkonsumenten seien, ließ er in Wahrheit aus einem anderen Grund Fallen aufstellen: Beide Künstler waren engagierte Gegner des Vietnamkrieges.

Nach Ablauf der Geheimhaltungsfrist bekam der kalifornische Historiker Jon Wiener Einblick in einen Teil der Lennon gewidmeten Akten. Wie er mitteilte, wurden ihm »26 Pfund fotokopierte Unterlagen« zur Verfügung gestellt. Der Lennon-Vorgang sei eine »100er-Fall-Akte«, berichtete Wiener. Die Zahl 100 bedeute »innere Sicherheit«. Lennons Hauptordner umfasse 288 Seiten, von denen jedoch 199 Blätter durch Reagans Justizministerium gesperrt worden seien, da »Interessen der nationalen Verteidigung und der Außenpolitik der USA« auf dem Spiel stünden. Auch zahlreiche Passagen der ihm ausgehändigten Materialien habe man geschwärzt.

Aus den Lennon-Akten geht hervor, daß der Künstler jahrelang rund um die Uhr beobachtet und abgehört worden ist, und zwar von verschiedenen Geheimdiensten gleichzeitig. Während sich Hoover (bis kurz vor seinem Tod im Mai 1972) und sein kommissarischer Nachfolger L. Patrick Gray regelmäßig über den Stand der Dinge unterrichten ließen, sorgten sie zugleich für die Weiterleitung der von ihren Agenten fabrizierten Ermittlungsberichte an sämtliche in Frage kommenden Behörden. So finden sich in der Akte Schriftstücke, deren Verteiler die 108. Gruppe des Militärgeheimdienstes, den Secret Service, den Marinespionagedienst, den Einwanderungs- und Naturalisierungsdienst INS, das Außenministerium, die New Yorker Staatsanwaltschaft und die CIA aufführt. In der Chiffresprache der FBI-Dokumente wurde Lennon namentlich kaum erwähnt. Statt dessen bediente man sich meistens einer Nummer und der Bezeichnung »SMREVACT« (Security Matter/Revolutionary Activities – Sicherheitssache/Revolutionäre Aktivitäten).

Akten über Lennon wurden indessen nicht nur in der Zentrale, sondern auch in Feldbüros der Geheimpolizei angelegt, insbesondere in der New Yorker FBI-Filiale. Ihre nur zum Teil freigegebenen Dossiers enthielten Mitteilungen auf Lennon angesetzter Spitzel, Niederschriften von Agenten des Bureau, die dem Sänger gefolgt waren, und Hinweise auf die zur Informationsbeschaffung angewandten Methoden.

Ein »systemfeindliches« Konzert, das im Dezember 1971 vor 15.000 College-Studenten in Ann Arbor (Michigan) stattfand, hatte die besondere Aufmerksamkeit des FBI auf Lennon und Yoko Ono gelenkt. Hoover schickte damals gleich ein ganzes Rudel seiner Spezialagenten aus, um »griffiges Material« über den Ablauf der Veranstaltung in die Hand zu bekommen. Tags darauf lag ihm ein 26 Seiten umfassender Ermittlungsbericht vor. Er bewies die Abneigung des Künstlerpaars gegen den Vietnamkrieg. Im Februar 1972 wurde die geheimpolizeiliche Überwachung des Rockstars noch dichter. Zu jener Zeit hatte die Nixon-Administration, die eine starke Ausweitung der Luftangriffe auf den vietnamesischen Norden und die Verminung des Haiphonger Hafens vorbereitete, von Plänen politischer Gruppen erfahren, den für August ins kalifornische San Diego einberufenen Parteikonvent der Republikaner zum Anlaß für eine große Protestkundgebung zu nehmen. Das FBI befürchtete, daß sich auch Prominente, unter ihnen Lennon, an der Aktion beteiligen könnten. Senator Strom Thurmond, ein Rassist aus dem Süden der USA, der den Unterausschuß für Innere Sicherheit leitete, schickte daraufhin eine auf Unterstellungen beruhende Denunziation an den ehemaligen Justizminister John Mitchell.

Hoover leitete aus Thurmonds »Warnung« für seine Leute die Schlußfolgerung ab: »Wenn Lennons Visum aufgehoben würde, könnte sich das als strategische Gegenmaßnahme erweisen.«[110] Wenige Tage später wurde die Einwanderungsbehörde INS eingeschaltet. Am 6. März 1972 ordnete sie die Ausweisung des Künstlers an. Da dieser Einspruch erhob und sich weigerte, die USA zu verlassen, entschloß sich das FBI zu einer Provokation. Nachdem Hoover noch am 10. April eigenhändig vermerkt hatte, das »verdächtige Subjekt« setze »seine gegen den Konvent der Republikaner gerichteten Aktivitäten« fort, gab sein Nachfolger Gray im Frühsommer verschiedenen Feldbüros den Wink, Lennon sei ein starker Konsument von Barbituraten, was »seine Verhaftung wegen Narkotikamißbrauchs ermöglichen und seine anschließende Ausweisung gestatten würde«.[111]

Während Nixons Apparat alles unternahm, um Lennon loszuwerden, bildete sich spontan eine Widerstandsbewegung gegen die beabsichtigte Ausweisung. Die Behörden wurden mit Briefen bombardiert. Unter denen, die für Lennon eintraten, befanden sich außer ungezählten Fans auch Mitglieder des Senats und des Repräsentantenhauses der Vereinigten Staaten sowie bekannte Künstler und Intellektuelle. Als der Sänger aus Liverpool in einem Interview erklärte, er und seine Frau sollten nur deshalb des Landes verwiesen werden, weil sie »Peaceniks« (Friedensfreunde) seien, verstärkte sich die Solidarität mit den beiden Vietnamkriegsgegnern noch mehr.

Erst 1975 gab man in den USA offiziell zu, daß Senator Thurmonds Memorandum auf böswilligen Erfindungen und reinen

Mutmaßungen beruhte. Ein Bundesrichter hob daraufhin die Order des INS auf, und dieser gewährte Lennon ständiges Wohnrecht in den USA. Zu jener Zeit war Richard Nixon – über den Watergate-Skandal gestolpert – schon als Präsident der Vereinigten Staaten zurückgetreten.

In der Nacht vom 8. zum 9. Dezember 1980 wurde John Lennon von einem Psychopathen mit nachweislichen Polizeikontakten in New York erschossen.

Websters »neue Moralität«

Folgt man der offiziellen Lesart, dann trat im Februar 1978 beim FBI nach Jahren der Diskreditierung durch Hoover, kurzen Zwischenspielen der nur kommissarisch amtierenden Chefs L. Patrick Gray und William D. Ruckelshaus sowie der knapp fünfjährigen farblosen Periode unter Direktor Clarence M. Kelley mit der Ernennung des Richters William H. Webster die große Wende zum Besseren ein. Ein Anhänger der einflußreichen und besonders reaktionären Sekte Christian Scientists (Christliche Wissenschaftler), leitete Webster neun Jahre das Bureau und damit zugleich die Geheimdienstgruppe für Gegenspionage, bis ihn Präsident Reagan am 3. März 1987 auf den Posten des CIA-Direktors berief.

FBI-Chef William Webster wurde später CIA-Direktor

Zunächst versuchte sich der neue Mann im Washingtoner Hoover-Building mit der spektakulären Operation »Abscam« den Ruf eines Mr. Saubermann zu verschaffen: Er setzte seine Agenten, die als Abgesandte arabischer Ölscheichs auftraten und stattliche Summen für »gesetzgeberische Dienste« über den Tisch schoben, auf gleich acht Mitglieder von Senat und Repräsentantenhaus an, um deren Unbestechlichkeit zu testen. Sechs Kongreßleute und ein Senator gingen dabei in die Falle und stopften sich bedenkenlos die Taschen voll. Wenn auch die von Webster angewandte Methode auf dem Kapitolhügel nicht gerade Begeisterung auslöste, so trug die Aktion dennoch zur Imagepflege des neuen FBI-Chefs bei. Betonte Sachlichkeit zur Schau stellend, ließ Webster durchblicken, ein von ihm geleitetes Bureau werde die »anachronistische Praxis«, US-Bürgern politisch nachzuspüren, nicht länger fortsetzen und seine Tätigkeit »nach streng professionellen Normen ausrichten«.

Hatte Hoover 48 Jahre lang die Forderung zurückgewiesen, farbiges Personal einzustellen, so gab sich Webster in dieser Hinsicht liberal, obwohl er in seiner Heimatstadt St. Louis zwei exklusiven Klubs angehört hatte, die ausschließlich weiße Mitglieder akzeptierten. Nach 1978 wurden rund 400 schwarze, 41 indianische, 115 aus Asien stammende und 405 spanischsprachige G-Men für das FBI rekrutiert. Auch 799 Frauen traten in das Elitekorps der Geheimpolizei ein. Allerdings haben sich solche Veränderungen bisher in den weiterhin von weißen Männern geführten Leitungsstrukturen der Behörde nicht ausgewirkt.

Im übrigen stellte sich am Ende heraus, daß alles beim alten geblieben war. Der siebenunddreißigjährige Agent Donald Rochon, ein Afroamerikaner, verklagte das unter anderem für die Einhaltung der Bürgerrechtsgesetzgebung zuständige Bureau wegen Rassendiskriminierung vor Gericht. Was war geschehen? Als Rochon 1983 dem FBI-Feldbüro in Omaha (Nebraska) zugeteilt wurde, verhöhnten ihn seine weißen Kollegen auf jede erdenkliche Weise. So verunstalteten sie ein Foto seines Sohnes, das auf dem Schreibtisch stand, indem sie die Abbildung eines Affenkopfes über das Gesicht des Kindes klebten. Einladungen zu Partys, die Rochon seinem Postfach entnahm, waren mit dem Hinweis versehen: »Kommen Sie nicht.« Auf die Beschwerde des Agenten erklärte der Leiter seiner Dienststelle, er halte solche Vorkommnisse für »einen gesunden Ausdruck von Korpsgeist«. Nach Chicago versetzt, kam Rochon vom Regen in die Traufe. Im April 1985 wurde er mehrfach durch anonyme Anrufe, die von Mitarbeitern des FBI ausgingen, unter Druck gesetzt. Seiner weißen Frau drohte man sexuelle Belästigung an. Im Briefkasten fand er das Foto eines Schwarzen mit verstümmeltem Gesicht. Dann forderten ihn Versicherungsgesellschaften auf, die Gebühren für zwei Policen zu zahlen, die – wie sich herausstellte – der FBI-Agent Gary Miller mit Rochons gefälschter Unterschrift und ohne dessen Wissen abgeschlossen hatte: Die eine sah Leistungen im Falle des Todes oder des Verlustes von Gliedmaßen, die andere die Übernahme der Beerdigungskosten vor. Miller, der auch für die Anrufe verantwortlich war, wurde wegen »Disziplinarverstoßes« für 14 Tage ohne Bezahlung vom Dienst suspendiert. Wie die »New York Times« am 26. Januar 1988 berichtete, erstatteten ihm die weißen Mitarbeiter des Chicagoer Feldbüros den Verdienstausfall nach einer Umlage. »Woanders wäre Miller wegen Morddrohung und Fälschung angeklagt worden. Beim FBI bekam er zwei Wochen Urlaub«, erklärte Rochon, der inzwischen nach Philadelphia versetzt worden war.

Am 30. September 1988 stellte Bezirksrichter Lucius D. Bunton aus Midland (Texas) zur Klage von 310 spanischsprachigen FBI-Agenten in einer Entscheidung fest, die Behandlung dieser Mitarbeiter des Bureau verstoße gegen Gesetze der USA, in denen nationale und rassische Diskriminierung verboten werde.

Auf die Tatsache, daß trotz hehrer Absichtserklärungen in der Praxis kein Wandel zum Besseren eingetreten war, verwies auch »U.S. News & World Report«. In ihrer Ausgabe vom 29. Mai 1989 zitierte die Zeitschrift den für seine liberalen Ansichten bekannten Abgeordneten des Repräsentantenhauses Don Edwards, der damals einen das Bureau »überwachenden« Unterausschuß leitete. Es sei »schmerzhaft deutlich geworden, daß das FBI ernste Probleme bei der Rekrutierung und Behandlung von Angehörigen der Minderheiten« habe, hatte dieser erklärt.

Zum gleichen Zeitpunkt waren nach Angaben des Blattes nur 4,4 Prozent der Sonderagenten Schwarze. 4,8 Prozent stammten aus der spanischsprachigen Bevölkerungsgruppe und 1,2 Prozent hatten Vorfahren asiatischer Abkunft. Keines der 59 Feldbüros wurde von einem Afroamerikaner und nur eins durch einen Latino-Beamten geleitet.

Auch anderweitig fiel Staub auf die weiße Weste des Mr. Webster. Ende Januar 1987 kam heraus, daß die angeblich abgebrochenen COMINFIL- und COINTELPRO-Operationen in Wirklichkeit fortgesetzt und noch verstärkt worden waren. So betraute Websters Zentrale 52 Feldbüros mit Aufgaben einer 1981 angelaufenen Kampagne zur Überwachung des Solidaritätskomitees für das Volk El Salvadors (CISPES), die in geheimpolizeilichen Maßnahmen gegen mehr als 160 Organisationen mündete. Unter diesen befanden sich wieder einmal die SCLC Martin Luther Kings, der katholische Orden Maryknoll Sisters, die Gewerkschaften der Stahl- und Automobilarbeiter, die Vereinigung Besorgter Priester und Laien sowie der Lehrerverband. In 90 Büros von Vereinigungen, die sich Reagans Mittelamerikapolitik widersetzten, brachen in dieser Zeit »Unbekannte« ein, um Unterlagen zu entwenden. Wie »Time« am 8. Februar 1988 berichtete, schleuste das FBI in verschiedene Gruppen Agenten ein, fotografierte Demonstranten, notierte deren Autonummern und hielt Collegestudenten unter Kontrolle.

Die 1987 noch andauernden Sondermaßnahmen wurden vom New Yorker Zentrum für Verfassungsmäßige Rechte zur Sprache gebracht. Diesem war es nach langwierigem Prozessieren gelungen, das FBI zur Freigabe einiger Dokumente aus früheren Jahren zu zwingen. In einem Schreiben an das Feldbüro Pittsburgh (Pennsylvania) hatte Webster 1984 zum Beispiel erklärt, man identifiziere CISPES als eine »nationale Organisation, die in kommunistische Aktivitäten verstrickt ist und kommunistische Aufständische in El Salvador unterstützt«. Und dabei hatte »Newsweek« noch am 3. August 1987 behauptet, Webster werde »der Neuaufbau des FBI nach der Politisierung unter J. Edgar Hoover« hoch angerechnet.

Don Edwards betonte am 27. Januar 1988 laut »Washington Post«, Websters Nachstellungen riefen »die Aktivitäten der Behörde unter J. Edgar Hoover in Erinnerung«.

Angemerkt sei hier, daß nicht nur beim FBI, sondern auch bei den meisten örtlichen Polizeibehörden – vor allem in Industriestädten – Red Squads jahrzehntelang zur Tradition gehörten. Viele von ihnen bestehen in getarnter Form noch heute. In Detroit, wo ein solcher Stab vom Bürgermeister aufgelöst wurde, stellten dessen Mitarbeiter das Ergebnis ihrer Ermittlungen den Personalbüros der Autogiganten General Motors, Ford und Chrysler zur Verfügung.

Übrigens hält die diffuse Überwachung amerikanischer Bürger bis heute an. Im Januar 1997 unterbreitete das FBI den zuständigen Regierungsbehörden eine »Wunschliste für das Abhören von Telefongesprächen im digitalen Zeitalter«. In einem vertraulichen Bericht verlangte das Bureau von den US-Telefonkonzernen, die technischen Voraussetzungen für ein gleichzeitiges Anzapfen von 60.000 Leitungen zu schaffen. Es müsse sichergestellt sein, daß die Strafverfolgungsorgane erforderlichenfalls Zugriff zu sämtlichen 160 Millionen Anschlüssen hätten.

Die »Washington Post«, die sich am 15. Januar 1997 auf das FBI-Dokument berief, sprach davon, man könne »nur einen mäßigen Anstieg der Telefonkontrolle« konstatieren. Zwischen 1994 und 1998 werde dieser nicht mehr als 5,92 Prozent betragen. Das Abhören drahtloser Geräte solle im gleichen Zeitraum allerdings um 14,3 Prozent zunehmen. Die Telefonkonzerne seien nach Ansicht des FBI nur zögernd zur Mitarbeit bereit, da sie den Löwenanteil der entstehenden Kosten übernehmen sollten. Die Information sei frustrierend, »daß die Telekommunikationsunternehmen in ihren Technologien nicht ständige Abhörkapazitäten geschaffen« hätten, zitierte das Blatt einen Sprecher des FBI.

In der Folgezeit spitzte sich der Konflikt weiter zu. Schützer der Privatsphäre und Telefonkonzerne machten Ende April 1997 eine Klage gegen das FBI anhängig, in der die Bundespolizei beschuldigt wurde, unzulässigen Druck auszuüben, um eine »bedeutende Ausdehnung der Natur der elektronischen Überwachung« durchzusetzen. Das berichtete die »International Herald Tribune« am 2. Mai 1997. Die Zeitung sprach von einem »eskalierenden Disput«, bei dem das FBI als Anwalt sämtlicher Bundesbehörden und Polizeidienststellen auftrete. Ein 1994 vom US-Kongreß angenommener Communications Assistance for Law Enforcement Act (Gesetz über Kommunikationshilfe bei der Rechtsdurchsetzung) sehe ausdrücklich vor, daß die Nachrichtenübermittlungskonzerne »die Anpassung ihrer Systeme an die Erfordernisse dem Recht entsprechenden Anzapfens« zu garantieren hätten. Vorerst seien dafür vom Bewilligungsausschuß nur 100 Millionen Dollar freigegeben worden, da das FBI »seine Absichten noch genauer erklären« müsse.

Washingtons Weltgendarmerie

Obwohl das FBI offiziell als »Abwehr« fungiert und keine nach außen gerichteten Aktionen mehr unternimmt, wie sie früher von Hoovers Spionageapparat in Lateinamerika betrieben wurden, besteht keineswegs eine strikte Arbeitsteilung zwischen Bundespolizei und Geheimdienst. Das Bureau ist auch im Ausland tätig. Gewisse Feststellungen, die die »International Herald Tribune« am 21. Januar 1972 traf, besitzen bis heute Gültigkeit. Damals hatte Hoover die Einwilligung Präsident Nixons zur Ernennung weiterer Residenten der US-Geheimpolizei in anderen Staaten erwirkt. Damit sei Wünschen entsprochen worden, »die Bundesuntersuchungsbehörde stärker ins Spionagegeschäft zu bringen«. Wie den CIA-Spitzenagenten wird auch den Vertretern des FBI durch Washington diplomatischer Status verliehen. Diese bei Dutzenden von US-Botschaften tätigen Attachés für Rechtsfragen (Legal Attachés) haben in der Regel zwei bis sechs Mitarbeiter. Ihre Funktion umfaßt Ermittlungsarbeit und Überwachung von US-Bürgern, die auf Listen subversiver Elemente stehen. Während des Vietnamkrieges befaßten sich die Rechtsattachés vorrangig mit dem Aufspüren von Wehrdienstverweigerern. Schon Anfang der siebziger Jahre gehörten FBI-Beamte den US-Vertretungen in Ottawa, Mexiko-Stadt, Manila, Rio de Janeiro, Singapur, Canberra, Bonn und Santo Domingo an. Seitdem ist manch neues Büro hinzugekommen.

Im September 1996 – damals betrieb das FBI bei 23 US-Auslandsvertretungen eigene Filialen – unternahm die Stärke zur Schau stellende Clinton-Administration im Rahmen des Wahlkampfes einen massiven Vorstoß zur Forcierung der Präsenz amerikanischer Bundespolizisten im Ausland. In einer den Rechtsausschüssen von Senat und Repräsentantenhaus zugeleiteten Vorlage empfahl sie, die Zahl der Legal Attachés innerhalb von vier Jahren auf 46 zu verdoppeln, »um Drogenkriminalität, Terrorismus und Organisiertes Verbrechen, von denen Gefahren für die Sicherheit der Vereinigten Staaten ausgehen, an Ort und Stelle wirksamer bekämpfen zu können«. Gefaßte Täter sollten in die USA überstellt und dort zügig abgeurteilt werden. Dazu sei erforderlich, die Zahl der in den Büros tätigen Sonderagenten bis zum Jahr 2000 von 70 auf 129 und die der übrigen geheimpolizeilichen Mitarbeiter von 54 auf 79 zu bringen.

Die »Washington Post«, die über das bei Mitarbeitern des State Department und Diplomaten anderer Staaten sofort auf Ablehnung stoßende Projekt zur Schaffung einer amerikanischen Weltgendarmerie unter dem Dach von Botschaften berichtete, nannte auch die geographische Prioritätenliste des FBI. Weitere Cops in Nadelstreifen, die schon in Moskau patrouillierten, sollten in Tallin, Kiew, Taschkent, Almaty (Alma-Ata), Tbilissi, Warschau, Prag, Bukarest und Peking stationiert werden. (Von chinesischer Seite gab es daraufhin sofort einen scharfen Protest.) FBI-Direktor Louis J. Freeh – er war auf Webster und William S. Sessions gefolgt – habe überdies die »kritische Notwendigkeit« von Büros in Tel Aviv, Kairo und Islamabad betont und deren Einrichtung noch im Jahr 1996 durchgesetzt.

Die Vereinigten Staaten besäßen inzwischen ein FBI, das dem »Zeitalter von James Bond und Silicon Valley entspricht«, begeisterte sich »U.S. News & World Report« am 30. November 1987. Hunderte Millionen Dollar habe man unterdessen in die technische Umrüstung gesteckt. Nunmehr verfüge das Bureau über 64 Flugzeuge, ein weltweit funktionierendes Direktwahlnetz via Satellit und ein als »Big Floyd« bezeichnetes eigenes Computersystem. Als besonders effektiv erweise sich das Nationale Zentrum für Verbrechensinformation (National Crime Information Center – NCIC), über das die gesamte Fahndung laufe. Bei ihm seien 18 Millionen Bürger erfaßt, deren Daten durch sämtliche Polizeistationen des Landes jederzeit direkt abgefragt werden könnten. Durchschnittlich würden von hier täglich 500.000 Informationen weitergegeben.

Wie zuverlässig das NCIC arbeitet, verdeutlichte eine durch »U.S. News & World Report« erwähnte Studie. Elf Prozent der 1984 von dort übermittelten Haftbefehle waren in Wirklichkeit gar nicht erlassen worden.

IRS: Steuerfahnder auf Treibjagd

Gefährliche Offenlegung

Manche Autoren, die sich mit den US-Geheimdiensten beschäftigen, zögern, darunter auch den Internal Revenue Service (IRS) einzureihen. Es handle sich doch lediglich um ein Organ des Schatzministeriums, gewissermaßen um das Finanzamt, wendet man häufig ein. Kaum eine US-Behörde hat indes derart viele Trümpfe in der Hand gehabt und ausgespielt wie der IRS, in dessen Archiven sämtliche Steuerakten der Arbeiter und Angestellten, der Farmer und Freiberuflichen, der Konzerne und Stiftungen, der privaten Klubs und politischen Parteien des ganzen Landes aufbewahrt werden.

Einmal im Jahr muß der US-Bürger über sein Vermögen, seine Einnahmen und Ausgaben Rechenschaft legen. Um Beträge von der Steuer absetzen zu können, nennt er dem IRS in einem detaillierten Fragebogen nicht nur pauschale Summen, sondern läßt ihn zum Beispiel auch wissen, welche Wohltätigkeitsorganisationen oder Parteien er finanziell unterstützt und welche Dienstreisen er wann und wohin unternommen hat. Er erteilt Auskünfte über seinen Gesundheitszustand, über Veränderungen seines Wohn- oder Aufenthaltsortes, über für seine Weiterbildung aufgewendete Mittel. Am Ende befindet sich beim IRS eine der Geheimhaltungspflicht unterliegende komplette Personalakte jedes Steuerzahlers.

Ähnlich verhält es sich bei sogenannten juristischen Personen, zu denen auch Parteien und Gewerkschaften gehören. Sie müssen außer den Grundinformationen Listen ihrer Mitarbeiter und Mitglieder vorlegen sowie – streben sie die Steuerbefreiung wegen Gemeinnützigkeit an – überdies Programme, Statuten und andere Dokumente einreichen.

Mit den Vollmachten zur Steuerfahndung ausgestattet, besitzt der IRS Rechte, um die ihn sogar das FBI beneidet. Er darf rund um die Uhr ohne richterliche Genehmigung und ohne das Vorliegen von Verdachtsmomenten Untersuchungen gegen jeden US-Bürger führen. »Der Internal Revenue Service ist eine unheilvolle Waffe der Regierung«, hob Morton Halperin hervor. »Er kann ohne Ende all jene hetzen, die seinen Weg kreuzen ...«[112]

In den fünfziger und sechziger Jahren erfüllte die allmächtige Behörde ihre Mission bei der Jagd auf Dissidenten, wobei sie ihre Karten mit denen des FBI, der CIA und des McCarthy-Ausschusses zu mischen verstand. Eingehend überprüfte sie die finanzielle Situation linker Intellektueller, um Angriffspunkte von dieser Flanke her zu finden. Groteske Ausmaße nahmen die Nachforschungen im Fall des der KP-Mitgliedschaft verdächtigten Anwalts Reuben G. Lenske an. Zwischen 1955 und 1958 hörten Sonderagenten des IRS bis zu 1.500 Zeugen zur politischen Haltung, zu privaten Kontakten und zur finanziellen Situation des Juristen. Lenskes Vermögen wurde dabei um ein mehrfaches höher veranschlagt als dessen realer Wert betrug, weil man beabsichtigte, ihn durch nachträgliche Steuerveranlagung fertigzumachen. Selbst ein Bundesgericht stellte später fest, Lenske schulde den Finanzbehörden nicht einen Dollar. Es zog den Schluß, der IRS habe »einen Kreuzzug geführt, um unsere Gesellschaft von unorthodoxen Denkern und Schauspielern zu befreien, indem er die Einkommenssteuergesetze und die Gerichte benutzte, um solche Leute ins Gefängnis zu bringen«.[113]

Zehn Jahre lang unternahm der IRS große Anstrengungen, die KP der USA wegen angeblich falscher Steuererklärungen auf dem Prozeßweg zu ruinieren, bis der Appellationsgerichtshof der Vereinigten Staaten 1964 dem Einspruch der Partei schlußendlich stattgab.

Nachdem Präsident John F. Kennedy im November 1961 den steuerfreien Status einiger rechtsextremistischer Organisationen beanstandet hatte, legte der IRS eine Liste in Betracht kommender Vereinigungen vor. Doch schon fünf Monate später reichte man eine vom FBI gelieferte zweite Liste ein. In ihr wurden Gruppierungen »links von der Mitte« aufgeführt. Am 23. Juli 1963 wies der Präsident den IRS-Commissioner Mortimer Chaplin an, »mit einem aggressiven Programm gegen beide Seiten fortzufahren«. Dieser veranlaßte daraufhin das Anlaufen des Ideological Organizations Project, das die Überprüfung von 10.000 Vereinigungen vorsah, tatsächlich aber niemals verwirklicht wurde. Die Liste der ins Visier zu Nehmenden stellte Mitchell Rogovin zusammen, Rechtsanwalt und geheimer Verbindungsmann der CIA zum IRS.

Steuerunterlagen wurden vom FBI in großem Umfang für seine Operation COINTELPRO genutzt. Faktisch gewährte der IRS den Agenten der Bundespolizei Einblick in sämtliche Akten und laufenden Untersuchungsverfahren. Nur höchst selten sollten die mit »Amtshilfe« beschafften Dokumente dazu dienen, Kriminellen auf die Spur zu kommen. Meist hatten sie den Zweck, die Unbescholtenheit liberaler und fortschrittlicher Politiker in Frage zu stellen und deren Glaubwürdigkeit zu erschüttern. Als das FBI im Mai 1968 sein Programm zur »Neutralisierung«

von Schlüsselaktivisten anlaufen ließ, wandte es sich sofort an den IRS. Am 3. Februar 1969 wurde in einem internen Memorandum bestätigt, daß die Finanzbehörde Steueruntersuchungen gegen »politische Dissidenten« eingeleitet habe. »... diese Aktion stimmt mit unseren Anstrengungen überein, Anklageerhebung jeder Art gegen Schlüsselfiguren zu erreichen, um diese aus der Bewegung zu entfernen«,[114] hieß es in dem FBI-Dokument.

Zu einer Zielscheibe besonderer Art wurde die Bewegung der Afroamerikaner gegen Rassendiskriminierung. Der IRS übergab die Steuerdokumentationen von 72 der 90 schwarzen Bürgerrechtler, die im Rahmen der COINTELPRO-Nachstellungen beobachtet wurden, an Hoovers Geheimpolizei. Die SCLC Dr. Martin Luther Kings – trotz ihres Eintretens für völlige Gewaltlosigkeit vom FBI als »schwarze nationalistische Haßobjekt-Organisation« eingestuft – befand sich ebenso wie ihr Begründer unter den Überwachten. In der FBI-Zentrale erwog man, den listenmäßig erfaßten Spendern von Geldzuwendungen an die SCLC einen Brief mit Kings gefälschter Unterschrift und der Behauptung zuzusenden, gegen die Organisation laufe ein Verfahren wegen Verdachts der Steuerhinterziehung. Auf diese Weise wollte man Zweifel säen und die religiös motivierte Gruppe von ihren finanziellen Hilfsquellen abschneiden.

Auch die CIA griff auf die IRS-Archive zurück, nachdem sie zunächst mit dem Finanzorgan in Verbindung getreten war, um Sonderbedingungen für ihre getarnten Firmen zu erwirken. So besorgte sie sich durch einen Mittelsmann die Steuerakten ihres ehemaligen Agenten Victor Marchetti, der gerade an einem Langley nicht genehmen Buch schrieb.

Stab für Sonderdienste

Als der IRS am 25. Juni 1969 von einem Unterausschuß des Senats für sein Unvermögen Kritik einstecken mußte, »ideologische und besonders aktive Organisationen« gerichtlich zur Strecke zu bringen, schien der Zeitpunkt für weitere Schritte gekommen. Ein reichliches halbes Jahr nach der Amtseinführung Präsident Richard Nixons, im Juli 1969, wurde der Stab für Sonderdienste (Special Services Staff – SSS) geschaffen. Obwohl diese Gruppe nur aus neun sorgfältig ausgewählten Experten bestand, reichte ihr Arm sehr weit. Sämtliche örtlichen Finanzämter der USA waren dem SSS gegenüber auskunftspflichtig. Die Idee, ihn zu formieren, stammte von Nixon-Berater Thomas Huston, der wiederum die Weisung des Präsidenten ausführte, der IRS möge sich »gegen linke Organisationen wenden, die Steuerbefreiungsvorteile genießen«. Wenig später wurde das Spektrum der Zielgruppen auf alle Vereinigungen ausgedehnt, »die ihren steuerlichen Sonderstatus mißbrauchen, indem sie sich in politischen Aktivitäten engagieren, die gegen die Regierung gerichtet sind«.[115] Das war gleichbedeutend mit einem Aufruf zu allgemeiner Schnüffelei.

Dem von Paul Wright geleiteten SSS stellte man die Aufgabe, alle Aktivitäten zu koordinieren, um »ideologischen, militanten, subversiven, radikalen und ähnlichen Organisationen« auch steuerlich beizukommen. Wright betrachtete sich als Teilnehmer »an Bemühungen, das Land vor Dissidenten und Extremisten zu retten.[116] Die Maßstäbe, die er setzte, hatten mit finanzwirtschaftlichen Kriterien nichts mehr zu tun. Das Weiße Haus war zufrieden. Am 21. September 1970 skizzierte Thomas Huston das Ziel: »Was wir im Gerichtssaal durch Kriminalanklage zur Einschränkung der Tätigkeit einiger dieser Gruppen nicht tun können, könnte der IRS auf administrativem Weg erreichen. Mehr noch, wertvolle Informationen geheimdienstlicher Art könnten durch den IRS im Ergebnis seiner Nachforschungen an Ort und Stelle erbracht werden.« [117]

Auch das FBI erwartete, daß der SSS »Dissidenten einen Schlag versetzen« würde. Wie eng die Zusammenarbeit zwischen der Bundespolizei und Wrights Spürhunden war, enthüllten später Zahlen über das Maß der Kontakte. Von 1969 bis 1973 gingen dem SSS insgesamt 11.818 FBI-Ersuche und -Berichte zu. Hoover übergab dem IRS-Sonderdezernat auch eine Liste des Bureau, auf der 2.300 Organisationen vermerkt waren. Schließlich standen dem SSS das bereits erwähnte Handbuch des Heeresgeheimdienstes, in dem das Pentagon seine politischen Hauptfeinde erfaßt hatte, und entsprechendes Material der Luftwaffenspionage zur Verfügung.

Die IRS-Schnüffler stellten besonders der Bewegung gegen den Vietnamkrieg nach. Zeitweilig lieferte ein Informant des SSS in Washington zweimal monatlich Berichte über Kundgebungen und andere Antikriegsaktionen. 1973 waren im IRS-Hauptquartier 8.585 politisch motivierte Steuerverfahren gegen Personen und 2.873 ähnlich gelagerte Untersuchungen gegen Organisationen anhängig. 41 Prozent der von solchen Intrigen Betroffenen gehörten den ethnischen Minderheiten an. Wie sich herausstellte, hatte der SSS sogar Akten über den New Yorker Oberbürgermeister John Lindsay, einen liberalen Republikaner, den zweifachen Nobelpreisträger Linus Pauling und andere bekannte Persönlichkeiten angelegt.

Neben der KP der USA, die auch hier den Index anführte, fanden sich so unterschiedliche Organisationen wie die Kirchenliga Amerikas, der Nationale Studentenverband (National Student Association – NSA) und die ebenfalls wohl kaum der revolutionären Linken zuzuordnende liberale Vereinigung Amerikaner für Demokratische Aktion.

Der SSS hatte noch nicht das volle Maß seiner Möglichkeiten ausgeschöpft, als die konspirativen Methoden der Sonderdienste zum Gegenstand von Presseveröffentlichungen wurden. Im November 1972 gelangte »Time« in den Besitz eines geheimen IRS-Memorandums, aus dem hervorging, daß sich die Steuerbehörde in Wahrheit mit geheimdienstlichen Aufgaben befaßt und Spionage großen Stils im eigenen Land betrieben hatte. Daraufhin beeilte man sich, formell die Auflösung des SSS zu vollziehen. Doch am Wesen der Dinge dürfte sich kaum etwas geändert haben.

Unter der Überschrift »Nonstop-Vergnügen beim IRS: Schmökern in anderer Leute Akten« berichtete die »Washington Post« am 10. April 1997, insgesamt 1.515 Mitarbeiter seien im Finanzjahr 1994/95 wegen Verstoßes gegen den Datenschutz entlassen, auf andere Weise gemaßregelt oder abgemahnt worden. Es habe sich herausgestellt, daß sie Computer ihrer Regierungsdienststelle benutzt hätten, »um sich in den Steuerunterlagen von Freunden, Verwandten und bekannten Persönlichkeiten umzusehen«. Bereits 1993/94 hatte eine ähnliche Untersuchung, wie sie nunmehr durch Senator John Glenn (Demokrat aus Ohio) erzwungen wurde, gleichartige Verstöße von mehr als 1.300 IRS-Beamten ergeben.

Während David Mader, Chefmanager des 102.000 Personen beschäftigenden und die Einkünfte von 200 Millionen Steuerzahlern kontrollierenden Apparats, das Ausmaß des Vertrauensbruchs mit der Bemerkung zu verharmlosen suchte, ein Herumstöbern in fremden Akten sei »nicht weitverbreitet«, traf das General Accounting Office – eine Kontrollinstanz des US-Kongresses – die Feststellung: »Fünf der zehn regionalen IRS-Zentren konnten über den Verbleib von 6.400 Computerdisketten und Bändern, auf denen möglicherweise Steuerdaten gespeichert waren, keinerlei Auskunft erteilen.«

Es ist ein offenes Geheimnis, daß fast sämtliche US-Präsidenten die guten Dienste der Steuerfahnder nutzten, um politische Rivalen ins Zwielicht geraten zu lassen. Solche Diskreditierung war in der Regel leicht zu bewerkstelligen, da Amerikas nahezu durchweg zum Millionärsklub zählende großbürgerliche Politiker auf dem Gebiet der Steuerverschleierung und -hinterziehung miteinander wetteifern. Jährlich werden in den USA von Konzernen und wohlhabenden Bürgern dem Staat etwa 100 Milliarden Dollar vorenthalten.

Richard Nixon bewies vielleicht den größten Ehrgeiz und die geringste Perfektion im Washingtoner Dschungelkampf. Einer seiner Mitarbeiter ließ sich von IRS-Abteilungsleiter Vernon Acree in die Steuerunterlagen all jener Personen Einblick gewähren, welche auf der persönlichen und politischen Feindliste des Präsidenten standen. Von 1969 bis 1979 setzte das Weiße Haus den IRS immer wieder gegen »ausgewählte Ziele« ein. Als 1972 Senator George McGovern, ein mit der Friedensbewegung verbundener Politiker, die Nominierung als Präsidentschaftskandidat der Demokratischen Partei errang, drang Nixon darauf, Mitglieder seines Kampagnestabs »steuerlich zu überprüfen«. Das Weiße Haus forderte vom IRS auch »Beweise« für die Unredlichkeit Lawrence O'Briens, der damals Vorsitzender des Nationalkomitees der Demokraten war. Nixon steigerte sich in derartige Gaunermethoden so hinein, daß er schließlich Kopf und Kragen riskierte.

Einbruch am Watergate

In den frühen Morgenstunden des 17. Juni 1972 kam es in der Bundeshauptstadt Washington zu einem folgenschweren Zwischenfall. Von einem privaten Wachmann alarmiert, jagte die Polizei mit Einsatzfahrzeugen zu dem Watergate am Ufer des Potomac – einem Gebäudekomplex, der teure Geschäfte, Luxusappartements, Büros und ein Hotel umschließt. In den Arbeitsräumen des Nationalkomitees der Demokratischen Partei – sie nahmen das 6. Stockwerk eines der Häuser ein – überraschten die Beamten fünf Männer, die sich nicht nur zu ungewöhnlicher Stunde versammelt, sondern überdies mit eigenartigen Gegenständen ausgerüstet hatten. Um beim gewaltsamen Eindringen und im Verlauf ihrer weiteren Unternehmungen keine Fingerabdrücke zu hinterlassen, trugen sie Operationshandschuhe aus blauem Gummi. Im Besitz der nächtlichen Besucher des Parteihauptquartiers befanden sich elektronische Abhörmuscheln, Spezialkameras, Einbruchswerkzeug und transportable Sprechfunkgeräte. Die Überprüfung mehrerer Zimmer des gegenüber gelegenen Howard Johnson Motels, in denen sich das überrumpelte Quintett seit Wochen einlogiert hatte, förderte 6.000 Dollar Bargeld zutage – druckfrische Hunderter in fortlaufender Numerierung.

Auf frischer Tat ertappt, mußten die Einbrecher das Ziel ihrer Aktion preisgeben: Sie hatten den Auftrag, Telefonleitungen anzuzapfen, Abhörgeräte zu installieren, Akten zu stehlen sowie Unterlagen abzufotografieren. In ihrem Motel sollten den Wahlkampf betreffende Gespräche maßgeblicher Politiker der Demokratischen Partei mitgeschnitten werden.

Die ahnungslose und deshalb eifrige Polizei – sie wurde noch in derselben Nacht durch eine Sondergruppe des FBI verstärkt, die später bis auf 333 Agenten anwuchs – stach in ein Wespennest. Hätten die routinemäßig vorgehenden Beamten schon bei Aufnahme der Spur um gewisse delikate Zusammenhänge gewußt, wäre der ganze Watergate-Zwischenfall möglicherweise unter den Teppich gekehrt worden. Doch einmal in den Lichtkegel geraten, konnte das Einbrecherteam nicht wieder untertauchen. Die Personalien der unmittelbar beteiligten Akteure – schon am nächsten Morgen von der auf Skandale geeichten amerikanischen Presse brühwarm mitgeteilt – lieferten wichtige Anhaltspunkte.

Kommandoführer des Unternehmens war mit James W. McCord niemand anderes als der Sicherheitsdirektor zweier bemerkenswerter Institutionen: des Nationalkomitees der Republikanischen Partei Nixons und des Komitees für die im November angestrebte Wiederwahl des Präsidenten. Ein in vielen Sätteln gerittener Mann, hatte McCord nach 20jähriger Tätigkeit bei der CIA vor Übernahme des Spionageapparats der Republikaner auch noch als FBI-Agent gedient. Mannschaftskamerad Nummer 2 war Bernard L. Barker, ein auf Kuba geborener langjähriger CIA-Agent, der in Miami eine offenbar fiktive Grundstücksmaklerei betrieb, über deren Konten dubiose Aktionen finanziert wurden. Barker spielte im April 1961 eine führende Rolle bei der gescheiterten Landung an Kubas Playa Giron. Schweinebuchtveteran Frank Sturgis, die Nummer 3 des Kommandos, war US-Marineinfantrist und gehörte ebenfalls der CIA an. Schließlich vervollständigten zwei von Langley angeworbene Exilkubaner den Einsatzstab.

Obwohl Washingtoner Regierungskreise sofort Nebelgranaten werfen ließen, um die Konturen der Ereignisse zu verschleiern, konnten Auftraggeber und Hintermänner der Aktion nicht mehr aus der Schußlinie gezogen werden. So kam es, daß sich unter den zunächst sieben am 15. September 1972 unter Anklage gestellten Personen auch zwei Herren aus dem Mitarbeiterstab des Weißen Hauses befanden. E. Howard Hunt, ein ehemaliger CIA-Mann und damaliger Konsultant des Nixon-Sonderberaters Charles W. Colson, erwies sich als künftiger Empfänger und Bearbeiter der von McCord gelieferten Niederschriften abgehörter Gespräche. In der Nacht zum 17. Juni hatte er sich in der Nähe des Tatorts aufgehalten und nach dem Eintreffen der Polizei den Abtransport »empfindlicher Apparaturen« aus dem Motel übernommen. G. Gordon Liddy, Armeeoffizier, FBI-Agent, New Yorker Staatsanwalt, erfolgloser Kongreßkandidat der Republikaner im Jahr 1968, Berater im Stab des Weißen Hauses und bis zum 28. Juni 1972 Referent des Komitees für die Wiederwahl des Präsidenten, zeichnete für die finanzielle Seite der Operation verantwortlich.

Mit Wissen zweier später abgeurteilter Mitglieder der Nixon-Administration, des Justizministers John Mitchell und des Handelsministers Maurice Stans, hatte man schon zu Beginn des Wahljahres 114.000 Dollar vorsorglich in einen Sonderfonds für »diskrete Zwecke« eingezahlt. Die aufgefundenen Hunderter stammten von einer Bank in Florida, wo Bernard Barkers CIA-Scheinfirma ein ständig aus Zuwendungen texanischer Industriekreise wieder aufgefülltes Spezialkonto unterhielt. Benötigte Beträge wurden in aller Stille von dort nach Washington abgezogen, andere während des Parteikonvents der Demokraten in Miami Beach verausgabt, als die republikanische Spionagetruppe in gleicher Besetzung einen durch Sicherheitskräfte abgeschirmten Flügel des Hotels Fontainebleau mietete, um von dort aus die Räume der im selben Haus logierenden Führung der Gegenpartei abzuhören.

Die Watergate-Affäre rief in Spitzengremien der Republikanischen Partei Verwirrung und Gedächtnisschwund hervor. Nachdem Senator Robert J. Dole als Nationalvorsitzender der Partei versichert hatte, die Handlungen des Einstiegskommandos seien »weder in unserem Namen noch mit unserer Zustimmung« geschehen, heuchelte auch Minister Mitchell – er war ursprünglich Vorsitzender des Wiederwahlkomitees gewesen – »entschiedene Distanzierung«.[118]

Doch alles Zetern und Wehklagen half nichts. Richard Nixon siegte zwar trotz des Watergate-Skandals bei den Wahlen im November 1972 noch einmal knapp, mußte aber am 5. August 1974 auf Entscheidung des Obersten Gerichtshofes jene peinlichen Tonbänder herausrücken, welche verrieten, daß er nicht nur den Einbruch zuvor gebilligt, sondern auch hinterher das Auslöschen der Spuren befohlen hatte. Der vom Kongreß bereits angestrebten Amtsenthebung entging er allein dadurch, daß er als erster Präsident in der Geschichte der Vereinigten Staaten vor Ablauf der Wahlperiode zurücktrat.

Erst später – nach Freigabe der beschlagnahmten Gesprächsmitschnitte für Informationszwecke – wurde bekannt, daß Nixon auch andere politische Piratenaktionen persönlich angeordnet hatte. So forderte er im Juni 1971 von seinem Stabschef Bob Haldeman, einen Einbruch in die Brookings Institution – eine »Denkfabrik« der Liberalen – zu veranlassen, da dort angeblich Kopien geheimer Regierungsakten zu vermuten seien. »Goddam, geht rein und holt sie raus!« erklärte er Haldeman. »Sprengt den Safe und beschafft sie euch!« Im Mai 1972 wies Nixon seine »Spezialisten« an, Wahlmaterialien George McGoverns in der Wohnung eines Mannes zu »pflanzen«, der gerade eines Attentats auf Alabamas Gouverneur George Wallace überführt worden war. [119]

Exporteure der Gewalt

Vernissage für »Familienjuwelen«

Während die CIA – die, wie »Newsweek« am 8. November 1982 festhielt, »in ihren besten Zeiten, die bis Mitte der siebziger Jahre dauerten, buchstäblich Tausende von Sonderprogrammen startete« – und auch die anderen Geheimdienste Hochkonjunktur hatten, folgte in der zweiten Hälfte der Siebziger eine Periode der Ernüchterung. Die erwähnten Enthüllungen Seymour Hershs, der am 22. Dezember 1974 in der »New York Times« die weitgefächerten Spionageaktivitäten gegen Amerikaner im eigenen Land offenbart hatte, sowie die dadurch ausgelöste Demaskierung zwangen Langley zu taktischen Manövern. Nur drei Tage nach dem in der Öffentlichkeit wie eine Bombe eingeschlagenen Hersh-Artikel mußte James Angleton, seit 1954 interner Sicherheitschef der CIA seinen Rücktritt einreichen. »Mein Nutzen ist erschöpft«, erklärte der Leiter des DOD. Bald danach wurde bekannt, daß auch der stellvertretende DOD-Chef Raymond Rocca sowie die hohen CIA-Offiziere William Hood und Newton Miller nicht an ihre Schreibtische in Langley zurückkehren würden.

Das Church-Komitee des Senats lief gegen die Wand

Kurze Zeit später sah sich der US-Senat veranlaßt, das Komitee für Geheimdienstfragen (Select Committee on Intelligence) zu bilden, an dessen Spitze der liberale Demokrat Frank Church trat. Obwohl dieser Ausschuß recht zaghaft vorging, kamen bei den langwierigen Untersuchungen und in dem umfangreichen Abschlußbericht einige der schlimmsten Auswüchse verdeckter Aktionen von CIA, NSA, FBI und IRS zur Sprache. Die »Angeklagten« reagierten zunächst mit Entrüstung und gelobten dann, als alles Leugnen nichts mehr half, dauerhafte Besserung.

Doch bald schon bezichtigten jene, auf deren Weisung Zehntausende von Schnüfflern die hemmungsloseste Bespitzelung in den Vereinigten Staaten betrieben hatten, den Senatsausschuß,

150 Mitarbeiter zu beschäftigen und drei Millionen Dollar für »eine spektakuläre Hexenjagd« gegen die Geheimdienste auszugeben. Ex-Direktor Richard Helms drehte den Spieß um und behauptete: »Die CIA wurde durch diese dunkle Periode in ihrer Geschichte geschädigt, fast verkrüppelt.«[120] Am 29. März 1978 zitierte ihn »Die Welt«: »Wenn wir Menschen, welche diese Art von Arbeit tun, als Bürger zweiter Klasse behandeln, dann werden wir nicht mehr in der Lage sein, jemand zu bekommen, der die schmutzige Arbeit für uns macht.« Am 26. Januar 1987 schrieb »U.S. News & World Report« rückblickend zu den Enthüllungen, damals sei »eine 20jährige Ansammlung von Sünden – durch Kenner hämisch als ›Familienjuwelen‹ bezeichnet – plötzlich auf empörende Weise an die Öffentlichkeit geraten«.

Tatsache ist, daß die US-Geheimdienste unter den Präsidenten Ford und Carter keine Hochkonjunktur hatten. Es wurden damals Mittel gestrichen, nicht wenige CIA-Agenten und -Analytiker ließen sich vorzeitig pensionieren. Besonders traf es das Directorate for Planning and Operations, nachdem der Kongreß im Dezember 1974 verdeckte Aktionen nur noch für den Fall einer durch den Präsidenten festgestellten »Bedrohung der nationalen Sicherheit« als zulässig erklärt hatte. Was von der damit angeblich befohlenen Reduzierung der Geheimdiensttätigkeit Dichtung und was Wahrheit gewesen ist, bleibt ungewiß. Doch der Prestigeverlust Langleys war so deutlich, daß sich die CIA 1979 zu einer an Reisebürowerbung erinnernden Anzeigenkampagne in zwölf großen amerikanischen Zeitungen entschließen mußte. »Wir suchen Männer, die ihren Sinn für Abenteuer noch nicht verloren haben«, hieß es in der Annonce. »In einer Zeit der geistlosen Jobs bieten wir die alternative Karriere. Sie können in eigener Initiative und schnell entscheiden. Wenn Sie beim internationalen Geschehen hautnah dabeisein wollen, dann haben wir Arbeit für Sie.«[121] Das Ergebnis war denkbar mager: Nur 2.000 Bewerbungen gingen ein, von den Interessenten fielen die meisten durch den Schüttelrost der Sicherheitsüberprüfung.

Chefspion und Mafia-Anwalt

Als die CIA unter Präsident Ronald Reagan nur drei Jahre später erneut mit Stellenangeboten auf sich aufmerksam machte, meldete sich eine Viertelmillion Anwärter. 10.000 reichten am Ende ihre Unterlagen ein, von denen etwa 1.400 eingestellt wurden. Was hatte diesen bemerkenswerten Sinneswandel bewirkt? War Langley wieder in Mode gekommen?

Unmittelbar nach seinem Amtsantritt hatte Reagan für die Aufstockung des Etats der CIA um zunächst 20 Prozent gesorgt. Zum Direktor ernannte er am 13. Januar 1981 seinen Intimus und Wahlkampfmanager, den einstigen Londoner OSS-Station Chief William J. Casey, dem er erstmals in der Geschichte der Vereinigten Staaten Kabinettsrang verlieh. Casey, den die »Washington Post« einen »flammenden Antikommunisten von ungewöhnlichem Reichtum« nannte, war eine schillernde Gestalt. Als er am 6. Mai 1987 im Alter von 74 Jahren starb, wurde sein Vermögen auf etwa 15 Millionen Dollar taxiert. An der Spitze der Export-Import-Bank der USA und als Vorsitzender der Börsen- und Banken-Aufsichtskommission sowie als Mitbesitzer einer Anwaltsfirma in der Wall Street hatte Casey seine »imperialistischen Tugenden« voll zur Geltung zu bringen vermocht. Ein Bewunderer charakterisierte den ewig nuschelnden großen Mann mit der geringen Geduld folgendermaßen: »Er ist ein Risikosucher im besten Sinne des Wortes, ein risikofreudiger Kapitalist, ein Unternehmer.« Einer seiner Kritiker sagte: »Er berührte oder überschritt in seinem Erwachsenenleben meistens die Grenzen dessen, was moralisch oder sogar legal ist. Er ist schattig. Wenn ich ein Geschäft mit ihm abschließen würde, wünschte ich alles schriftlich. ... Sein Hirn und seine Ansichten sind die eines altmodischen kalten Kriegers.«[122]

Casey steckte sein Geld in gewinnbringende Unternehmen. So besaß er 34.755 Aktien, 7,5 Millionen Dollar wert, von Capital Cities Communication (CCC), dem damals größten privaten Medienkonzern der Vereinigten Staaten, der im März 1985 mit ABC eines von drei nationalen Fernsehnetzen des Landes aufkaufte. Auch seine Frau galt als CCC-Großaktionärin. Nachdem Casey durch tendenziöse Meldungen aus CIA-Kanälen für ein kurzes und kräftiges Anziehen der Kurse gesorgt hatte, verkaufte er seine Ölaktien für 600.000 Dollar, bevor der neuerliche Preisverfall einsetzte.

CIA-Direktor William J. Casey

Ein halbes Jahr nach seiner Ernennung geriet der Superspy beim Senat in Schwierigkeiten, weil er sich nicht an die in den USA geltende Regel gehalten hatte, daß hohe Staatsbeamte ihre Konten offenlegen und ihre früheren Klienten bekanntgeben müssen. Bei der Aufstellung waren dem gewieften Konzernanwalt die Namen von 70 wichtigen Kunden – unter ihnen die Regierungen Südkoreas und Indonesiens – einfach entfallen. Zeitlebens stand Casey im Verdacht, mit der Mafia verfilzt gewesen zu sein. »Er diente als Rechtsberater einer Müllbeseitigungsfirma, die nach öffentlichen Unterlagen und Aussagen vor Gericht mit dem Organisierten Verbrechen liiert war. Er gründete gemeinsam mit einer Person, die durch das Justizministerium als Mafiagestalt der texanischen Golfküste identifiziert wurde, ein Unternehmen für die Vermarktung landwirtschaftlicher Erzeugnisse«, hielt ihm die Zeitschrift »The New Republic« am 28. November 1983 vor.

Auch als Reagans Wahlkampfmanager hatte Casey nicht mit Glacéhandschuhen gearbeitet. Im Sommer 1980 – unmittelbar vor einer Fernsehdebatte beider Kontrahenten – tauchte das durch ihn beschaffte persönliche Notizbuch des Gegenkandidaten und amtierenden Präsidenten James Carter plötzlich im Reagan-Lager auf. Tödliche Verachtung empfand der CIA-Direktor zu jeder Zeit für parlamentarische Gremien, die die Geheimdienste beaufsichtigen sollten. Der Kongreßabgeordnete Norman Mineta, Mitglied des Intelligence-Ausschusses, schätzte die Lage nüchtern ein. »Wir sind wie Pilze. Sie halten uns im dunkeln und geben uns eine Menge Dung«, erklärte er.

Casey, der im neben dem Weißen Haus gelegenen Old Executive Office Building ein Stadtbüro unterhielt, übte enormen Einfluß auf den Präsidenten aus, mit dem er mindestens zweimal wöchentlich zusammentraf und täglich telefonierte. »Casey steht Reagan näher als vielleicht irgendein früherer CIA-Direktor seinem Präsidenten«, urteilte »Time« am 30. April 1984. Der Geheimdienstchef sei »einer der Helden in Amerikas Kampf für Freiheit in der Nachkriegsära«, erklärte Reagan am 29. Mai 1986 vor Veteranen des OSS. Sein Verdienst sei die »Wiederbelebung der Intelligence Community«.[123] »Er wurde der erste CIA-Direktor seit Allen Dulles mit einem Mandat des Präsidenten zum Aufbau und zur Ausweitung des Netzes der US-Geheimdienste«, schrieb »U.S. News & World Report« am 18. Mai 1987.

Casey sorgte dafür, daß das CIA-Stammpersonal um 2.500 auf mehr als 18.000 Beschäftigte zunahm, holte über 800 Spezialisten für verdeckte Aktionen aus dem Ruhestand zurück, ließ in Langley ein neues Bürogebäude errichten, wodurch sich die Größe des Komplexes verdoppelte, und verbrachte ein Drittel seiner Zeit auf Reisen in Dutzende von Ländern, um die Station Chiefs zur Rekrutierung zahlreicher neuer Agenten aus der jeweiligen Landesszene anzutreiben und die Errichtung von rund 25 elektronischen Horchposten außerhalb der USA durchzusetzen. »Unter Casey drang die CIA zudem erfolgreich in viele freundliche sowie neutrale und unfreundliche Regierungen ein«, behauptete »U.S. News & World Report« am 5. Oktober 1987.

So vollzog sich, wie »The New York Times Magazine« am 16. Januar 1983 hervorhob, »der größte Ausbau unter Friedenszeitbedingungen, den der amerikanische Geheimdienst seit Anfang der fünfziger Jahre erlebt hat«. Das Blatt bezeichnete die CIA als »die am schnellsten wachsende der großen Behörden der Bundesregierung« und fügte hinzu, die langfristige Planung sehe beträchtliche jährliche Aufstockungen während der gesamten achtziger Jahre vor.

Die Reagan-Doktrin

Mit größtem Eifer widmete sich Casey den Covert Actions, die er als »besondere Aktivitäten« bezeichnete. »Wie so häufig bei dem in der CIA benutzten Vokabular – im Zusammenhang mit Vietnam sagte man zum Beispiel ›Neutralisierung‹ statt Ermordung – wird durch diese Formulierung einem kontroversen Konzept die Schärfe genommen«, urteilte »The New York Times Magazine« am 16. Januar 1983. Im Zeitraum 1981 bis 1986 brachte es Langley »auf 60 große und kleinere verdeckte Aktionen rund um den Erdball, verbunden durch einen einzigen ideologischen Faden – die Reagan-Doktrin des Roll back (Zurückrollen) prosowjetischer Regimes in der Dritten Welt«, berichtete »U.S. News & World Report« am 26. Januar 1987. Casey und andere Mitglieder der US-Regierung hätten Hunderte Millionen Dollar von befreundeten ausländischen Regierungen zur Unterstützung des »Reagan-Doktrin-Fonds« abgefordert, teilte »Newsweek« mit. Beispielsweise ließ man die Saudis und den Sultan von Brunei auf Kalimantan, deren Sicherheitsdienste die CIA aufgebaut hatte, für diese Zwecke zur Ader.

Die Reagan-Doktrin war Ausdruck einer Strategie totaler und globaler Einmischung. »Sie ist ihrem Wesen nach auf eine historische Wende ausgerichtet«, schrieb die »Washington Post« am 10. März 1986 und befand sich damit ausnahmsweise einmal mit KP-Generalsekretär Gus Hall in Übereinstimmung: »Das umfassende, höchste Ziel war – und ist noch –, den Lauf der Geschichte umzuleiten oder zu ändern.«[124] Ende Februar 1986 hatte der Präsident bei der Begründung des Rüstungsetats verkündet: »Wir wollen beweisen, daß die lange Kette von Regierungen, die unter kommunistische Herrschaft geraten, abreißt. Wir werden das erreichen.«[125]

»Wenn eine Nation Rebellen gegen eine Regierung unterstützt, dann nimmt sie den Standpunkt ein, daß diese Regierung keine gültige Regierung ist«,[126] mit diesen Worten rief Casey zum Sturz der Führungen souveräner Staaten auf, während das Komitee 208 – die Reagan-Variante der Komitees 303 (Kennedy) und 40 (Nixon) – Budgets, Ziele und Zeitpläne für Washingtons verdeckte Aktionen beriet. In diesem Top-Secret-Ausschuß war die CIA durch den Leiter der Hauptabteilung für Operationen, Clair George, vertreten.

Als Reagan die Geheimdienste unter Caseys Federführung reorganisierte, schuf er durch die Presidential Order Nr. 12.333 vom Dezember 1981 auch die rechtlichen Grundlagen für Spionage gegen US-Bürger im eigenen Land – Aktivitäten, die CIA, NSA und militärischer Intelligence damit zum erstenmal offiziell zugebilligt wurden. Er ermächtigte sämtliche Geheimdienste zur elektronischen Überwachung, zur körperlichen Durchsuchung ohne Einverständnis des Betroffenen, zur Personenbeschattung und zum Anbringen von Abhöranlagen nach dem Ermessen des Leiters der jeweiligen Institution. Reagan gestattete CIA-Beamten, Amerikaner nach deren Auslandsreisen zu befragen, ohne sich bei den Gesprächen zu erkennen zu geben. Die Präsidentenorder erklärte Postkontrollen ohne richterliche Anordnung für legal, wenn Grund zu der Annahme bestehe, es handele sich um »Agenten einer ausländischen Macht«. Briefe in sozialistische Länder und aus ihnen wurden seitdem grundsätzlich mit mehreren Stempeln in unterschiedlichen Farbtönen versehen, was die »Sichtung« durch diverse Geheimdienststellen verdeutlichte.

Schließlich förderte Reagan die Wiederbelebung jener Ära, in der die CIA Dutzende von »Eigentümerfirmen« betrieben hatte. CIA, NSA und andere könnten mit privaten Unternehmen geheime Verträge oder Abmachungen für die Gewährung von Gütern oder Dienstleistungen abschließen und Arrangements mit akademischen Institutionen treffen, hieß es in der Presidential Order.

Mit dem am 5. Dezember 1981 bestätigten Statut der Central Intelligence Agency wurden Lüge und Heuchelei zu Staatsgrundsätzen. Die früher nur intern zugrundegelegte Doktrin der »glaubhaften Leugnung« nahm offiziellen Charakter an. »Es entstand die Frage, ob die Aktionen der Regierung ›plausibel bestreitbar‹ wären – mit anderen Worten, ob die Lügen der Regierung überzeugten«, schrieb »U.S. News & World Report« am 20. Juli 1987 und brachte das Thema damit auf den Punkt. Spezielle Operationen seien Handlungen, die zur Unterstützung der Ziele der nationalen Außenpolitik im Ausland durchgeführt würden, hieß es in dem CIA-Statut. Ihre Planung und Realisierung müßten so erfolgen, daß die Rolle der Regierung der Vereinigten Staaten nicht sichtbar oder öffentlich zugegeben werde.

Grenada – ein Drittel von Rügen

Am 25. Oktober 1983 setzte Reagan von einem Golfplatz in Augusta (Georgia) aus die Operation »Urgent Fury« (Drängende Wut) in Gang. Er erteilte den Befehl, Grenada zu überfallen. Was hatte den Führer einer Weltmacht veranlaßt, dermaßen rabiat gegen einen karibischen Kleinstaat vorzugehen, der nur ein Drittel der Fläche Rügens mißt und nicht einmal über Luft- und Seestreitkräfte verfügt?

20 Jahre nach dem Sieg der kubanischen Revolution errichteten junge Revolutionäre am 13. März 1979 auf der nur 344 Quadratkilometer großen Insel Grenada ein demokratisches Regime. Diesem Tag waren harte Kämpfe vorausgegangen. 1967 hatten die Briten ihrer Besitzung den Rang eines »mit dem Vereinigten Königreich assoziierten Staates« verliehen, ohne daß dadurch ernsthafte Wandlungen eingetreten wären. Dafür sorgte schon der von den Kolonialisten ausgewählte Premierminister Eric Gairy, der übrigens in Reden vor der UNO-Vollversammlung dadurch auf sich aufmerksam machte, daß er die Einrichtung von Landeplätzen für »fliegende Untertassen« empfahl, die damals von Wundergläubigen »gesichtet« und durch Ablenkungsspezialisten der Regenbogenpresse ins Gespräch gebracht worden waren. Der Boß der rechtsgerichteten Labour Party schuf sich eine Privatmiliz zur Jagd auf Anhänger fortschrittlicher Ideen – die »Mongoose«-Banden.

Trotz Unterdrückung erstarkte auf Grenada eine Volksbewegung. Im März 1973 gründeten von dem Rechtsanwalt Maurice Bishop geführte Linke eine Partei, die sie NEW JEWEL Movement (Neue JUWEL-Bewegung, JEWEL = Joint Endavour for Weifare, Education and Liberation = Vereinigtes Bestreben für Wohlfahrt, Bildung und Befreiung) nannten. Sie trat entschlossen für das Selbstbestimmungsrecht der Inselbevölkerung ein.

Schließlich verlor Londons Mann das Spiel. Als er im März 1979 zu einem Kongreß über »Unbekannte Flugobjekte« in die USA reiste, wurde sein Regime gestürzt.

Aus dem Aufstand ging eine Linksregierung mit Maurice Bishop als Premier hervor. Nun wurden in St. George's andere innen- und außenpolitische Akzente gesetzt. Bald unterhielt der kleine Staat diplomatische Beziehungen zu mehr als 60 Ländern.

Grenadas Premier Maurice Bishop (l.) mit Fidel Castro

Washington war empört über die Vorgänge in seiner »strategischen Interessensphäre« und beschloß, dagegen Schritte einzuleiten. Unter der Code-Bezeichnung »Pyramide« arbeitete die CIA einen Maßnahmeplan aus, der die Errichtung eines Blockaderiegels um Grenada vorsah. Wirtschaftlicher Boykott folgte. Bald entwickelten Langleys geheime Dienste Varianten zur Ermordung Bishops. Der erste Versuch im Juni 1980 schlug fehl. Während eines Massenmeetings in St. George's explodierte eine Bombe unter der Regierungstribüne. Der Anschlag forderte zwei Todesopfer und über 20 Verletzte. Mit Hilfe einer auf der Insel Antigua eingerichteten Relaisstation des Senders »Stimme Amerikas« wurde der psychologische Krieg gegen Grenada eröffnet.

Nach Reagans Amtsantritt verstärkte Washington seine subversiven Aktivitäten. Vier Monate später – im Mai 1981 – empfahl CIA-Direktor Casey eine verdeckte Aktion. Bald darauf zerschlugen Grenadas Sicherheitsorgane eine Gruppe von Oppositionellen, die – instruiert von Ashley Wills, dem CIA-Residenten auf Barbados – in einer von ihnen fabrizierten Untergrundzeitung zum Sturz des Bishop-Regimes aufgerufen hatten.

Im Oktober 1981 lief das NATO-Manöver »Ocean Venture 81« an, das die »Rettung gefährdeter US-Bürger« durch Landung von See- und Luftstreitkräften auf der zu Puerto Rico gehörenden Insel Vieques einschloß. Das Invasionsgebiet hieß im Stabsplan »Amber« – nach einer Gegend an der Südspitze Grenadas. Beteiligt waren militärische Sonderkräfte, darunter Navy Seals und

Angehörige des 75. Ranger-Bataillons sowie Einheiten der 82. Luftlandedivision, die später ausnahmslos auf Grenada eingesetzt wurden.

1982 zimmerte die Reagan-Administration mit den US-abhängigen Inselregierungen von Barbados, Antigua, Barbuda, St. Vincent und den Grenadinen, Dominica und St. Lucia den »ostkaribischen Verteidigungsrahmen« zusammen. Eine besondere Aufgabe übernahm Dominicas Regierungschefin Mary Eugenia Charles als Präsidentin der Organisation Ostkaribischer Staaten, deren von Washington bestellter »Hilferuf« dann den Vorwand für den Schlag des Pentagon liefern sollte. Die »Washington Post« berichtete am 28. September 1987, aus geheimdienstlichen Unterlagen sei ersichtlich, daß Langley Mrs. Charles »zu irgendeiner Zeit 100.000 Dollar überwiesen« habe. Die von der CIA entlohnte »Politikerin« hatte sich am Morgen nach der Invasion an der Seite Reagans im Konferenzraum des Weißen Hauses gezeigt und den Piratenakt als Rettungstat gepriesen.

Im März 1983 setzte – um die »Gefährdung der Sicherheit der Vereinigten Staaten« zu betonen – eine von Casey gesteuerte breite Propagandakampagne gegen den Bau eines neuen Zivilflughafens auf Grenada ein, der als »sowjetisch-kubanischer Brückenkopf« bezeichnet wurde.

US-Fallschirmjäger nach ihrer Landung auf Grenada

Großes Gewicht in Washingtons Interventionsplänen erlangte schließlich die 1977 von den USA in St. George's als private Bildungsstätte eingerichtete Medizinische Hochschule. Die nur aus den Vereinigten Staaten stammenden Studenten bildeten eine CIA-Operativgruppe. Später nahm Reagan eine frei erfundene »Bedrohung« gerade dieser Studenten zum Vorwand, um die Operation »Urgent Fury« anlaufen zu lassen.

Doch bevor es dazu kam, vollzogen sich auf Grenada folgenschwere Ereignisse. In der Führung der NEW JEWEL-Bewegung kam es zwischen Anhängern Bishops und anderen Mitgliedern zu Meinungsverschiedenheiten. Bishop wurde Mitte Oktober unter Hausarrest gestellt und getötet.

Durchsuchung eines Grenaders

Nur sechs Tage nach der Ermordung des Premiers und einiger seiner Mitarbeiter am 19. Oktober 1983 fielen 6.000 Fallschirmjäger, Ranger und Ledernacken der USA in das führerlos gewordene Grenada ein. Die 28. UNO-Vollversammlung brandmarkte den Aggressor, von dem selbst die engsten NATO-Verbündeten abrückten. Der von Reagan als »Befreiungstat« hingestellte Überfall zog die Zerschlagung aller sozialen Errungenschaften der grenadischen Revolution nach sich.

Flugziel Kamina

Am 2. Februar 1987 berichtete der »New York Times«-Korrespondent James Brooke, aus »diplomatischen und kommerziellen Kreisen« Kinshasas verlaute, die CIA benutze einen einstigen Kolonialflughafen bei Kamina für heimliche Waffentransporte zu den UNITA-Banden in Angola. Die von Südafrika ausgehaltenen und gegen den angolanischen Staat operierenden Terroristen der Union für die Totale Unabhängigkeit Angolas – einer als Befreiungsbewegung zurechtgemachten und von Jonas Savimbi geführten neokolonialistischen Sturmtruppe – bezögen den größten Teil der seit 1985 jährlich 15 Millionen Dollar betragenden militärischen Hilfslieferungen von Washington über die einstmals bedeutendste Lufwaffenbasis zwischen Sahara und südlichem Afrika.

UNITA-Bandenchef Jonas Savimbi

Bald verdichteten sich die Vermutungen zu handfesten Tatsachen. Überwiegend in den Nachtstunden landende Transportmaschinen der Typen C-130 und Boeing 707 mit Kennzeichen der Saint Lucia Airways schafften den durch Savimbi bestellten Nachschub heran, darunter 106-mm-Panzerabwehrkanonen, panzerbrechende TOW-Raketen und Boden-Luft-Raketen Stinger. Der CIA-Stab für verdeckte Aktionen wählte die in den fünfziger Jahren von den Belgiern errichtete Basis Kamina, weil ein offener Transfer durch Südafrika das vom US-Kongreß über Pretoria verhängte Waffenembargo verletzt und internationale Proteststürme herausgefordert hätte. Er ließ allerdings außer Betracht, daß Zaires damaliger Präsident Mobutu bei der Operation ins Zwielicht geraten mußte, da zwischen Kinshasa und Luanda erst 1985 ein Nichtangriffspakt vereinbart worden war.

Bevor die CIA-Maschinen von der angeblichen »Luftflotte« Santa Lucias – einer winzigen Karibikinsel – ihre Fracht auf den beiden 2140-Meter-Pisten Kaminas niederbringen konnten, hatten CIA-Spezialtrupps den seinerzeit aufgegebenen Landeplatz in aller Eile provisorisch instandgesetzt. »Links und rechts der Rollbahn befinden sich kleine Löcher mit Lichtern. Es ist amerikanisches Material, das schnell wieder entfernt werden kann«,[127] schilderte die belgische Zeitung »De Standaard« die einfache technische Ausrüstung. Hier wurden die »Hilfsgüter« in andere Flugzeuge umgeladen und zunächst zum UNITA-Hauptquartier Jamba im Südosten Angolas gebracht. »Kamina, so glaubt man, ist einer von mindestens zwei Rebellenversorgungspunkten in Zaire«, schrieb James Brooke in dem erwähnten Bericht.

Das Interesse der US-Wirtschaft an dem die kleine Stadt umschließenden Gebiet Shaba (ehemals Katanga) war immer sehr groß. Schließlich gilt die Region nicht nur als einer der größten Kupferexporteure, sondern auch als Lieferant von 60 Prozent der Kobalt-Welterzeugung. Dieses strategische Mineral aber spielt für die Luftfahrtindustrie eine erstrangige Rolle. So war weder die Besetzung des US-Konsulats in Shabas Hauptstadt Lubumbashi mit zwölf »politischen Mitarbeitern« noch die Tatsache ein Zufall, daß die Provinz in bemerkenswertem Umfang an die Pipeline der US-»Auslandshilfe« angeschlossen wurde. 1986 begannen Fachleute der CIA-nahen Agentur für Internationale Entwicklung (Agency for International Development – AID) mit der Rekonstruktion zweier 900 Kilometer langer Autobahnen, die in nur geringem Abstand parallel zur Grenze Angolas verlaufen. Wer das »Hilfswerk« für Angolas rechte Untergrundkämpfer angekurbelt hatte, beschrieb am 18. Mai 1987 »U.S. News & World Report«: »Casey erwärmte sich rasch für Jonas Savimbi und flog nach Zaire, um das Unterstützungsprogramm für Savimbis UNITA-Guerillas auf die Beine zu stellen.«

Am 16. Dezember 1987 wurden die Angaben des »New York Times«-Korrespondenten Brooke weiter präzisiert. Der durch Angolas Streitkräfte gefangengenommene UNITA-Nachschuboffizier Sebastião Francisco Lameira, der schon 1976/77 für aus Frankreich stammende Waffentransporte zuständig gewesen war, sagte aus, er habe auf einer Sandpiste des Grenzstädtchens Luiana die nachts mit Hercules-Maschinen aus Kamina herangeschafften US-Lieferungen in Empfang genommen. Die Flugzeugbesatzungen bestanden nur aus Amerikanern, das zehnköpfige US-Bodenpersonal war für Beleuchtung des Landestreifens, Entladung und technische Absicherung verantwortlich, bestätigte der erwischte Savimbi-Mann.

In ihrer Ausgabe vom 26./27. April 1997 – die Truppen Laurent Kabilas hatten bereits mehr als die Hälfte Zaires erobert, und die US-Regierung stellte sich eiligst an die Spitze derer, die den Rücktritt des Diktators von Kinshasa forderten – äußerte sich die »New York Times« noch einmal zu diesem Thema: »In den siebziger Jahren rekrutierten wir Marschall Mobutu für ein besonderes Abenteuer des Kalten Krieges: die Bewaffnung des angolanischen Rebellenführers Jonas Savimbi bei dessen Versuch, die linke Regierung Angolas zu beseitigen. Die CIA brachte Waffen in das südliche Zaire und von dort zu den Savimbi-Kräften.«

Am 24. März 1997 hatte auch die »International Herald Tribune« bestätigt: »In Angola verrichtete er (Mobutu, d. Verf.) jahrelang die Schmutzarbeit für die CIA, indem er Zaire in die rückwärtige Basis der vom Westen gestützten UNITA verwandelte, die gegen eine marxistische Regierung kämpfte.« Überdies habe Mobutu »Mörder in das benachbarte Congo-Brazzaville geschickt, um Marien Ngouabi, den marxistischen Präsidenten, zu töten«.

Die CIA beschränkte sich nicht darauf, die UNITA materiell zu unterstützen. Sie half auch mit »Kadern«. Nach Berichten der indischen Zeitung »New Age« wurden dem südafrikanischen Sicherheitsdienst durch Langley seit 1973 etwa 500 Exilkubaner für Sonderaufträge und Stoßtruppunternehmen im Kampf gegen Luanda zugeteilt.

Die Beziehungen zwischen der CIA-Zentrale und der Geheimpolizei des Apartheid-Regimes besaßen Tradition. Im August 1962 wurde der Anwalt und Führer des Afrikanischen Nationalkongresses (African National Congress – ANC), Nelson Mandela, der sich als Chauffeur verkleidet hatte, aufgrund eines Hinweises des CIA-Agenten Millard Shirley unweit der Stadt Howick in der Provinz Natal von Pretorias Geheimpolizisten festgenommen. Das berichtete »U.S. News & World Report« am 9. Mai 1994, nachdem Mandela gerade der erste Präsident eines auf den Trümmern des Apartheid-Regimes errichteten neuen Südafrikas geworden war. Bei der einstigen Verhaftung des ANC-Politikers, die seinen Leidensweg einleitete, hatte auch der in Durban stationierte CIA-Agent Don Rickard eine Rolle gespielt.

Nach dem Ende der sozialistischen Länder Europas, die linksorientierte afrikanische Staaten (vor allem Angola, Moçambique und Äthiopien) lange Zeit entscheidend gestützt hatten, erfolgten Richtungsänderungen in deren Politik, die von einem marxistisch beeinflußten Kurs wegführten. In Addis Abeba kam es sogar zu einem Umsturz mit blutigen Konsequenzen. Das veränderte Kräfteverhältnis in der Welt, das voll auf Afrika durchschlug, erleichterte der CIA die Arbeit. Am 24. Juni 1994 berichtete die »Washington Post« von aus der neuen Lage resultierenden Überlegungen Langleys, 15 Stationen des Geheimdienstes in afrikanischen Ländern zu schließen und Dutzende von Case Officers abzuziehen. Ein CIA-Sprecher ließ bei dieser Gelegenheit durchblicken, man habe in Afrika ohnehin »nicht vorrangig operiert, um über Afrika zu berichten«. Dort sei man vor allem darauf aus gewesen, »im Rahmen von verdeckten Aktivitäten des Kalten Krieges sowjetische, chinesische, osteuropäische und nordkoreanische Bürger unter Umständen anzuwerben, die leichter zu beherrschen waren als jene in deren Heimatländern«.

Der Afrika betreffende Reduzierungsplan von Präsident Clintons erstem CIA-Direktor R. James Woolsey stieß allerdings auf heftigen Widerstand. Im US-Kongreß wurde nachdrücklich gefordert, einige der Stationen unbedingt aufrechtzuerhalten, da deren Preisgabe lokale Freunde Amerikas verunsichern könne. Die finanziellen Aufwendungen für diese Posten seien im Vergleich mit anderen Ausgaben doch nur »kleine Kartoffeln«.

Caseys Minen in Nikaragua

Als im August 1932 in Amsterdam der Weltkongreß gegen den imperialistischen Krieg eröffnet wurde, befanden sich unter den 2.196 Delegierten aus 27 Ländern Abgesandte aller Kontinente. Dem aus dem Treffen hervorgegangenen Ständigen Internationalen Komitee unter Vorsitz des französischen Schriftstellers Henri Barbusse gehörte neben Persönlichkeiten wie Maxim Gorki, Romain Rolland, Albert Einstein, der Witwe Sun Yatsens, Theodore Dreiser, Upton Sinclair, Marcel Cachin, Heinrich Mann, Clara Zetkin, Martin Andersen Nexö und Sen Katayama auch ein großer Sohn Lateinamerikas an: Nikaraguas General Augusto César Sandino.

Anderthalb Jahre nach dem Kongreß – am 21. Februar 1934 – wurde Sandino in einen Hinterhalt gelockt und ermordet. Die Kugeln für ihn und seine Mitstreiter waren in den USA gegossen worden. Viele Jahrzehnte später sollten auch seine geistigen Enkel den Einfluß der USA zu spüren bekommen.

In der US-Bundeshauptstadt betrachtete man den 19. Juli 1979 – den Tag des Einrückens der sandinistischen Befreiungsarmee in Managua – als schwarzen Tag. Man bedauerte, daß Anastasio Somoza, Sproß des 43 Jahre zuvor von Ledernacken ans Ruder gebrachten Begründers der Diktatorendynastie, das Land fluchtartig hatte verlassen müssen. Nur für kurze Zeit verbargen die Vereinigten Staaten ihre Feindschaft, da sie darauf setzten, das Blatt noch wenden zu können. Aber diese Hoffnung erfüllte sich zunächst nicht. So wurde die Konterrevolution mobil gemacht. Der sandinistische Sieg war keine fünf Monate alt, als ein über die honduranische Grenze geschleuster Trupp am 4. Dezember 1979 bei Santo Tomas zehn Kilometer tief in das Gebiet Nikaraguas eindrang und einen Milizionär ermordete. Am 30. April 1980 zog man in Managua die erste Bilanz von Honduras aus verübter Anschläge: 37 Überfälle auf Grenzpatrouillen und Vorposten Nikaraguas, 44 Luftraumverletzungen und 17 Granatwerferattacken registrierten die Sandinisten. Bald gehörten Gewalttaten und Übergriffe zum Alltag.

Starken Auftrieb bekamen Intervention und Terror mit dem Amtsantritt der Reagan-Regierung. 1981 sammelte die CIA ehemalige Nationalgardisten Somozas in 17 von ihr finanzierten Lagern an der Grenze zwischen Honduras und Nikaragua. Tausende von Söldnern wurden dort bewaffnet und ausgerüstet. Als erste Rate spendierte Langley 19 Millionen Dollar zur Anwerbung und Ausbildung von Contras, wie die Gegenrevolutionäre bald allgemein hießen. Deren Kommandeure entstammten dem Offizierskorps des gestürzten Diktators und hatten ihre Kenntnisse auf US-Kriegsschulen erworben. Bis zum Ende Somozas waren an 4.693 mittlere und höhere Chargen der nikaraguanischen Streitkräfte Diplome der 1996 gegründeten U.S. Army School of the Americas (US-Heeresschule beider Amerikas) in Fort Gulick (Panamakanalzone) – heute befindet sich diese Einrichtung in Fort Benning (Georgia) – ausgegeben worden.

Als Hauptgruppe der Contras trat die in Honduras formierte und die Sandinisten von der Nordflanke aus angreifende Demokratische Nikaraguanische Kraft (Fuerza Democratica Nicaraguense – FDN) auf. Adolfo Calero, der früher die Coca-Cola-Filiale in Managua geleitet hatte und Koordinator der Konservativen Demokratischen Partei gewesen war, präsentierte sich als ihr Führer. Er besitze eine luxuriöse Villa in Miamis gutbürgerlichem Stadtteil Kendall und halte sich den größten Teil der Zeit dort auf, berichtete die amerikanische Presse. Caleros militärischen Stab in Honduras befehligte Ex-Oberst Enrique Bermudez alias »380« – ehemaliger Militärattaché Somozas in Washington.

Contra-Lager an der honduranisch-nikaraguanischen Grenze

1983 weiteten CIA und Pentagon ihren verdeckten Krieg gegen Managua zu großen Operationen aus. Im August bestellte CIA-Direktor Casey im Rahmen des Projekts »Elefantenherde« beim US-Verteidigungsministerium Waffen für mehr als 100 Millionen Dollar, die er jedoch nur zum Teil erhielt. In Kreisen des State Department befürchtete man ein Einschwenken der »Freiheitskämpfer« auf nicht kontrollierbare Wege. »Die nikaraguanischen Contras wurden 1981 durch die CIA und argentinische Militärs organisiert, aber mit dem Anschwellen ihrer Zahl haben sie sich als schwer kontrollierbar erwiesen«, schrieb »U.S. News & World Report« am 16. Juni 1986. »Es hat ständig Berichte über Drogenschmuggel und Menschenrechtsverletzungen durch die Contras gegeben.«

Casey war es, auf dessen Anweisung die Gegenrevolutionäre zu einem regelrechten Banditenheer formiert wurden, das etwa 12.000 Mann umfaßte. »In amerikanischen Geheimdienstkreisen ist der Nikaragua-Konflikt als ›Caseys Krieg‹ bekannt«, hieß es in der Zeitschrift am 18. Mai 1987. »Time« berichtete schon am 30. April 1984, der Geheimdienstchef habe sich mehrmals in Flugzeugen ohne Hoheitszeichen nach Honduras begeben, um die Fortschritte bei der Ausbildung der Söldner zu überprüfen.

Parallel zum Aufbau konterrevolutionärer Einheiten errichtete das Pentagon in Honduras 16 Militärbasen und Startbahnen für die U.S. Air Force. Fast zwei Jahre lang übten jeweils 5.000 US-Soldaten in Dauermanövern den Überfall auf Nikaraguas Grenze.

Emphatischer Adolfo Calero (r.) bei Ronald Reagan

Am 8. September 1983 griffen CIA-gelenkte Kommandos Puerto Cabezas an der Ostküste an, einen Monat später stand der Ölhafen von Corinto in Flammen. Schließlich verminten mit schnellen Booten ans Ziel gelangende kleine Trupps, die ein vor der Küste kreuzendes CIA-Mutterschiff abgesetzt hatte, die beiden Seehandelstore Nikaraguas. Nachdem außer sechs nikaraguanischen Fischkuttern fünf Frachter Großbritanniens, der Niederlande, Japans und der Sowjetunion durch Minen beschädigt worden waren, kamen Caseys Verbrechen auf Antrag Managuas vor den UNO-Sicherheitsrat und den Internationalen Gerichtshof in Den Haag. Diese sprachen Washington schuldig.

Die an die große Glocke geratenen Vorfälle erregten auch die Mitglieder des US-Kongresses. Mit den Stimmen von 42 der damals 54 Senatoren der Republikanischen Partei Reagans rügte der Senat die illegalen Praktiken der CIA. Im Repräsentantenhaus wurde eine ähnliche Resolution mit 281 zu 111 Stimmen verabschiedet. Selbst der erzkonservative Senator und Vorsitzende des Geheimdienst-Ausschusses Barry Goldwater empörte sich in einem Brief an Casey: »Das ist ein Akt des Krieges. Bei meinem Leben, ich sehe nicht, wie wir das erklären sollen.«[128]

Der Skandal wuchs sich noch aus, als die amerikanische Presse Teile eines von der CIA für die Contras verfaßten Handbuchs, »Psychologische Operationen in der Guerilla-Kriegsführung«, veröffentlichte. Man erfuhr den Namen des wichtigsten Mitautors der Mord, Menschenraub, Erpressung und Terror anpreisenden Schrift: Duane (Dewey) R. Claridge, damals Leiter der CIA-Lateinamerika-Abteilung. In der auf spanisch geschriebenen Instruktion wurden Begriffe wie »selektive Gewaltanwendung« und »Neutralisierung« von Richtern, Polizisten und anderen Mitarbeitern des sandinistischen Staatsapparats freizügig verwendet. Für »harte Jobs« empfahl der Leitfaden »die Anwerbung von Kriminellen«. Zur Hinrichtung prominenter Sandinisten sei es »unbedingt notwendig, die gesamte Bevölkerung zu versammeln und sie so an den Aktionen teilnehmen zu lassen«, hieß es im Stil faschistischer Befehlshaber in den »besetzten Ostgebieten«.

Am 23. September 1996 berichtete die »Washington Post«-Korrespondentin Dana Priest, zwischen 1982 und 1991 seien solche Manuals bei Kursen in Fort Gulick und Fort Benning Hörern aus Armeen mittel- und südamerikanischer Staaten als offizielles Material für das Selbststudium angeboten worden. Unter der Rubrik »Anwerbung und Kontrolle von Informanten« empfahl man darin ausdrücklich folgende Methoden: »Erzeugung von Angst, Zahlung von Kopfprämien für tote Feinde, Schläge, vorgespiegelte Festnahmen oder Hinrichtungen und Verabreichung eines Wahrheitsserums.« Erst 1992 habe das Pentagon die Lehrbücher dann aus dem Verkehr ziehen lassen, nachdem bei einer Überprüfung zwei Dutzend von 1.169 Textseiten beanstandet worden seien.

Im Kapitel »Behandlung von Quellen« hieß es in dem Manual: »Der CI (Abwehragent) könnte die Verhaftung der Eltern des ins Auge gefaßten Informanten veranlassen, ihn selbst arretieren oder ihm Prügel verabreichen, um die Zusammenarbeit zu erzwingen.« Im Abschnitt »Terrorismus und Stadtguerilla« wurde festgestellt: »Eine andere Funktion des Informanten besteht darin, dem CI Ziele für eine Neutralisierung zu empfehlen. Sie kann Persönlichkeiten, Einrichtungen, Organisationen, Dokumente und Material betreffen.« Menschliche Ziele seien »Regierungsbeamte, politische Führer und Angehörige der Infrastruktur«.

Titelseite des Folter-Handbuchs der CIA

Wegen solcher auch in Lehrveranstaltungen erteilten »Empfehlungen« erhielt die U.S. Army School of the Americas, an der bisher rund 60.000 Armee- und Polizeioffiziere ausgebildet wurden, in der Presse des lateinamerikanischen Subkontinents weithin den Namen Escuela de los Assassinos (Schule der Mörder).

»Das CIA-Handbuch dient der Erziehung«, hatte die »Frankfurter Allgemeine Zeitung« am 3. November 1984 einen Bericht überschrieben. »Der Direktor des amerikanischen Geheimdienstes, Casey, hat das CIA-Handbuch für Nikaraguas Rebellen als ›diplomatisches Dokument‹ verteidigt. Sein ›Schwergewicht‹ liege im Bereich der Erziehung.«

Für den Kampf gegen die Sandinisten flossen der CIA zwischen 1981 und 1987 allein aus offiziellen Mitteln mehr als 200 Millionen Dollar zu. In der mittelamerikanischen Republik fanden am 4. November 1984 demokratische Wahlen mit einer Beteiligung von 82,6 Prozent statt – trotz des durch Langleys Agenten unternommenen Versuchs, die Bevölkerung von einer Wahlbeteiligung abzuhalten. 66,8 Prozent aller abgegebenen Stimmen entfielen damals auf die Kandidaten der Sandinistischen Front der Nationalen Befreiung (Frente Sandinista de Liberacion Nacional – FSLN), die mit 61 von 96 Abgeordneten ins Parlament einzog. Daniel Ortega wurde zum Präsidenten Nikaraguas gewählt.

Daniel Ortega

Doch Washington respektierte die Willensbekundung des mittelamerikanischen Volkes nicht. CIA, NSA und Pentagon setzten ihre Unterstützung für die Contras gegen die Weltmeinung, gegen Beschlüsse des US-Kongresses und gegen regionale Friedensabkommen fort.

Ein Held namens Hasenfus

Am 5. Oktober 1986 traten Ereignisse ein, die den größten Skandal auslösten, der die USA seit Watergate erschütterte: Er ging als Iran oder Contragate in die amerikanische Geschichte ein. An jenem Tag war von der Luftwaffenbasis Ilopango bei San Salvador eine noch aus der Zeit des Koreakrieges stammende zweimotorige C-123 K-Transportmaschine aufgestiegen. Das mit Tarnanstrich und dem Kennzeichen HPF 821 versehene Flugzeug hatte panamaische Zulassungsdokumente an Bord. Seine vierköpfige Besatzung folgte genauen Instruktionen, wo sie ihre Ladung – automatische Sturmgewehre, 100.000 Schuß Munition, Werfergranaten, Armeestiefel und andere Nachschubgüter für innerhalb Nikaraguas operierende Contras – abwerfen sollte. Als Kicker – Verantwortlicher für das Ausladen in der Luft – stand der fünfundvierzigjährige Eugene Hasenfus aus Marinette (Wisconsin) an der Luke. Im Cockpit befanden sich die US-Bürger William Cooper und Wallace Sawyer. Sie gehörten zu der in Ilopango stationierten Staffel von Corporate Air Services – einem Unternehmen mit dürftig verschleiertem CIA-Hintergrund –, dessen Angehörige sich als »US-Militärberater« in El Salvador auszuweisen pflegten.

Doch im Gegensatz zu früheren Einsätzen, bei denen sie – durch Erkundungsergebnisse des Marinegeheimdienst-Satelliten Navstar und von RS 71-Maschinen der Air Force Intelligence exakt eingewiesen – den Abwehrstellungen der sandinistischen Luftverteidigung hatten ausweichen können, ging es diesmal schief. Eine Rakete traf das Flugzeug. Während die übrigen Besatzungsmitglieder in den Tod stürzten, entfaltete sich ein einzelner Fallschirm. Angehörige der Sandinistischen Volksarmee spürten den Überlebenden des Abschusses auf. Das Foto von seiner Festnahme erinnerte an das in die Geschichte eingegangene Bild des von einer schmächtigen vietnamesischen Milizionärin abgeführten US-Bomberpiloten, den man einst bei Hanoi vom Himmel geholt hatte.

Der hünenhafte Mann, der später in Managua Journalisten vorgeführt wurde, war Eugene Hasenfus – ein Held der westlichen Welt. Er und die beiden ums Leben gekommenen Amerikaner trugen unvorsichtigerweise ihre Identitätskarten aus Ilopango bei sich. Obwohl der Chef des salvadorianischen Regimes, José Napoleon Duarte, die Einbindung dieser Luftwaffenbasis in die Contrahilfe bestritt und auch Washington jeden Zusammenhang zwischen HPF 821 und offiziellen US-Dienststellen zunächst leugnete, kam die Wahrheit rasch ans Licht. Hasenfus, der erste amerikanische Gefangene im unerklärten Krieg gegen Nikaragua, verzichtete aufs Hakenschlagen. Durch sein umfassendes Geständnis wurde Langleys Sprecherin Kathy Pherson widerlegt, die erklärt hatte: »Der Bursche arbeitet nicht für uns, und die CIA ist auch nicht in den Fall verwickelt.«

Eugene Hasenfus bei der Festnahme

Auf zwei Pressekonferenzen nach seiner Gefangennahme ließ Hasenfus die Katze aus dem Sack. Er sei erst im Juni 1986 von William Cooper, dem HPF 821-Piloten, angeheuert worden. Dieser wiederum war lange Zeit Chefpilot der CIA-»Fluggesellschaft« Southern Air Transport (SAT) gewesen und bei der Firma auch dann geblieben, als diese 1973 der Tarnung halber an den Washingtoner Hausanwalt der beiden Geheimdienstlinien SAT und Air America verkauft wurde. Mit deren Maschinen hatten Cooper und Hasenfus schon in Südostasien viele Geheimflüge gemeinsam ausgeführt. Der »Lademeister« gab zu, während seines neuen Kontrakts mit der CIA bereits an zehn Mittelamerika-Einsätzen teilgenommen zu haben – viermal mit dem honduranischen Aguacate und sechsmal mit Ilopango als Ausgangspunkt.

Der später zu 30 Jahren Haft verurteilte und von Präsident Daniel Ortega bald darauf begnadigte Hasenfus wußte genau, daß Leugnen ohnehin nicht geholfen hätte: Das Bordbuch und andere Dokumente waren in den Trümmern der abgeschossenen Maschine sichergestellt worden. Aus ihnen gingen über 400 Flüge von HPF 821 und der Abwurf von 65 Tonnen militärischer Fracht über Nikaragua hervor. 1985 war der angeblich bei einer Privatfirma tätige Copilot Sawyer unter anderem von den US-Militärbasen Guantánamo auf Kuba, Roosevelt Roads auf Puerto Rico, Palmerola in Honduras und Howard Fields in der Panamakanalzone gestartet.

Nach dem Abschuß der Hasenfus-Maschine kamen auch Einzelheiten über die Südfront der Contras, für deren Nachschub Cooper und seine Mannen vor allem eingesetzt wurden, zur Sprache. Schlüsselfigur war hier der als Rancher verkleidete CIA-Agent John Hull (»El Patron«), der sechs Güter mit dazugehörigen Landestreifen für kleine Maschinen an der Grenze Costa Ricas zu Nikaragua betrieb. In unmittelbarer Nachbarschaft zum Hauptgebäude seiner Besitzungen am Rio San Carlos installierte die »Stimme Amerikas« einen Verstärker, um ihre Propaganda gegen Managua noch wirkungsvoller verbreiten zu können.

Von Hulls Territorium aus gingen Drogentransporte in die USA, hier wurden auch politische Morde geplant. Beispielsweise das Attentat am 30. Mai 1984 im nahegelegenen La Penca, bei dem acht Menschen den Tod fanden und Eden Pastora schwere Verletzungen erlitt. Pastora, ehemaliger Chef der sandinistischen Volksmilizen und zu den Contras übergelaufen, galt die Bombe. Er wollte sich nicht dem einstigen Nationalgardisten Calero unterordnen. Auf Hulls Ranch wurde schließlich der später aufgegebene Plan zu einem der bizarrsten Verbrechen debattiert: Man beabsichtigte, den neuernannten US-Botschafter in Costa Rica, Lewis Tambs, mit einer Mine in die Luft zu sprengen und den Mord anschließend Managua in die Schuhe zu schieben.

Doch kehren wir noch einmal zu Hasenfus zurück: Bei der Vernehmung nannte er die Namen seiner Chefs in Ilopango. Während sich Oberst James Steels als Kommandeur der US-Militärberater in El Salvador nur gelegentlich zeige, werde die Staffel von zwei exilkubanischen CIA-Agenten befehligt: Felix Rodriguez alias Max Gomez und Luis Posada Carriles alias Ramon Medina.

In beiden Fällen bedurfte es keiner großen Recherchen: Schweinebuchtveteran Rodriguez war schon 1967 mit anderen Kopfjägern in Bolivien auf die Fährte Ernesto Che Guevaras gesetzt worden, Carriles hatte bis zu seiner Flucht aus Caracas neun Jahre wegen des Anschlags auf die vor Barbados gesprengte kubanische Passagiermaschine in Gefängnissen Venezuelas zugebracht.

Ein Friedensengel mit CIA-Flügeln.
O. Harrington-Karikatur in »Daily World«

Vor und unmittelbar nach dem Abschuß von HPF 821 hatte Rodriguez aus einem »sicheren Haus« der CIA in San Salvador mehrere Male mit dem Mann telefoniert, der ihn für den Job in Ilopango auswählte: mit dem ehemaligen CIA-Agenten Donald Gregg, danach persönlicher Berater des US-Vizepräsidenten und ehemaligen CIA-Direktors George Bush. In jenen Tagen hatte er auch einen weiteren Bush-Adjutanten, Oberst Samuel Watson, angerufen. Immer neue Details wurden bekannt. So erfuhr man, daß Rodriguez bei Besuchen in Washington dreimal vom Vizepräsidenten persönlich empfangen worden war, um »die Lage in El Salvador zu erörtern«. Aus einer Aktennotiz des Bush-Büros ging jedoch hervor, daß »Nachschub für die Contras« zur Debatte gestanden hatte.

Übrigens zeigte Rodriguez auch auf einer anderen Strecke Talent. Wie die US-Zeitung »Newsday« am 4. Mai 1987 berichtete, sagte der Pilot Michael Toliver aus, er habe Mitte März 1986 mit einer DC-6 etwa 14 Tonnen militärische Güter von Miamis Internationalem Airport zur Contra-Lufwaffenbasis Aguacate in Honduras gebracht. Sein Auftraggeber sei »Eduardo Hernandez« alias Felix Rodriguez gewesen. Auf dem Rückflug zur Homestead Air Force Base bei Miami habe er zwölf Tonnen Marihuana mitgenommen. Dafür seien ihm 150.000 Dollar in Aussicht gestellt worden. Am 28. Juni 1987 veröffentlichte »Newsday« die beeidete Aussage eines gewissen Ramon Milian-Rodriguez vor dem Drogen-Unterausschuß des US-Senats. Um die CIA für sich einzunehmen, erklärte der »Geldwäscher« des kolumbianischen Kokainkartells, habe er fast zehn Millionen Dollar an Felix Rodriguez gezahlt. Die Summe sei seit 1983 in mehreren Raten überwiesen worden. »Das Kartell nahm an, es werde ein bißchen Freundschaft kaufen«, gestand der Mafioso.

Der Contragate-Skandal

Von Rodriguez und Gregg führte die Kette weiter zu Oberstleutnant Oliver North, damals Abteilungsleiter beim Nationalen Sicherheitsrat der USA, dem Kopf eines weitverzweigten Netzes zur Umsetzung der Reagan-Doktrin in verschiedenen Ländern der Welt. Es war geschaffen worden, um die bei der Bewilligung von Mitteln für die Contras widerspenstigen Senatoren und Abgeordneten auf dem Washingtoner Kapitolhügel vorsorglich auszuschalten. Im harten politischen Kampf bedurfte es keines demokratischen Beiwerks.

Reagan hatte empört auf die im Oktober 1984 von dem demokratischen Kongreßabgeordneten Edward Boland eingebrachte und durch das Repräsentantenhaus angenommene Verfassungsergänzung (Amendment) reagiert, mit der jede militärische Unterstützung von »Rebellen« in Mittelamerika und anderswo verboten wurde.

Demonstrativ nannte er die Terroristen »Freiheitskämpfer«, verglich sie mit den Gründungsvätern der Vereinigten Staaten und erklärte pathetisch: »Ich bin ein Contra.«[129] Von Beginn an zeigte sich Reagan gewillt, das Boland-Amendment zu mißachten. So war er selbst die treibende Kraft bei der Erschließung angeblich privater Hilfsquellen für die Gegner des sandinistischen Nikaragua.

»Ich habe gewußt, was vorging. Es ist eine Tatsache, während einer recht langen Zeit, es war eine Sache von Jahren ... es ist meine Idee gewesen«, zitierte »Time« den Präsidenten am 4. Januar 1988. »Als Reagan gewählt wurde, ergab sich die Chance, im Ausland Dinge zu wagen, ein schwächendes Vietnamsyndrom loszuwerden«, hatte »U.S. News & World Report« bereits am 15. Dezember 1986 angedeutet.

Während viele Millionen Dollar in die illegalen Kassen flossen – durch die von Washingtons Abgesandten unter Hinweis auf Schwierigkeiten im Kongreß diskret erbetene Großzügigkeit der Regierungen reaktionärer Ölstaaten wie durch die Rührigkeit CIA-inspirierter Kreise vom Schlag der rechtsradikalen Antikommunistischen Weltliga des US-Generals John Singlaub –, bedurfte es einer geheimen Organisation, um das Vorgehen zu koordinieren. Wie Steven Emerson in seinem Buch »Secret Warriors: Inside the Covert Military Operations of the Reagan Era« (Geheime Krieger: Inmitten der Verdeckten Militärischen Operationen der Reagan-Ära) enthüllte, hatte Langley bereits im Juli 1983 einen Plan entwickelt, die Contras über gewinnbringende Waffenverkäufe an Honduras, Guatemala, Brasilien und Argentinien zu finanzieren.

CIA-Direktor Casey hielt Oliver North für einen hinreichend erfahrenen Mann, um die erwogene Aktion nunmehr in Gang zu bringen. In Südvietnam hatte der zackige Ledernacken-Offizier als Adjutant General Singlaubs einer Sondergruppe zur physischen Ausrottung von Kadern der Befreiungsfront angehört. Seit 1981 im Nationalen Sicherheitsrat, spielte er eine führende Rolle bei der US-Aggression gegen Grenada. »North sprach ein- oder zweimal am Tag mit Clair George, Caseys Stellvertreter für illegale Operationen«, berichtete »Newsweek« am 2. März 1987 über die direkten Verbindungen zur Chefetage in Langley. Der CIA-Direktor sorgte persönlich für die Ausrüstung der Sondertruppe mit 15 Chiffriergeräten KL43, die von der NSA geliefert wurden, damit North und sein Stab nicht über offene Leitungen mit ihren Leuten in Mittelamerika telefonieren mußten. Zielstrebig ging der Oberstleutnant an die Verwirklichung des Geheimplans, den er ironischerweise »Projekt Demokratie« taufte. Zur Verfügung standen sechs von der CIA beschaffte Flugzeuge, Wartungsanlagen, Lagerhallen, Schiffe, Boote, Fahrzeuge, gepachtete Häuser und Fernmeldesysteme sowie diverse Flugplätze und Landestreifen.

Casey griff die von North unterbreitete Idee, ein profitträchtiges Geschäft abzuwickeln, freudig auf: Um den von proiranischen Gruppen in Libanon entführten und später getöteten CIA-Station Chief William Buckley vor dessen befürchteter Redebereitschaft freizubekommen und gleichzeitig das Verhältnis zu prowestlichen Kräften in Teheran zu erwärmen, wollte man der mit amerikanischen Modellen ausgerüsteten und nachschubbedürftigen Armee des Landes über Zwischenhändler Waffen zu überhöhten Preisen verkaufen. Der dabei erzielte Gewinn sollte ohne Wissen des US-Kongresses auf Nummernkonten der Contras in der Schweiz umgeleitet werden.

Da der CIA-Chef nicht ohne Grund mit der Gefahr von Enthüllungen rechnete, bedeutete er North, das Glied in der Kette zu sein, das man »notfalls verleugnen« werde. »Casey sagte, jemand müsse diese Rolle übernehmen, müsse bereit sein, den Schlag auf sich zu nehmen, falls die geheime NSC-Operation je bekannt werden sollte«,[130] schilderte Bob Woodward in der »Washington Post« die Vergatterung des auserwählten Prügelknaben.

Zwischen September 1985 und November 1986 wurden zumindest sechs Flugzeugladungen mit 300 Tonnen Waffen – 2.000 panzerbrechende TOW-Raketen, 235 Boden-Luft-Raketen des Typs Hawk und Ersatzteile für die iranische Luftwaffe – nach Teheran befördert. Unter der Codebezeichnung Operation »Recovery« ließ die CIA für zwölf Millionen Dollar beim Pentagon bezogene Ware zunächst nach Israel schaffen. Über dortige und iranische Vermittler, die eine Provision von 15 Millionen Dollar kassierten und den Teheraner Kunden 50 Millionen abknöpften, wurde die brisante Lieferung ans Ziel gebracht. Die Differenz ging auf ein CIA-Sammelkonto bei der Schweizer Kreditanstalt, auf das bereits für rechte Gruppen in Afghanistan, Angola und Mittelamerika bestimmte Spenden Saudi-Arabiens, Bruneis und anderer Hilfswilliger in Höhe von Hunderten Millionen Dollar eingezahlt wurden.

Die afghanischen Taliban- und Al-Qaida-Banden wurden von der CIA mit Luftabwehrraketen ausgerüstet

Um den irakisch-iranischen Konflikt im grenznahen Raum zur Sowjetunion noch zusätzlich aufzuheizen, betrieb Langley ein Doppelspiel: Es verkaufte nicht nur Waffen an Teheran, sondern versorgte zugleich Irak über eine direkte CIA-Leitung zwischen Washington und Bagdad mit US-Satellitenaufnahmen, um präzise Bombardements in Iran zu ermöglichen. Casey überwachte diese Operation persönlich.

In dem Netz von »Privatpersonen ohne Regierungshintergrund«, das North auf Weisung des Geheimdienstchefs schuf, spielte General Richard Secord die Rolle der Spinne. Seine gesamte Laufbahn bestimmte ihn für diesen Job: In Indochina hatte er großen Anteil an den Operationen der CIA-Linie Air America zur Versorgung der laotischen Schattenarmee Vang Paos, später diente er als Berater der durch die USA ausgehaltenen Regierung Südvietnams und war in den siebziger Jahren schließlich Leiter einer Hilfsmission der U.S. Air Force, die in Iran beim Aufbau der Schah-Luftwaffe die Fäden zog. Mit dem Amtsantritt der Reagan-Regierung holten ihn Verteidigungsminister Caspar Weinberger und sein Stellvertreter Frank Carlucci als Vizechef der Abteilung Nahost ins Pentagon, bis er Mitte 1983 plötzlich in die Industrie ging, um gemeinsam mit dem US-Bürger iranischer Herkunft Albert Hakim eine Scheinfirma für die CIA aufzuziehen. Dieses Unternehmen war es auch, das die Maschinen der Staffel von Corporate Air Services (Sitz Miami) besorgte und zugleich den die Contras begünstigenden Handel mit Teheran in die Wege leitete. Den Löwenanteil der Beute steckten Secord und Hakim in die eigene Tasche. Der Abschuß von HPF 821 und die Aussagefreudigkeit Hasenfus' brachten den Stein ins Rollen. Untersuchungen ließen das feingesponnene Gewebe Stück für Stück sichtbar werden. Auf Watergate war Contragate gefolgt.

Der CIA-Direktor und sein Stellvertreter Robert Gates wurden vor die Geheimdienstausschüsse beider Häuser des Kongresses geladen. Am 29. Dezember 1986 berichtete »U.S. News & World Report«: »Casey bezeugte auf dem Kapitolhügel, daß er des Plans, Waffen an Iran zu verkaufen, nur vage gewahr geworden sei und über den Transfer von Waffen und Geld an die Contras nichts gewußt habe.« Am Tag vor einer zweiten Anhörung wurde der CIA-Direktor nach plötzlichen Anfällen ins Georgetown-Hospital eingeliefert, wo man ihm einen Gehirntumor entfernte. Danach war er bis zu seinem Tod nicht mehr vernehmungsfähig.

Chefsicherheitsberater Admiral John Poindexter und Oliver North wurden von Reagan noch im November 1986 entlassen, was den Präsidenten indes nicht an einer Laudatio hinderte:

North besitze »eine feine Vergangenheit«. Er sei »ein Nationalheld«. Seine einzige Kritik bestehe darin, daß der Offizier ihm nicht alles gesagt habe, lobte der Präsident den Rambo und Rammbock des geheimen Teams, der rechtzeitig fast alle belastenden Dokumente in den Reißwolf gesteckt hatte. Infolgedessen konnte die Untersuchungskommission die Vorgänge lediglich teilweise rekonstruieren. Dennoch förderte sie schwerwiegende Indizien zur Rolle Reagans zutage. So hatte der Präsident am 9. Januar 1986 unter Umgehung von Senat und Repräsentantenhaus eine geheime Weisung unterzeichnet, den Contras »Aufklärungshilfe«, Ausbildung und Nachrichtenmittel zu gewähren. Nur eine Woche später war von ihm die Order für Waffenlieferungen an Iran signiert worden.

Oberstleutnant Oliver North

North, der Reagan zu decken hatte, zog vor der Untersuchungskommission eine große Treueshow ab. »Wenn der Oberkommandierende seinem Oberstleutnant sagt, er solle in eine Ecke gehen und dort Kopfstand machen, dann werde ich das tun«, erklärte er. »Und wenn er beschließt, mich zu entlassen, dann salutiere ich stolz, sage ›Danke für die Gelegenheit, gedient zu haben‹, und gehe.«[131] North gab jedoch zu, ebenso wie Casey den Kongreß vorsätzlich belogen zu haben. »Lügen fällt mir nicht leicht«, sagte er. »Aber wir alle hatten zwischen Leben und Lügen abzuwägen.«[132]

Am Ende wurden Reagans vierter Chefsicherheitsberater Poindexter, North, General Secord und Albert Hakim als »Einzeltäter« in die Wüste geschickt. Am 16. März 1988 stellte man sie unter Anklage. North wurde der vorsätzlichen Falschaussage, der Vernichtung von Dokumenten und der Unterschlagung für die Contras bestimmter Gelder beschuldigt. Mit einer Maximalstrafe von 85 Jahren Freiheitsentzug und vier Millionen Dollar bedroht, kündigte er nunmehr an, durch seinen Anwalt »höchste Washingtoner Beamte« – möglicherweise Reagan und Bush – in den Zeugenstand rufen zu lassen.

US-Präsident Ronald Reagan

Das Verhältnis von North und Poindexter zu George Bush war auch nach ihrer Entlassung aus den Diensten des Weißen Hauses ungetrübt. Im Dezember 1986 lud der Vizepräsident beide zu seiner offiziellen Weihnachtsfeier ein. In Wahlkampfreden habe der spätere Präsident North »einen Patrioten und Helden« genannt, berichtete am 18. März 1988 die »International Herald Tribune«.

So nimmt es wohl nicht wunder, daß Oliver North am Ende ungeschoren blieb. Seine Verurteilung wurde nicht rechtskräftig. Eine Begnadigung kam dem zuvor. Mehr noch: Nachdem er als Eigentümer einer Firma für die Herstellung kugelsicherer Westen seine ersten Millionen verdient hatte, wollte North im November 1994 sogar in die große Politik einsteigen. Als Sturmspitze extrem rechter Kreise bewarb er sich um einen der beiden Senatssitze des Bundesstaats Virginia und brachte es dabei zum offiziellen Kandidaten der Republikanischen Partei. Die Ideologen der einflußreichen Christlichen Rechten – der Fernsehprediger »Pat« Robertson und Jerry Falwell von der Moral Majority (Moralische Mehrheit) – sowie George Bush und und der spätere republikanische Präsidentschaftsbewerber Bob Dole eilten dem zum Kriegshelden hochstilisierten Vietnam-Veteranen vom Podium aus zu Hilfe. Millionen Dollar gingen auf sein Wahlkampfkonto ein. Unter den Mäzenen des Oliver North befanden sich Magnaten der Öl-, Stahl- und Kohleindustrie wie Bruce Gottwald von der Ethyl Corporation, die 1993 bei einem 6,9 Milliarden-Dollar-Anlagevermögen Gewinne von 232 Millionen Dollar einfahren konnte.

Der Liebling der Ultrakonservativen wurde jedoch trotz aufwendiger Fernsehwerbung und des Engagements diverser Postversandketten, die Hunderttausende Wähler Virginias mit Propagandapamphleten für den »nationalgesinnten Kandidaten« bombardierten, durch seinen Gegenspieler aus der Demokratischen Partei an den Wahlurnen geschlagen.

Übrigens sollte auch Duane R. Claridge, der einstige CIA-Chef für Lateinamerika und Koordinator aller Operationen gegen Nikaragua, wegen der Iran-Contragate-Affäre vor Gericht gebracht werden. Einem Untersuchungsausschuß des Kongresses hatte er erklärt, an Teheran gehende Waffenlieferungen für Ölbohrausrüstungen gehalten zu haben. 1991 war er in sieben Punkten, auf die jeweils fünf Jahre Freiheitsstrafe drohten, wegen Falschaussagen gegenüber dem Repräsentantenhaus unter Anklage gestellt worden. Doch Claridge blieb die Unbill eines Gerichtsverfahrens erspart. Am Weihnachtsabend 1992 wurde er, dem bei einer Abschiedsparty von CIA-Kollegen ein Modell der Mine überreicht worden war, die der Geheimdienst seiner Weisung folgend in den Häfen der nikaraguanischen Pazifikküste gelegt hatte, gemeinsam mit fünf anderen Verschwörern durch Präsident George Bush begnadigt.

Im Januar 1987 brachte »Political Affairs«, das Theorieorgan der KP der USA, einen Artikel aus der Feder Gus Halls über das geheime Hauptquartier im Kellergeschoß des Weißen Hauses. Unter Reagan habe sich der Nationale Sicherheitsrat »zu einer unsichtbaren Junta entwickelt, die von einer speziell ausgewählten Clique von Militärs und Geheimagenten geleitet wird«. Diese »hatte Zugang zu den Waffenarsenalen des Pentagon ... Sie besaß auch geheime Verbindungen zu den Zentralen der größten Rüstungsmonopole«. In seltener Übereinstimmung mit dem Führer der Kommunisten meinte Senator Paul Sarbanes aus Maryland: »Es scheint mir, daß das, was sich bei all dem ereignet hat, ... tatsächlich eine Junta innerhalb der Regierung der Vereinigten Staaten gewesen ist.«[133]

Um aus dem peinlichen Schlamassel von Iran und Contragate, das eine neue Lawine scharfer Angriffe auf Washingtons Geheimdienste ausgelöst hatte, herauszukommen, präsentierte das Weiße Haus einen »lupenreinen Mann« als neuen CIA-Direktor: Richter William H. Webster, der in neunjähriger Tätigkeit an der Spitze des FBI der Geheimpolizei zu einem einigermaßen sauberen Image verholfen hatte. »Honest Bill« (redlicher Bill), wie die großbürgerliche Presse ihn nannte, sei ein »hochgeschätzter Experte, der der CIA die dringend erforderliche Glaubwürdigkeit verschaffen« werde, begeisterte sich Robert Byrd, Führer der Demokraten im Senat, während Robert Dole als Sprecher der republikanischen Fraktion seiner Hochstimmung mit den Worten Ausdruck gab, daß »Webster die Materie des Geheimdienstes in allen ihren Feinheiten beherrscht und die Behörde mit sicherer und starker Hand leiten wird«.[134] Nachdem Reagan bei der Ernennung seines Favoriten verkündet hatte, Webster sei »ein Mann von Ehre und Integrität, der sich der Rechtsstaatlichkeit verpflichtet fühlt«, stellte die »New York Times« am 9. September 1987 fest: »Einige Beamte sagten, daß Mr. Webster kein Gegner verdeckter Operationen sei und daß diese, einschließlich der Unterstützung für die angolanischen Rebellen, ihren Fortgang nehmen.«

William Webster, inzwischen CIA-Direktor, zeigte sich gern mit attraktiven Frauen. Hier mit der Schauspielerin Eva Gabor

Wie unter Casey hetzte die »Company« ihre Contras weiter gegen Nikaragua und tat alles, um das mittelamerikanische Friedensabkommen und die zwischen den nikaraguanischen Parteien erzielten Übereinkünfte zu unterlaufen.

Schon im Oktober 1987 wurde die Washingtoner Politszene durch neue Enthüllungen erschüttert. Mit 500.000 Exemplaren erschien bei Simon & Schuster ein Buch von Bob Woodward, der einst mit seinen Artikeln über Watergate zum Sturz Präsident Richard Nixons beigetragen hatte: »VEIL: The Secret Wars of the CIA, 1981-1987« (»Geheimcode VEIL: Reagan und die geheimen Kriege der CIA«; Veil (Schleier) war Caseys Codebezeichnung für verdeckte Aktionen). Es stützte sich auf jahrelange Recherchen, eine Fülle authentischen Materials und Dutzende Gespräche des einflußreichen Journalisten mit dem Geheimdienstchef. Spektakuläre Verbrechen der CIA wurden von Woodward wie alltägliche Vorgänge beschrieben. So erfuhr der Leser auch die Hintergründe einer am 8. März 1985 in Beirut verübten blutigen Gewalttat. Dort wurde auf Scheich Muhammed Hussein Fadlallah, den Führer einer radikalen islamischen Gruppe, ein Anschlag unternommen. Von Langley waren mehrere Teams aus örtlichen Agenten formiert worden, Saudi-Arabien hatte drei Millionen Dollar für verschiedene Operationen bereitgestellt. Die Vereinbarung darüber erfolgte zwischen Casey und Riads Botschafter in Washington, Prinz Bandar, unter vier Augen. Während das Attentat auf den Scheich fehlschlug, tötete die Autobombe 80 Menschen, darunter viele Frauen und Kinder. Die Saudis hätten der CIA weitere Beträge zur Verfügung gestellt, berichtete Woodward. Insgesamt seien 32 Millionen Dollar für die Contras, zwei Millionen Dollar zur Verhinderung eines Wahlerfolges der Italienischen Kommunistischen Partei im Jahr 1985, acht Millionen Dollar für antilibysche Operationen in Tschad sowie eine nicht spezifizierte Summe »zum Kampf gegen das Regime Äthiopiens« eingegangen.

Der neue CIA-Chef verspricht, die Behörde zu säubern. O. Harrington-Karikatur in »Daily World«

»VEIL« listete Politiker der Dritten Welt auf, die nach dem Urteil des Autors der CIA nahegestanden haben oder ihr weiterhin dienstbar sind. So sei der nach seiner Wahl erschossene libanesische Präsident Bashir Gemayel während seiner Tätigkeit in einer Washingtoner Anwaltsfirma rekrutiert worden und habe überdies für seine christlichen Phalangemilizen zehn Millionen Dollar aus Langley bezogen. El Salvadors damaligen Präsidenten José Napoleon Duarte habe die CIA »einen höheren Stellenwert als einem nur gelegentlichen Informanten« gegeben. Jordaniens König Hussein sei von 1957 bis zum Amtsantritt der Carter-Administration durch die »Company« unter dem Codewort »No Beef« (Kein Fleisch) finanziell betreut worden und habe insgesamt etwa 15 Millionen Dollar erhalten. Schon im Februar 1977 hatte Woodward in einer anderen Veröffentlichung mitgeteilt, der ins Ausland geflüchtete tibetische Dalai Lama werde ebenfalls von der CIA bezahlt. Die Tatsache, daß in der »Guilforder Chronik« erstmals ein Foto auftauchte, das die Ausbildung von Agenten aus Tibet durch CIA-Offiziere in Colorado zeigt, deutet in diese Richtung.

Tibetische Agenten werden von CIA-Offizieren in Colorado ausgebildet

Während »VEIL« in Washington für Aufsehen sorgte, wurden auch aus anderen Quellen immer neue Einzelheiten über verdeckte Aktionen der CIA bekannt. So erfuhr man, daß Schwedens 1986 ermordeter Premier Olof Palme, der in den USA studiert hatte, jahrelang durch einen Sonderagenten des Stockholmer CIA-Büros – einem von über 200 operativen Zentren des US-Geheimdienstes in Westeuropa – beschattet worden war. Ex-Justizminister Ramsey Clark ließ wissen, Langley hätte 1987 über zehn Millionen Dollar für subversive Operationen in den Philippinen ausgegeben. Die CIA stehe hinter den dortigen Todesschwadronen, von denen bereits zahlreiche Politiker ermordet worden seien.

Im Inselstaat Mauritius, so berichtete die US-Presse, habe die CIA der Opposition gegen die linke Regierung mit erheblichen Beträgen unter die Arme gegriffen. Aus Fidschi kam die Nachricht, der Sturz des für einen atomwaffenfreien Südpazifik eintretenden Labourkabinetts unter Dr. Timoci Bavadra sei Geheimdienstarbeit gewesen: Nach einem Kurzbesuch des früheren CIA-Vizedirektors General Vernon Walters habe ein fünfköpfiges Kommando aus US-Geheimdienstoffizieren den durch Langley angekauften Oberst Sitiveni Rabuka auf dem Archipel ans Ruder gebracht. Schreckliches hörte man aus Kolumbien, wo in kurzer Zeit mehr als 600 Mitglieder und Sympathisanten der linksgerichteten Patriotischen Union, darunter deren Präsidentschaftskandidat Jaime Pardo Leal, im Verlauf eines durch die CIA abgesegneten Ausrottungsfeldzugs ermordet wurden. Und aus Tegucigalpa verlautete, ein Sondertribunal der Organisation Amerikanischer Staaten habe festgestellt, Angehörige des Bataillons 316 der honduranischen Armee hätten die Verantwortung für zahlreiche Morde und für das Verschwinden von mindestens 120 Menschen getragen. Wie man erfuhr, war die Sondereinheit nach einem von Präsident Reagan angeregten Programm zur »Professionalisierung« der Streitkräfte des mittelamerikanischen Landes durch CIA-Instrukteure in Texas gedrillt worden.

»Die Methoden, die in dem Handbuch von 1983 gelehrt wurden, und diejenigen, welche vom Bataillon 316 in den frühen achtziger Jahren angewendet wurden, weisen unmißverständliche Ähnlichkeiten auf«, unterstrich »The Baltimore Sun« am 27. Januar 1997.

Welche Dimensionen die Zusammenarbeit der US-Geheimdienste mit Terroristen angenommen hatte, wurde von offizieller Seite eingestanden, als Präsident Bill Clintons nach 20 Monaten Tätigkeit unter dem Druck des Langleyer Establishments im Dezember 1996 wieder abgehalfterter CIA-Direktor John Deutch einige der schlimmsten Auswüchse zu beschneiden suchte. Deutch, der auf Robert M. Gates und R. James Woolsey gefolgt war, hatte in einer unverzüglich geharnischte Proteste des Directorate of Operations auslösenden internen Dienstanweisung sämtliche CIA-Gliederungen verpflichtet, sich umgehend von jenen Mitarbeitern zu trennen, welche in ruchbar gewordene Menschenrechtsverletzungen (Human Rights Abuses) verstrickt seien. »Während der letzten beiden Jahre hat die CIA in aller Stille mehr als eintausend Geheiminformanten aus ihrer weltweiten Besoldungsliste gestrichen«, teilte die »Washington Post« am 3. März 1997 mit. Die Entlassenen seien entweder »unproduktiv« oder »in ernste kriminelle Machenschaften verwickelt« gewesen. Mehr als einhundert Personen müßten mit besonders schweren Straftaten wie Mord, Kidnapping und anderen Gewaltakten in Zusammenhang gebracht werden. Überdurchschnittlich hoch sei die Zahl der aus solchen Gründen Gemaßregelten in Lateinamerika, im Nahen Osten und in Asien.

Die Zeitung informierte über die Entrüstung von CIA-Case Officers, die sich durch die Deutch-Linie entmutigt fühlten, auch in Zukunft »verrufene Ausländer zu rekrutieren, die wertvolle Daten beschaffen können«. Ein zitierter Geheimdienstler erklärte unumwunden: »Mutter Theresa ist keine nützliche Person, wenn man etwas über Indiens Nuklearprogramm herausfinden will.« Zum Spionagegeschäft passe »nicht so leicht ein absolutes Verbot der Gewinnung ausländischer Agenten mit kriminellem Hintergrund«, wandte auch die »New York Times« am 5. März 1997 ein. »Es kann durchaus Fälle geben, in denen die Verteidigung grundlegender amerikanischer Sicherheitsinteressen den Einsatz fragwürdiger Informanten erfordert.«

Übrigens besaß der von Clinton nominierte Deutch-Nachfolger – sein vorheriger Chefsicherheitsberater Anthony Lake – keine Chancen der Bestätigung, nachdem er seine Absicht einer »Erneuerung« der CIA angekündigt und erklärt hatte, die nun 28 Milliarden Dollar verschlingende Intelligence Community sei »durch Turbulenzen und Skandale erschüttert« worden. Lake zog seine Kandidatur für den Posten des CIA-Direktors zugunsten des eher akzeptierten stromlinienförmigen Aufsteigers George J. Tenet zurück, da ihm im Geheimdienste-Ausschuß des Senats heftiger Widerstand entgegengeschlagen war.

Unter der Präsidentschaft Bill Clintons, der die Geheimdienste weniger als seine Amtsvorgänger Ronald Reagan und George Bush hofierte, kamen delikate Details der Grauzonen-Aktivitäten der USA zur Sprache. Erstmals war im Zusammenhang mit der CIA auch von offensichtlicher Unfähigkeit die Rede. »Die Bürokratie des Directorate of Operations wurde von Inkompetenz, Korruption, Vertuschungsversuchen und einer empörenden Kette von Spionagepannen geplagt«, betonte »U.S. News & World Report« am 4. Juli 1994. Die Zeitschrift gab die Worte eines verdrossenen Führungsoffiziers wieder: »Der geheime Dienst krankt seit langem. Er ist der Verlogenheit und der Mittelmäßigkeit verfallen. Zum größten Teil steckt er voller Leichtgewichte.«

Bei der CIA zähle Quantität mehr als Qualität, bemerkte die Zeitschrift. Nach Angaben des ehemaligen Spitzenbeamten Kerr entspreche die berufliche Qualifikation von 80 Prozent der Mitarbeiter des Operativbereichs nicht den an sie gestellten Anforderungen. Sie seien »zu amerikanisch«, verfügten in unzureichendem Maße über Sprachkenntnisse und ignorierten die Kulturen fremder Länder. »Viele CIA-Beamte in Übersee sprechen nicht einmal bedeutendere europäische oder asiatische Sprachen.« Im übrigen seien diese Mängel nicht neu: Schon 1984 habe Präsident Reagans Beirat für Geheimdienstangelegenheiten darauf verwiesen, daß zum Beispiel nur etwa 20 Prozent der CIA-Leute in Mexiko-Stadt umgangssprachliche Kenntnisse im Spanischen besessen hätten.

Als dürftig sei die Vorbereitung neuer Agenten auf ihre Mission anzusehen, urteilte »U.S. News & World Report«. »Die Ausbildung, die die CIA ihren Geheimdienstoffizieren angedeihen läßt, verstärkt noch die Probleme des Provinzialismus. Künftige Case Officers nehmen nur ein Jahr lang an praktischen Übungen teil, wobei sie die überwiegende Zeit in den armeekasernenähnlichen Unterkünften auf der ›Farm‹ – dem CIA-Ausbildungskomplex in Camp Peary (Virginia) – zubringen. Sie absolvieren dort einen 16 bis 20 Wochen dauernden paramilitärischen Lehrgang, um im Schießen, Patrouillieren, Kartenlesen, Entweichen aus Gefangenschaft und Überleben in der Wildnis unterwiesen zu werden.«

Wie »erfolgreich« Camp Pearys Zöglinge bisweilen dann in ihren Einsatzländern sind, verriet Duane R. Claridge in seinem Buch »Ein Spion für alle Wetter: Mein Leben in der CIA«, das David Wise am 20. März 1997 in der »Washington Post« rezensierte. Er kenne »keinen bedeutenden Einzelfall«, in dem die Agency einen Bürger der UdSSR von sich aus habe rekrutieren können – und das, obwohl gerade darin ein weltweites Hauptziel der CIA in vier Jahrzehnten des Kalten Krieges bestanden habe, räumte Claridge ein. Fast sämtliche sowjetischen Agenten, die für die Vereinigten Staaten gearbeitet hätten, seien »Walk-in Volunteers«, hereinspazierende Freiwillige, gewesen.

Abreise aus Kurdistan

Auch anderswo verlief nicht immer alles nach Plan. Besonders schmerzhaft war für Langley das im Herbst 1997 gemeldete Auffliegen der verdeckten CIA-Operation in der von den USA und der NATO »garantierten« Sicherheitszone Irakisch-Kurdistan, die auch als von der Herrschaft Saddam Husseins befreites Gebiet bezeichnet wird. Unter dem Vorwand des Kampfes gegen das faschistoide Bagdader Regime – tatsächlich geht es Washington vor allem um das irakische Erdöl – hatte die CIA gleichzeitig zu den beiden rivalisierenden kurdischen Gruppen Kontakt aufgenommen: zur Demokratischen Partei Kurdistans unter Massoud Barzani und zur von ihr abgespaltenen Patriotischen Union Kurdistans von Jalal Talabani. Die Idee der CIA habe darin bestanden, die kurdischen politischen Kräfte und arabische Kreise in Nordirak in einer durch sie inspirierten Dachorganisation – dem Irakischen Nationalkongreß – zu vereinigen, berichtete die amerikanische Presse. Das Vorhaben sei jedoch gescheitert, da die USA zwar beiden Parteien – zumindest indirekt – erhebliche finanzielle Hilfe geleistet, unter türkischem Druck aber deren politische Hauptforderung nicht befürwortet hätten: einen autonomen Status für Kurdistan. So sei es zu Spannungen gekommen.

Zunächst aber richtete die CIA in Salah ad Din unweit des Regionalzentrums Arbil einen aus vier Gebäuden bestehenden »Compound« ein und entsandte einige ihrer versiertesten Nahost-Spezialisten sowie Case Officers mit Afghanistan-Erfahrung wie Warren Marik in ihr neues Kurdistan-Hauptquartier. Hochsensible Elektronik für Überwachung und Mitschnitt des Funkverkehrs von Kurden und Irakern wurde installiert. Die CIA warb alles an, was für ein Handgeld zur Zusammenarbeit bereit war. So entstand eine etliche hundert Mann umfassende Bande schwerbewaffneter Hilfswilliger. »Sie trugen keine Abzeichen, aber jeder wußte, wer sie waren«,[135] zitierte die »International Herald Tribune« einen »irakischen Dissidenten«, der im Compound zu tun gehabt hatte. Die CIA-Milizen seien nicht zuletzt geschaffen worden, um auf die durch Saddam Hussein besonders scharf verfolgten Kommunisten zu achten, die in Irakisch-Kurdistan legal arbeiteten und über Einfluß verfügten, las man dort.

Doch die US-Geheimdienstler konnten ihre gut ausgebauten Stützpunkte nicht auf Dauer halten. Im Hochsommer 1996 kam es in der Schutzzone zu einem militärischen Zusammenprall zwischen den zu Iran neigenden Talabani-Leuten und der plötzlich auf die Seite Bagdads übergegangenen Führung der Demokratischen Partei Kurdistans. In schweren Kämpfen, bei denen Barzanis Stammeskrieger gemeinsam mit den irakischen Truppen Saddam Husseins operierten, wurden Arbil und andere Orte am 31. August 1996 zeitweilig überrannt. Die USA, die sich eine Abrechnung der Geheimpolizei Saddam Husseins mit Anhängern der KP erhofften, blieben zunächst bei Drohgebärden und beantworteten den Angriff auf die Schutzzone erst später mit »Vergeltungsschlägen« ihrer Luftwaffe gegen dichtbesiedelte Zentren Iraks. Die CIA aber mußte – zumindest vorerst einmal – abrücken. Am 28. August 1996 sah sich ihr »Team« zur Flucht aus Salah ad Din gezwungen. Bald darauf wurden 5.500 Personen – der CIA und anderen US-Behörden verpflichtete Hilfswillige und deren Familienangehörige – evakuiert. Man brachte sie auf die türkische NATO-Luftwaffenbasis Incirlik und von dort aus in Schüben auf die Pazifikinsel Guam. Fünf Monate verbrachten sie auf der Andersen Air Force Base. Dann erst flog man sie in die Vereinigten Staaten, wo sie um politisches Asyl nachsuchten. Am 12. Mai 1997 meldete die »Washington Post«, eine 13köpfige Gruppe der eingeflogenen Iraker und Kurden sei inzwischen vom FBI unter der Beschuldigung festgesetzt worden, in Wahrheit für den Geheimdienst Saddam Husseins spioniert zu haben.

Zu dem Fiasko geheimdienstlicher Tätigkeit der USA in Irakisch-Kurdistan kam das klägliche Scheitern der von Jordanien aus gegen Bagdad wirkenden CIA-Schöpfung »Irakische Nationale Übereinkunft« (Iraqui National Accord – INA), für deren Finanzierung die Bush-Administration im Jahr 1991 rund 40 Millionen Dollar aufgewendet hatte. Die Aktivitäten zum Sturz des Bagdader Regimes wurden unter Clinton stark heruntergefahren. 1997 standen dafür nur noch fünf Millionen Dollar zur Verfügung. Dennoch tut man so, als sei der Tatendrang ungebrochen. So nennt sich einer der beiden durch die INA betriebenen CIA-Sender – die zweite Station befindet sich in Kuweit – nach wie vor »The Future« (Die Zukunft). Schwarzer Humor aus Langley!

Maulwurf im Rosenbeet

Die empfindlichste Schlappe, die die CIA seit ihrer Gründung einstecken mußte, drang am 21. Februar 1994 an die Öffentlichkeit. An jenem Tag wurde der 52jährige Aldrich »Rick« Ames – Sohn eines Case Officers und selbst ein hochrangiger Beamter der CIA – als sowjetisch-russischer »Maulwurf« (Mole) in der Zentrale des amerikanischen Geheimdienstes enttarnt und festgenommen. Obwohl er schon bald darauf nach einer Vereinbarung mit dem Richter zu einer lebenslangen Freiheitsstrafe ohne die Chance vorzeitiger Entlassung verurteilt worden war, erhielt Ames, über dessen Biographie inzwischen fünf Bücher vorliegen, Gelegenheit, dem Journalisten Pete Earley seine Version der Geschehnisse in mehreren Gesprächen unter vier Augen anzuvertrauen.

Wie die »New York Times« am 3. März 1997 in einer Besprechung des Earley-Reports »Confessions of a Spy: The Real Story of

Aldrich Ames« (Geständnisse eines Spions: Die wahre Geschichte des Aldrich Ames) schrieb, handelte es sich bei dem ehemaligen CIA-Mann um die »wertvollste Quelle, die die Sowjetunion jemals innerhalb des amerikanischen Geheimdienstes besessen hat«. Offiziell werde Ames als »inkonsequenter, herumbummelnder Bürokrat« geschildert, »der die meisten Nachmittage an seinem Schreibtisch dösend verbracht« habe. »Doch wenn Ames so ein inkompetenter Blödmann war – warum hat ihm die CIA dann Zutritt zu den ausgewähltesten Geheimnissen gewährt? Und wenn er seine Arbeit wirklich so miserabel gemacht hat, warum bedurfte es eines Zeitraums von neun Jahren, um ihn zu fangen?« fragte die »New York Times«.

KGB-»Maulwurf« Aldrich »Rick« Ames

Ames nannte seinem sowjetischen Führungsoffizier mindestens 25 gutplazierte »Quellen« in der UdSSR und brachte Dutzende von verdeckten Aktionen, in die Langley etliche Millionen Dollar gesteckt hatte, zum Entgleisen. Nachdem er zuvor auf einem Auslandsposten in Mexiko-Stadt gedient und in New York bei der geheimdienstlichen Betreuung des zu den Amerikanern übergelaufenen stellvertretenden UN-Generalsekretärs Arkadi Schewtschenko weitere Erfahrungen gesammelt hatte, wurde Ames, der leidlich russisch sprach und inzwischen als KGB-Spezialist galt, im Oktober 1983 zum Ressortleiter für sämtliche CIA-Operationen in der Sowjetunion ernannt. Damit hatte er Zugang zu allen Top-Secret-Berichten dieses sensiblen Bereichs. Er war der einzige, dem die Namen der für Langley in der UdSSR und in sowjetischen Auslandsvertretungen arbeitenden Agenten bekannt waren.

1983 – so behauptete Earley am 17. Februar 1997 unter Berufung auf Ames in »U.S. News & World Report« – besaß die CIA mehr Spione im Moskauer Machtbereich als zu einer beliebigen anderen Zeit. »Mein Gott, wir hatten jeden Aspekt des sowjetischen Systems durchsetzt«, habe der spätere »Maulwurf« in der Haft geprahlt. Unter den CIA-Agenten befanden sich auch zwei KGB-Offiziere in der Washingtoner Botschaft der UdSSR – Waleri F. Martinow (Gentile) und Sergej Motorin (Gauze).

Ames, der mit einer auf großem Fuße lebenden kolumbianischen Ex-Diplomatin verheiratet war und bei einem Jahresgehalt von 45.000 Dollar seinen anspruchsvollen Lebensstil nur dadurch aufrechterhalten konnte, daß er sich hoch verschuldete, suchte am 16. April 1985 sowjetische Diplomaten und Geheimdienstler auf, um ihnen Informationen aus erster Hand anzubieten. Das Interesse seiner neuen Partner war begreiflich, und der Kontakt intensivierte sich bald. Es dauerte nicht lange, dann wurden Martinow und Motorin nach Moskau zurückgerufen. Ein Gericht verurteilte sie wegen Landesverrats zum Tode. Auch ein Dutzend weiterer »Quellen« versiegte. Ames, der ausnahmslos alle Verbindungen zu CIA-Agenten in der Sowjetunion bloßlegte, nannte schließlich auch den Londoner KGB-Residenten Oleg Gordewski, der, wie er wußte, für den britischen Geheimdienst MI-6 arbeitete. »The Mole«, dessen Motiv ausschließlich finanzieller Natur war, bezog für die Aufdeckung der Identität der von ihm geführten Agenten und die Preisgabe anderer operativer Geheimnisse insgesamt 2,7 Millionen Dollar. Eine runde Million erhielt Ames in bar, der Rest wurde für ihn auf ein Konto in Moskau eingezahlt.

Ende 1985 löste der plötzliche Verlust von »Top Sources« (Spitzenquellen) und das unerklärliche Auffliegen von Schlüsselvorhaben in der CIA-Zentrale Alarm aus. Verdächtigt wurde zunächst ein gewisser Edward Lee Howard – ein Mitarbeiter Langleys, der sich kurz zuvor in die Sowjetunion abgesetzt hatte. Doch bald stellte sich heraus, daß der Schaden vor allem auf Gebieten eingetreten war, über die Howard keinerlei Kenntnis besessen haben konnte. Anfang 1986 wurde bei der CIA eine Arbeitsgruppe geschaffen, um den Grund für die schweren Rückschläge zu ermitteln. Schließlich – Ames hatte inzwischen einen neuerlichen Auslandseinsatz in Italien abgeleistet und war nach seiner Rückkehr beim Antinarkotika-Dezernat eingesetzt worden – suchte man den Abtrünnigen im Kreis von Personen, die weit über ihre finanziellen Verhältnisse lebten. Man wurde fündig, als Langleys innerer Abschirmdienst erfuhr, daß Ames, der einen teuren Jaguar besaß und auch sonst exquisite Ansprüche stellte, gerade für 540.000 Dollar ein Haus erworben hatte, auf das keine Hypothek eingetragen worden war.

Die amerikanische Öffentlichkeit hatte den Ames-Schock noch nicht verdaut, da wurden bereits zwei weitere Moskauer Agenten – sie hatten wie der »Maulwurf« zuletzt für Jelzins Geheimdienst spioniert – dem Haftrichter vorgeführt: der CIA-Case Officer Harold James Nicholson, gleichfalls aus dem Direktorat für Operationen, und der FBI-Abwehrspezialist Edwin Pitts.

Dorado von Machos

Auch unter anderen Gesichtspunkten war die CIA schon früher in die negativen Schlagzeilen geraten: als Dorado von Machos. Am 19. September 1994 schilderte »U.S. News & World Report« den für Wirbel sorgenden Fall »Jane Doe Thompson«. Die damals Dreiundfünfzigjährige, die unter einem Decknamen auftrat, war von 1989 bis 1991 Chief of Station in Jamaika gewesen. Niemals zuvor hatte es eine Frau aus der Lateinamerika-Sektion des Direktorats für Operationen geschafft, einen solchen Führungsrang einzunehmen. Nun beschuldigte sie Langley, ihre weitere Karriere nach 23jähriger Zugehörigkeit zur »Firma« und trotz ständigen Einsatzes für die CIA vorsätzlich blockiert zu haben. Als Grund dafür nannte sie »sexuelle Diskriminierung«. Man habe sie wider besseres Wissen verschiedener Dienstverstöße bezichtigt, um ihre anstehende Beförderung zu verhindern. Die Beschuldigungen seien indes Akte reiner Vergeltung dafür, daß sie als CIA-Residentin in Kingston gezwungen gewesen sei, gegen männliche Mitarbeiter disziplinarische Maßnahmen zu ergreifen. So habe sie Beamte für die Mißhandlung ihrer Frauen, Moralverstöße anderer Art, öffentliche Trunkenheit und vorsätzlich falsche Spesenabrechnungen zur Verantwortung ziehen müssen.

Die 106 Seiten umfassende Beschwerde »Jane Doe Thompsons« gipfelte in der Anklage, das Klima bei der CIA sei »durch eine weitverbreitete Atmosphäre des Machotums und der geschlechtsabhängigen Benachteiligung« gekennzeichnet, »die für bösartige und sexistische Unterstellungen gegenüber Frauen empfänglich ist«. So habe beispielsweise ein Chief of Station männliche Beamte damit beauftragt, ihm Prostituierte zuzuführen, falls er keine »willige Sekretärin« finden sollte.

»U.S. News & World Report« verwies auf eine interne CIA-Studie, der zufolge 90 Prozent aller »Machtpositionen« der Agency mit weißen Männern besetzt sind, obwohl das für Geheimdienstarbeit herangezogene Personal beispielsweise zu etwa 40 Prozent aus Frauen besteht.

Schwarzkopfs Volltreffer

Im Frühjahr 1997 erschütterte ein neuer Skandal die letzten Reste von Vertrauen der Öffentlichkeit in den amerikanischen Geheimdienst. Dieses Mal ging es um Geschehnisse während des Golfkrieges. Auch Tausende noch heute unter den Folgen leidende Teilnehmer der Intervention im Nahen Osten waren bei der Beschießung eines irakischen Senfgasdepots in Kamisiyah, das die CIA 1984 eindeutig lokalisiert hatte, in Mitleidenschaft gezogen worden. Langley hatte seine Erkundungsergebnisse mißverständlich an das Pentagon weitergeleitet. In einem redaktionellen Kommentar, der in der Ausgabe vom 12./13. April 1997 erschien, sprach die »New York Times« vom »Eingeständnis der Inkompetenz der führenden Spionageorganisation der Vereinigten Staaten«.

Im Februar 1991 – Bushs Operation »Desert Storm« (Wüstensturm) war bereits in vollem Gange – hatte die CIA den amerikanischen Streitkräften unter dem Kommando des Generals Norman Schwarzkopf verworrene und widersprüchliche Hinweise zukommen lassen. Mal war von einem Depot die Rede gewesen, mal hatte es geheißen, die Lagerung von Nervengas in Kamisiyah sei nicht nachzuweisen. Zwei Wochen später waren die chemischen Waffenbestände Iraks von US-Artillerie in die Luft gejagt worden. Noch am selben Tag abgegebene Erklärungen Bagdads zu der Bombardierung des tödliche Kampfstoffe bergenden Komplexes aber hatte ein Sprecher des Pentagon als Propagandalügen des Gegners abgetan. Erst 1992, als zahlreiche US-Golfkriegsveteranen an unerklärlichen Krankheitssymptomen zu leiden begannen, war die Sache zur Sprache gekommen. Die CIA-Zentrale tat reflexmäßig das, was sie in solchen Fällen immer getan hatte: Sie erklärte, mit den Vorgängen nichts zu tun zu haben.

Doch alles Leugnen half nichts. Der Stern des einst von Männern wie William Donovan und Allen Dulles geschaffenen Imperiums war zu sehr gesunken.

Katerstimmung am Potomac

In der Stunde der Not und auf dem Tiefpunkt ihrer Geschichte ließen Amerikas »Falken« die CIA nicht im Stich. Der Hardliner David Gergen, den Präsident Clinton 1993 zunächst für 18 Monate als Berater ins Weiße Haus geholt und dann wieder entlassen hatte, wurde an die Front beordert. Er machte seinem Ärger über die schlechte Figur der US-Geheimdienstler unverblümt Luft. Am 17. März 1997 schrieb Gergen in einem Leitartikel von »U.S. News & World Report«, man müsse dem »Lynchen der CIA« ein Ende setzen. »Sie befindet sich im Belagerungszustand. Ihre Mission ist nicht länger klar, ihre Moral wird lächerlich gemacht und ihre Führung befindet sich in ständiger Fluktuation. Seit dem Rücktritt Bill Websters im Jahre 1991 hatte sie drei bestätigte und drei amtierende Direktoren. Auch erfreut sie sich nicht der verdienten Aufmerksamkeit dieses Weißen Hauses.«

Gergen hat in den Wind gepredigt. Die »liberale Meute« gibt keine Ruhe. Am 26. Juli 1997 – fünfzig Jahre nach der Unterzeichnung des am 18. September in Kraft getretenen Gesetzes über die Gründung der CIA durch Präsident Harry Truman – wollte in Langley keine Feststimmung aufkommen. Die Geburtstagskerzen blakten. Zum Zeitpunkt des Jubiläums sei Washingtons Geheimdienst »ein Paria innerhalb der amerikanischen Kultur«, bemerkte Tim Weiner am 21. Juli 1997 in der »New York Times«. Er zitierte zwei ehemalige CIA-Direktoren: James Schlesinger und Admiral Stansfield Turner. Der eine meinte düster, Langley sei jetzt so angeschlagen, »daß seine Brauchbarkeit für Spionage infrage gestellt« werden müsse. Der andere favorisierte »einen völlig neuen Geheimdienst außerhalb der CIA«.

Ob neu oder alt: An geheimdienstliche Abrüstung denkt in den Schaltzentralen der USA wohl niemand. Im Gegenteil. Dort erinnert man sich gerne jener ermunternden Worte, die Ronald Reagan am 11. Februar 1988 auf dem Jahresbankett der Conservative Political Action Conference – des Blocks der rechten »Ultras« – gerade auch an Amerikas Spione und Schlapphüte gerichtet hatte: »Der Vorhang ist noch nicht gefallen. Das Schauspiel geht weiter.«[136]

Entdeckung in der K Street

Als ich etliche Jahre nach meiner ersten Visite wieder einmal in Washington war, interessierte mich das Schicksal des alten Spy Shop in der New York Avenue. Er hatte sich zwischen einem Krawattenladen und einem Maßatelier, nur zwei Blöcke vom Weißen Haus entfernt und in unmittelbarer Nachbarschaft zum US-Finanzministerium, befunden. Jetzt gab es keins der drei Geschäfte mehr. Das Haus war abgerissen worden, um einem Bankgebäude Platz zu machen.

Doch in der K Street, dicht am Regierungsviertel, entdeckte ich den Counter Spy Shop (Gegenspionsladen). Seine Schaufensterauslagen deuteten den letzten Schrei auf dem Gebiet der Abhör- und Abschirmtechnik nur an. Eine Metalldetektorschranke passierend betrat ich das Geschäft. Als ich nach einem Katalog fragte, holte die Verkäuferin ihre Chefin. Während des Gesprächs ließ mich diese wissen, daß es sich bei CCS Communication Control Inc., zu der der Counter Spy Shop gehöre, um eine höchst profitable Kette mit Stammsitz in Port Chester handle, die Filialen in New York, Miami, Houston, Beverly Hills, London und Paris betreibe. Verkaufsschlager seien vor allem hochmoderne »Zerhacker« für Telefonate, die elektronischen »Wanzen«-Lokalisierungsgeräte VL-34 und EJ-7, der faktisch unsichtbare »Ohrspion«, mit dem in einer Menge geführte Unterhaltungen aufgefangen werden können, das mit einer Videokamera kombinierbare Nachtsichtgerät Predator I, das CCS-Parabolmikrofon zum Mithören von Gesprächen in einer Entfernung bis zu einer Meile sowie der Kleincomputer B-511, der die beim Anzapfen von Telefonleitungen entstehenden Voltschwankungen signalisiert.

Mit einem CCS-Werbeprospekt »Privatsphäre, Sicherheit und Überleben« bedacht, verließ ich dankend den Counter Spy Shop. Wie gut, daß die USA ein Rechtsstaat sind, dachte ich.

Willkommen im Rechtsstaat: Der Counter Spy Shop lebt von Furcht und Hysterie vieler US-Bürger

Nachwort

Auf dem Areal des CIA-Hauptquartiers in Langley steht unweit des Südwest-Eingangs des alten Hauptgebäudes ein mit Graffiti beschmiertes Stück der Berliner Mauer, das dort »als Erinnerung an den Sieg Amerikas im Kalten Krieg« aufgestellt worden ist. Zugleich aber sei dieses »häßliche Stück Beton auch das Symbol eines monumentalen Versagens« der CIA gegenüber der DDR, erklärte 18 Jahre nach dem Mauerfall der ehemalige in der BRD und Berlin eingesetzte CIA-Agent Benjamin B. Fisher in seinem Vortrag am Institut für Kalte-Kriegs-Studien der Universität im dänischen Odense im November 2007. Laut Fisher, der später offizieller Historiker der Agency wurde, war »Ostdeutschland das schwierigste unter den sogenannten harten Zielen« im sozialistischen Lager. Insbesondere die Hauptverwaltung Aufklärung (HVA) des MfS, der Auslandsnachrichtendienst der DDR, sei trotz ihrer Bedeutung ein »blinder Fleck« für die CIA gewesen. Der Grund: Die Führung der amerikanischen Geheimdienste hatte seinerzeit die außerordentliche Effizienz der HVA total verkannt und in ihr nur einen »kleinen und ineffektiven Ableger des KGB« gesehen.

Tatsächlich aber sei die HVA einer der besten und effektivsten Geheimdienste im Warschauer Pakt gewesen, »sogar besser als der KGB«. Das habe selbst ein früherer KGB-Angehöriger bestätigt. Ein anderer Ex-KGB-Mitarbeiter habe ergänzt, daß die HVA »so tief in die westdeutsche Regierung, das Militär und die Sicherheitsdienste eingedrungen« war, »daß wir uns nur noch an Markus Wolf zu orientieren brauchten«. Andere von Fisher zitierte Experten belegen, daß die HVA »mehr als 80 Prozent der Informationen des Warschauer Paktes über Westdeutschland und die NATO beschafft hatte«.

Die Tatsache, daß die CIA die DDR-Geheimdienste weder bei der Aufklärung noch bei der Abwehr ernst nahm, sollte schwere Folgen haben. So konnte die DDR-Aufklärung die gesamte Struktur und Dislozierung des US-Geheimdienstapparates in Ost- und Westdeutschland aufarbeiten, einschließlich des militärischen Geheimdienstes DIA und der National Security Agency (NSA). Die Datenbanken der HVA enthielten die Namen von rund 5.000 vermutlichen CIA-Offizieren, die rund um die Welt eingesetzt waren. So sei die DDR-Aufklärung in der Lage gewesen, amerikanische Geheimdienstoffiziere überall von ihren Wohnungen bis zu den Agententreffs und auf allen Zwischenstationen zu überwachen«, führte der Ex-CIA-Agent in Odense weiter aus.

Ihren einzigen großen Erfolg gegen Ostdeutschland habe die CIA gehabt, als es die DDR schon nicht mehr gab. Zugleich sei aber auch dieser Erfolg zur »größten Peinlichkeit« für die CIA geworden. Bei dem Erfolg handelt es sich laut Fisher um »einen ganzen Aktenschrank«, den die CIA in den chaotischen Tagen der sogenannten Wende erbeutet habe. Die Peinlichkeit bestand darin, daß »diese Akten enthüllten, daß offensichtlich alle ostdeutschen Agenten der CIA tatsächlich Doppelagenten gewesen waren und für das MfS gearbeitet hatten«. Der vormalige stellvertretende Direktor der Zentralen Aufklärung der CIA, Bobby Ray Inman, bestätigte dies im Rahmen einer Anhörung des US-Kongresses, indem er erklärte, »die meisten, wenn nicht alle unserer ostdeutschen Agenten waren mehr als 20 Jahre lang Doppelagenten«. Und der frühere CIA-Chef und derzeitige US-Verteidigungsminister Robert M. Gates gestand kurz und bündig ein: »Wir sind von den ostdeutschen Geheimdiensten an der Nase herumgeführt worden«.

»Die ostdeutschen Erfolge, die zu den schwerwiegendsten geheimdienstlichen Pannen der CIA gehörten«, so Fisher, seien von der CIA »gar nicht wahrgenommen worden«. Um dies zu belegen, erinnerte er an zwei HVA-Operationen, die die USA und die CIA schwer getroffen haben: die Werbung der US-Unteroffiziere James W. Hall III und Jeffrey Carney. Sie berechtigten die DDR-Nachrichtdienste dazu, »ihren Platz unter den erfolgreichsten Diensten im Kalten Krieg einzunehmen«. Diese Operationen zeigten nochmals, »wie wertvoll die HVA für den KGB und wie hoch der Preis für die CIA war«. Unteroffizier Hall war im Heer und Carney bei der Luftwaffe. Beide waren SIGINT-Spezialisten und somit aufs engste vertraut mit der elektronischen Kriegführung, wie sie im Kriegsfall zum Einsatz kommen würde. Hall war in Westberlin und später in Frankfurt stationiert und Carney in Westberlin, beide in den achtziger Jahren. Laut Fisher »plünderten« beide ihre Dienststellen und versorgten die HVA, und über sie den KGB, mit umfangreichen Dokumenten. Das US-Justizministerium stellte im Urteil über Hall fest, daß die von ihm gelieferten Dokumente der HVA geholfen haben, die elektronische Überwachung Osteuropas für sechs Jahre lahmzulegen.

Darüber hinaus enthüllte Hall die US-amerikanischen Pläne zur elektronischen Neutralisierung der Kommunikation der Kommando- und Kontrollzentren des sowjetischen Generalstabes, der im Kriegsfall die strategischen Streitkräfte der Sowjetunion hätte führen sollen. Wie aus dem inzwischen in dritter Auflage erschienenen Buch von Klaus Eichner »Headquarters Germany. Die US-Geheimdienste in Deutschland« hervorgeht, haben die Analytiker der HVA eine Gänsehaut bekommen, als sie Halls Kopie des supergeheimen Planes lasen und die Bedeutung des Inhalts erkannten. Das Dokument wurde an den KGB übergeben, mit dem Ergebnis, daß der sowjetische Generalstab entsprechende Schutz- und Gegenmaßnahmen installierte.

Die HVA betrachtete die Werbung von Hall als ein einmaliges Ereignis. Aber dann kam Carney. Als Kommunikations- und Sprachspezialist bot er der HVA ebenfalls hochsensible Informationen über die US-amerikanischen Aufklärungsoperationen und Maßnahmen der elektronischen Kriegführung an, mit – so Fisher – irreparablen Schäden für die US-Aufklärung. »Die Fehlleistungen der CIA hätten eigentlich zu einigen ernsthaften internen Untersuchungen führen müssen«, erläuterte er, aber die blieben aus, denn die Fehler wurden erst nach der Auflösung des Warschauer Vertrags bekannt, als die DDR und die UdSSR verschwunden waren. In der Euphorie des Sieges sei man dann nicht mehr an einer Untersuchung der geheimdienstlichen Fehler der CIA interessiert gewesen. Was gezählt habe war, daß die USA den Kalten Krieg gewonnen hatten, »trotz der teils unverantwortlichen Stümperhaftigkeit ihrer Geheimdienste«.

Trotz dieser vernichtenden Einschätzung hat die CIA den Sieg der USA im Kalten Krieg auch als ihren Sieg, als ihre Sternstunde gefeiert. Aber sie hatte wenig Gelegenheit, ihren Triumph auszukosten. Bereits in der Amtszeit von US-Präsident George H.W. Bush (hiernach Bush senior genannt) stellten sich schwere Mißerfolge ein, die sich dann unter Präsident Bill Clinton und bei George W. Bush (junior) fortsetzten. Die Zeit seit dem Ende des Kalten Krieges ist für die CIA geprägt von inneren Zerwürfnissen und von blamablen Flops im Ausland, die den langsamen aber stetigen Niedergang der Agency begleiten.

Sternstunden

Die Periode des Übergangs vom Kalten Krieg in die Nachkriegsperiode fand für die CIA unter der Präsidentschaft von Bush senior statt, die am 20. Januar 1989 begonnen hatte und nach einer einzigen vierjährigen Amtszeit zu Ende war. Obwohl Bush senior als ehemaliger CIA-Direktor die Agency zu Beginn mit geradezu religiösem Eifer liebte, zeigte er sich schon bald zutiefst enttäuscht, insbesondere über ihre Unfähigkeit, sich auf neue Aufgaben einzustellen. Für die CIA selbst war diese Übergangszeit gekennzeichnet von absoluten Höhen, aber noch mehr Tiefen, wozu nicht zuletzt auch der Abbau ihrer Machtbefugnisse, ihres Budgets und ihres Personals zählte.

Zur absoluten Spitze gehörte, als CIA-Mitarbeiter nach dem Moskauer Putsch gegen Generalsekretär Gorbatschow im August 1991 live und ganz offiziell aus Moskau berichten konnten, und zwar aus dem Hauptquartier des ehemaligen Gegners KGB am Felix Dserschinski-Platz. Auch in den Jahren, die dem Zusammenbruch der Sowjetunion unmittelbar folgten, ermöglichten es Präsident Jelzin und die ihn stützende Clique von Räuberbaronen, daß CIA-Angehörige in den Büros des ehemaligen KGB ein- und ausgehen und ihren »Kollegen« über die Schulter blicken durften. Seine eigene Sternstunde erlebte auch der damalige leitende Mitarbeiter der CIA-Abteilung für die Sowjetunion, Michael Sulick. Er kam in dem Moment in Litauen an, als das Land seine Unabhängigkeit erklärte. So wurde er zum ersten von vielen CIA-Agenten, die ganz offiziell ihre Arbeit in den ehemaligen Sowjetrepubliken aufnehmen konnten.

Sulick gab sich der neuen litauischen Regierung zu erkennen und bot seine Hilfe beim Aufbau eines neuen, eigenen Geheimdienstes an. Von den an die Macht gespülten radikalen Nationalisten wurde er mit Kußhand aufgenommen, und er begann seine Arbeit in den Büros des neuen stellvertretenden Ministerpräsidenten Karol Motieka. KGB-Geheimdokumente lagen auf den Tischen verstreut, erinnerte sich Sulick, und er habe das Gefühl gehabt, eine unglaublich reiche Goldmine aufgetan zu haben. Dieses Hochgefühl war verständlich, denn während des gesamten Kalten Krieges hatte die CIA nur drei sowjetische Agenten angeworben, die Informationen besonderer Bedeutung beschafft hatten. Alle waren jedoch bereits nach relativ kurzer Zeit enttarnt und verhaftet worden. Jetzt aber standen die alten KGB-Tresore weit offen. Unter den neuen politischen Umständen hatten die meisten Geheimdokumente ihre Bedeutung verloren.

Der Anfang des Niedergangs

Trotz ihrer Sternstunden im Osten begann in dieser Zeit die CIA zu Hause in Washington ihre Bedeutung zu verlieren. Dazu trug das Verhalten der CIA im Fall des panamaischen Generals Manuel Noriega bei. Es fing damit an, daß der korrupte und in internationale Drogengeschäfte verwickelte Diktator Panamas nicht mehr in die außenpolitischen Pläne Washingtons paßte. Daher wollte Bush senior mit Hilfe der CIA 1991 einen Regimewechsel durchsetzen. Das Problem war, daß die ganze Welt nicht nur wußte, daß Noriega ein brutaler Mörder war, sondern auch, daß er über Jahrzehnte sehr eng mit der CIA kooperiert hatte.

Insgesamt orderte Bush senior fünf Operationen zur Entfernung Noriegas. Auch die letzte, bei der Bush die CIA unter anderem angewiesen hatte, die Opposition in Panama mit zehn Millionen Dollar bei den Wahlen im Mai 1989 zu unterstützen, brachte nicht das gewünschte Ergebnis. Der Grund war, daß viele CIA-Agenten vor Ort enger mit ihrem alten Freund Noriega zusammenarbeiteten als mit der Opposition. Wütend wandte sich Präsident Bush von seiner einst geliebten CIA ab. Er kritisierte sie nicht nur öffentlich, sondern entzog ihr auch die Aufgabe, Noriega zu erledigen. Diese übertrug er seinem Verteidigungsminister Dick Cheney, der Jahre später unter Bush junior das Amt des Vizepräsidenten der Vereinigten Staaten bekleiden sollte.

Das Unvermögen Washingtons, Noriega in einer verdeckten Operation zu stürzen, führte dazu, daß in der Weihnachtswoche 1989 starke Einheiten der US Special Forces in Panama einfielen. Es dauerte 14 Tage, bis die US-Invasoren, unterstützt von der US-Luftwaffe, den Widerstand der Panamesen niedergekämpft und Präsident Noriega gefangengenommen hatten. Bei der Operation starben 27 US-Soldaten und etwa 3.000 Panamesen, hauptsächlich Zivilisten, die in den umkämpften Slums Opfer der »zielgenauen« amerikanischen »Smart«-Bomben geworden waren.

Versagen im Mittleren Osten

Etwa zur gleichen Zeit zeichnete sich im Mittleren Osten, wo die CIA schon lange kräftig mitgemischt hatte, eine neue Katastrophe ab. Hatte sie Ende der siebziger Jahre mit dem Sturz des Schahs in Iran vollkommen versagt, so erging es ihr in den beiden folgenden Jahrzehnten nicht viel besser. Washington hatte während des Iran-Irak-Krieges in den achtziger Jahren Saddam Hussein tatkräftig unter die Arme gegriffen, sowohl mit aktueller Satellitenaufklärung als auch mit rüstungsrelevanter Hochtechnologie, einschließlich der Vorprodukte zur Herstellung von chemischen Waffen. In all diesen Operationen war die CIA vor Ort in Irak eingebunden. Trotzdem sollte es ihr nicht gelingen, auch nur einen einzigen irakischen Agenten aus Saddams Umfeld oder mit Zugang zum sicherheitspolitischem Apparat anzuwerben. Dagegen hatte die Agency aus der Zeit des Schahs noch über 40 Informanten auf mittlerem Niveau im iranischen Militär- und Staatsapparat. Aber durch einen fahrlässigen Fehler der CIA sollten die meisten ihr Leben verlieren.

Der Station-Chief der CIA in Frankfurt hielt mit den iranischen Agenten durch die uralte, aber effiziente Technik der unsichtbaren Schrift Verbindung. Die Briefe wurden über den normalen Postverkehr zugestellt. Doch im Herbst 1989 schickte ein CIA-Mitarbeiter in Frankfurt denselben Brief an alle 40 Iraner, alle Briefe zur selben Zeit, mit demselben Absender, in derselben Schrift. Das fiel auf. Jemand wurde mißtrauisch. So verlor die CIA mit einem Mal ihr iranisches Agentennetz, ein Versagen, das bis heute fortwirkt.

Als Saddam Hussein im Frühjahr 1990 seine Streitkräfte zum Angriff auf Kuwait mobilisierte, verschlief die CIA diese Entwicklungen vollkommen. Das Weiße Haus erfuhr durch CNN von Saddams Einmarsch in Kuwait, und nicht von der CIA. Hatte die CIA anfangs keine Ahnung von den Absichten Iraks, so überschätzte sie diese einige Monate später. Am 5. August 1990 warnte die CIA davor, daß Saddams eigentliches Ziel nicht Kuwait, sondern Saudi-Arabien sei. Auch ihre Einschätzung zu Saddams chemischen Gefechtsköpfen für Scud-Raketen wechselte. Zuerst hatte Saddam keine, dann aber jede Menge. Tatsächlich hatte er keine.

Schließlich machte die CIA im ersten US-Golfkrieg (Wüstensturm) bei der Auswahl von Zielen für US-Luftangriffe einen schweren Fehler, der am 13. Februar 1991 über 450 Frauen und Kinder in einem Luftschutzbunker in Bagdad das Leben kostete und der US-Luftwaffe erhebliche Kritik einbrachte. Seit diesem Zeitpunkt wurde die CIA nicht mehr an der Auswahl von Bombenzielen beteiligt. Wegen weiterer CIA-Pannen, diesmal bei der Erstellung von Schadensanalysen, wurde der Agency auch dieser Job entzogen. Nach Kriegsende zwang schließlich der US-Kongreß die CIA in eine Dienstleistungsrolle für das US-Militär, was den elitären Geist der Agency stark erschütterte.

Verzweifelte Suche nach neuen Aufgaben

Um zu retten, was zu retten war, hatte Bush senior seinen guten Freund Robert Gates zum neuen CIA-Direktor gemacht. Die Anhörungen zu Gates' Nominierung im Kongreß zogen sich allerdings über sechs quälende Monate hin. Die zermürbenden Fragen über Sinn und Zweck der CIA machten dabei deutlich, daß es schwer werden würde, die Agency und ihren Ruf zu retten.

Eine Woche nachdem Gates am 8. November 1991 vom Kongreß als neuer CIA-Direktor bestätigt worden war, präsentierte er seine »National Security Review Nr. 29«, mit der er die CIA umkrempeln wollte. Alle wichtigen Stellen im Regierungsapparat wurden aufgefordert, zu Papier zu bringen, was sie von der CIA nach Beendigung des Kalten Krieges erwarteten. Dabei kam eine verwirrende Vielfalt von Pflichten zustande, die die inzwischen stark geschrumpften numerischen und intellektuellen Kapazitäten der CIA überforderte. Im Rahmen der »National Security Review Nr. 29« waren 176 Bedrohungen identifiziert worden, gegen welche die CIA rüsten sollte. Sie reichten von Abrüstungskontrolle über Fragen zum Klimawandel bis hin zu Computerverbrechen (Cyber Crime).

Höchste Priorität bekamen in der neuen Aufgabenaufstellung die Bedrohungen, die aus atomaren, chemischen und biologischen Massenvernichtungswaffen resultierten. Als nächstes standen Angelegenheiten wie die Bekämpfung von Drogen und Terrorismus, und an dritter Stelle kamen wirtschaftliche »Bedrohungen«, die den USA aus dem Welthandel oder durch technologische Entwicklungen in anderen Ländern entstehen könnten. Diese Aufgabenfülle sollte sich als schwerer Fehler erweisen, denn ohne klare Zielvorgaben führte sie zu einer totalen Verzettelung der ohnehin bereits geschwächten CIA-Ressourcen. So kam es dazu, daß die CIA von den verschiedenen Regierungsstellen schon bald als Auskunftei behandelt wurde, quasi als »Mädchen für alles«. Diese Entwicklung wurde insbesondere während der achtjährigen Amtszeit von Präsident Bill Clinton befördert, der an der CIA kein besonderes Interesse zeigte. Daraufhin verließen noch mehr erfahrene Kader frustriert die Agency, als dies schon während der Übergangsperiode nach dem Ende des Kalten Krieges unter Bush senior der Fall gewesen war.

Schild und Schwert des globalen Kapitalismus

Acht Monate nach Präsident Bill Clintons Amtsantritt im Januar 1993 präsentierte dessen Nationaler Sicherheitsberater Tony Lake eine neue Sicherheitsstrategie für die Vereinigten Staaten, die dem Verschwinden der Sowjetunion und dem Verbleiben der USA als einzige Supermacht Rechnung tragen sollte. Diese neue Strategie ließ sich in einem Satz zusammenfassen: den Kapitalismus in den restlichen Ländern der Welt durchzusetzen und diese dann – notfalls mit Gewalt, wie das Beispiel Serbien/Jugoslawien zeigte – in das US-geführte System der neoliberalen, globalisierten Marktwirtschaft zu integrieren. Nächster CIA-Direktor, der die von Washington bestimmte neue Weltordnung geheimdienstlich absichern sollte, wurde R. James Woolsey. Knapp zehn Jahre später, in der Amtszeit von Bush junior, sollte sich Woolsey mit den Neokonservativen verbünden und die Notwendigkeit eines »Vierten Weltkrieges« gegen den militanten Islam propagieren. Für Woolsey war der Kalte Krieg der »Dritte Weltkrieg« gewesen.

In einer seiner ersten Reden im Amt sah der neue CIA-Direktor die USA denn auch »von einem Dschungel voller giftiger Schlangen umgeben«. Die erste giftige Schlange präsentierte sich für ihn in Form von Somalia. Einen Tag vor dem Thanksgiving-Fest 2002 hatte Clinton die Invasion von Somalia autorisiert, vorgeblich aus humanitären Gründen. Aber die CIA hatte kein Personal mehr vor Ort, und die US-Streitkräfte operierten in dem Durcheinander der sich mal bekämpfenden, mal gegenseitig unterstützenden Klans und Kriegsherren weitgehend blind, was sich in entsprechend brutaler Rücksichtslosigkeit gegenüber der Zivilbevölkerung äußerte. Die Entwicklung in Somalia erreichte ihren blutigen Höhepunkt, als Soldaten der US Special Forces gefangengenommen und ihre nackten Leichen anschließend an jubelnden Mengen vorbei durch die Straßen der Hauptstadt geschleift wurden. Gedemütigt beendete die Supermacht ihre Mission, die bis dahin über 1.200 Somalier das Leben gekostet hatte.

Für die CIA begann der eigentliche Ärger erst, als sie für diese Blamage verantwortlich gemacht wurde. So sagte der Vorsitzende des »Ausschusses für Auslandsaufklärung zur Beratung des Präsidenten«, Admiral William Crowe, daß das US-Militär für seine Planung auf geheimdienstliche Erkenntnisse gewartet habe, aber von der CIA »nicht korrekt« unterrichtet worden sei.

Der Maulwurf Ames

Die bei weitem, um die Metapher von Woolsey zu gebrauchen, gefährlichste Schlange für den Fortbestand der CIA hatte die Agency am eigenen Busen genährt. Aldrich Hazen Ames hatte in der CIA Karriere gemacht und es 1985 bis zum Chef der Abteilung »Gegenspionage – Sowjetunion und Osteuropa« gebracht. Als er 53jährig am 21. Februar 1994 vom FBI beim Verlassen seines Hauses verhaftet wurde, hatte er bereits neun Jahre Geheimnisse verkauft, zuerst an den sowjetischen KGB und dann an dessen russischen Nachfolgedienst. Desillusioniert von seiner Arbeit in der CIA und verärgert über ihre, aus seiner Sicht, Übertreibungen hinsichtlich der angeblichen sowjetischen Gefahr, war Ames zum Zyniker und Alkoholiker geworden, als er sich 1985 einem KGB-Angehörigen der sowjetischen Botschaft als Informant anbot.

Den Sowjets bot Ames gegen Zahlung von 50.000 Dollar die Namen der drei wichtigsten CIA-Agenten in der Sowjetunion an. Der KGB zahlte, war aber zunächst mißtrauisch und witterte eine Falle. Aber die von dem CIA-Abteilungsleiter gelieferten Informationen erwiesen sich als richtig, und nun wurde dem KGB klar, daß ein Wunschtraum wahr geworden war. In seiner Position hatte Ames Zugang zu den Details aller Operationen und Namen der Agenten, welche die CIA in der Sowjetunion und den Ländern des Warschauer Vertrags unterhielt. Der KGB wies in den folgenden Jahren für Ames insgesamt zwei Millionen Dollar an, und die CIA sah rat- und tatenlos zu, wie nach und nach ihr gesamtes Agentennetz in Osteuropa und der UdSSR aufgerollt wurde. Als Ames schließlich vom FBI enttarnt wurde, hatte er dem KGB auch Namenslisten von Hunderten Mitarbeitern der CIA, die rund um die Welt im Einsatz waren, sowie die Hintergründe zu deren Operationen, Zielstellungen und Arbeitsweisen geliefert.

Für die CIA war es eine der größten Pannen ihrer Geschichte, die bei normalem Verhalten hätte verhindert werden können. Ames' Alkoholprobleme waren bekannt, auch der Schlendrian, der in seiner Abteilung Einzug genommen hatte. Aber Ames' Vater hatte zur CIA-Aristokratie gehört, und niemand wollte Fragen stellen. CIA-Direktor Woolsey gestand schließlich im Fall Ames institutionelle Sorglosigkeit der Agency ein, die an kriminelle Fahrlässigkeit grenzte. Dennoch verteilte Woolsey nur milde Strafen für den »Systemfehler«. Ames wurde allerdings zu einer lebenslänglichen Gefängnisstrafe ohne Aussicht auf Entlassung verurteilt. Sein Fall setzte die CIA wütenden Angriffen ihrer Kritiker im Kongreß und im sicherheitspolitischen Establishment aus, die den Fall Ames als symptomatisch für die Arbeit der Agency darstellten.

Verfehlter Neuanfang

Am 30. September 1994 wurde als Resultat der Ames-Affäre im US-Kongreß eine Kommission gegründet, welche die Agency total überholen und die Zukunft der CIA bestimmen sollte. Einer der bekanntesten Angehörigen dieser Kommission war Paul Wolfowitz, der die Meinung vertrat, die Fähigkeit der CIA zur Sammlung geheimdienstlicher Informationen sei zusammengebrochen. Als führendes Mitglied der neokonservativen Bewegung sollte Wolfowitz neun Jahre später als Stellvertreter des US-Verteidigungsministers Donald Rumsfeld einer der Chefarchitekten des Irak-Kriegs in der Administration von Bush junior werden. Dabei schuf er mit weiteren führenden Neokonservativen im Pentagon eine Zelle (Office for Special Plans), die an der CIA vorbei als geheimdienstliche Koordinierungsstelle und als Giftküche für die Lügen zur Rechtfertigung des Angriffskrieges gegen Irak dienen sollte.

Der Abschlußbericht, den die Kommission im Frühjahr 1996, 17 Monate nach ihrer Einsetzung, vorlegte, war ein für politische Ausschüsse typisches Papier, und die darin enthaltenen Empfehlungen stellten keine Weichenstellung für einen Neuanfang der CIA dar. Der alte Trott ging weiter. Die zunehmenden Anschläge islamistischer Extremisten gegen US-Interessen wurden als zukünftige Gefahr gar nicht wahrgenommen, obwohl es bereits genügend Hinweise dafür gab. Die Angriffe wurden ausgerechnet von Mitgliedern jener Gruppen verübt, die von der CIA im Kampf gegen die Sowjettruppen in Afghanistan bezahlt, ausgebildet und bewaffnet worden waren. Weder der Bombenanschlag gegen das World Trade Center in New York von 1993 noch der zufällig verhinderte Plan islamistischer Extremisten, 1995 zehn US-Passagiermaschinen über dem Pazifik zu kapern und in US-Regierungsgebäude, unter anderem ins CIA-Hauptquartier zu stürzen, hatten die Kommission oder die CIA aufgeweckt. Nicht einmal die Neueinstellung von Mitarbeitern mit Arabisch- und Islam-Kenntnissen wurde für nötig befunden. Von denen hatte die CIA zu jenem Zeitpunkt gerade mal drei.

Französischer Romeo gegen CIA

Es würde ein eigenes Buch erfordern, die weiteren Niederlagen der CIA unter Woolsey und seinem Nachfolger John Deutch und dessen Nachfolger George Tenet sowohl auf dem bürokratischen Schlachtfeld als auch an der unsichtbaren Front zu beschreiben. Daher hier nur soviel, daß Direktor Woolsey bis zum Rest seiner Amtszeit glücklos operierte. Ende 1994, nach knapp zwei Jahren im Amt, warf er seinen Job hin. Gerade noch rechtzeitig, so daß der MIT-Absolvent Deutch die Verantwortung für die wohl peinlichste internationale Niederlage der CIA übernehmen mußte: eine Geheimdienstoperation gegen das verbündete Frankreich.

Der Station-Chief der CIA in Paris hatte eine komplexe Operation in Gang gebracht, um die französische Position für das amerikanisch-französische Handelsabkommen herauszubekommen, das gerade verhandelt wurde. Aber die französische Abwehr hatte bereits Verdacht gegen eine in Paris unter nicht-offiziellem Deckmantel als unabhängige Geschäftsfrau operierende CIA-Agentin geschöpft. Sie setzte einen sogenannten »Romeo-Agenten« auf die undercover arbeitende Amerikanerin an, die prompt anbiß. Es kam zum Bettgeflüster, Geheimnisse wurden verraten. Als die französische Regierung im Februar 1995 den CIA-Station-Chief Dick Holm gemeinsam mit vier anderen CIA-Agenten öffentlich des Landes verwies, gab es nicht nur Hohngelächter in Frankreich, sondern in ganz Europa.

Das »Murphy-Memorandum«

Einen weitaus schwerwiegenderen Fehlschlag erlitt die CIA unter der Leitung von Direktor Deutch in Lateinamerika, wo die Agency schon seit Jahrzehnten immer wieder mit Diktatoren, Folterregimes, Todesschwadronen und Drogenbaronen und anderen kriminellen Organisationen zusammengearbeitet hatte. In den Jahren ab 1987 wurden die CIA-Station-Chiefs in Costa Rica, El Salvador, Peru, Venezuela und Jamaika sogar offiziell beschuldigt, ihre Vorgesetzen im CIA-Hauptquartier nicht nur belogen, sondern auch Mitarbeiter sexuell belästigt, Geld gestohlen und Untergebene mit der Pistole bedroht zu haben. Selbst im Drogenhandel hatte die CIA aktenkundig mitgemischt, denn im Rahmen einer CIA-Operation ist damals Kokain im Wert von einer Million Dollar auf dem Schwarzmarkt von Miami gelandet. Die Lateinamerika-Abteilung war die einzige CIA-Abteilung, in der Station-Chiefs regelmäßig wegen schwerer Vergehen ihrer Posten enthoben wurden.

Im Jahre 1992 ermordete der Oberst der Militärdiktatur Roberto Alpirez in Guatemala den der Mitarbeit mit dem linken Widerstand verdächtigen Ehemann der amerikanischen Anwältin Jennifer Harbury. Unter dem Druck des US-Kongresses kürzte daraufhin die Administration von Bush senior die Militärhilfe an das guatemaltekische Regime um Millionen Dollar. Unter Präsident Clinton kam dann Marilyn McAfee als amerikanische Botschafterin ins Land, Dan Donahue folgte als CIA-Station-Chief. Während die Botschafterin im Land die Menschenrechte und Gerechtigkeit predigte, unterhielt der Station-Chief wie gehabt enge Kontakte zu dem mörderischen Geheimdienst des Regimes. Es kam zu heftigen Zusammenstößen in der Botschaft. Schließlich führte die CIA vor Ort unter Führung Donahues und gemeinsam mit dem lokalen Geheimdienst eine sexuelle Schmierkampagne an, mit der die US-Botschafterin als Lesbierin desavouiert werden sollte.

Bei einer Abhöraktion hatte der guatemaltekische Geheimdienst im Schlafzimmer der Botschafterin Tonbandaufnahmen gemacht, auf denen zu hören war, wie sie mit jemandem namens Murphy turtelte. Die Sekretärin der Botschafterin hieß Carol Murphy. Der Beweis schien erbracht. Station-Chief Donahue schickte das Tonband mit einem Bericht an die Lateinamerika-Abteilung im CIA-Hauptquartier nach Washington. Von dort wurde es dann dem Geheimdienstausschuß des US-Kongresses zugespielt, wo es als das »Murphy-Memorandum« bekannt wurde. Wie sich jedoch in der anschließenden Untersuchung herausstellen sollte, hatte die US-Botschafterin in ihrem Schlafzimmer nicht mit ihrer Sekretärin geschmust, sondern mit ihrem zwei Jahre alten Pudel, der ebenfalls auf den Namen Murphy hörte.

Die Tatsache aber, daß die CIA mit einem fremden Geheimdienst gegen die eigene US-Botschafterin agiert hatte, um diese dann in bösartiger Absicht öffentlich zu diskreditieren, löste in Washington einen Schock aus und veranlaßte Direktor Deutch, zum ersten Mal in der Geschichte der CIA auch die leitenden Mitarbeiter in der Lateinamerika-Abteilung zu feuern. Dafür wurde Deutch bis zum Ende seiner Amtszeit, das nicht lange auf sich warten ließ, von den CIA-Mitarbeitern geschnitten.

Neuer Besen kehrt auch nicht besser

Deutchs Stellvertreter George Tenet wurde am 11. Juli 1997 sein Nachfolger. Als ehemaliger Zuarbeiter des Geheimdienstausschusses des US-Kongresses war Tenet im politischen Ränkespiel Washingtons erfahrener als alle seine Vorgänger. Sofort begab sich denn auch der neue Direktor daran, das öffentliche Bild der Agency zu verbessern. Die CIA sei weitaus schlauer und effizienter als Außenstehende ahnten, wurde er nicht müde zu betonen. Erst sieben Jahre später, 2004, gab er gegenüber dem »New York Times«-Reporter Tim Weiner zu, daß die CIA »damals so gut wie bankrott« war.

Die erste große Fehlleistung der CIA unter ihrem neuen Chef Tenet wurde offenbar, als die Agency im Mai 1998 erst aus den Medien vom ersten Atombombenversuch Indiens erfuhr. Dabei hatte die Sammlung von Nachrichten zur Unterbindung der Weiterverbreitung von Atomwaffen im Rahmen der Neuordnung der Aufgaben nach dem Kalten Krieg zu den höchsten Prioritäten der CIA gehört. Als Tenet deshalb von dem republikanischen Senator Richard Shelby, Vorsitzender des Geheimdienstausschusses des US-Senats, zu Rede gestellt wurde, bekannte er mit unglaublicher Offenheit: »Wir hatten überhaupt keine Ahnung davon.« Senator Shelby erzählte später, er sei von Tenets Eingeständnis geschockt gewesen. Aber Tenet lernte schnell. Es sollte das erste und einzige Mal bleiben, daß er so offen sprach. Spätestens zum Ende der Amtszeit Clintons, als Tenet von George W. Bush als CIA-Chef übernommen wurde, beherrschte er bereits perfekt die Kunst, jedem führenden Mann in der Administration das zu erzählen, was der hören wollte. Im Weißen Haus machten sich die Mitarbeiter deshalb darüber lustig, daß man Tenet auf keinen Standpunkt festnageln konnte.

Keine Ahnung hatte die CIA auch von bin Laden und dessen Männern, obwohl diese die Geschöpfe der CIA waren, die sich in den achtziger Jahren als wichtige Verbündete im Kampf gegen die sowjetische Armee in Afghanistan hervorgetan hatten. Nach dem Abzug der Sowjets hatte sich der aus Saudi-Arabien stammende bin Laden mit seinem Netzwerk Al-Qaida zum entschiedensten und effektivsten Gegner der US-Präsenz im Nahen und Mittleren Osten und insbesondere in Saudi-Arabien entwickelt. So werden bin Laden und sein Netzwerk gegen Ende der Clinton-Amtszeit für eine Reihe von spektakulären Angriffen auf US-Interessen verantwortlich gemacht, wie zum Beispiel gegen den eine Milliarde Dollar teuren US-Kreuzer Cole im Hafen von Aden (Jemen) am 12. Oktober 2000, bei dem 17 US-Marinesoldaten getötet wurden und das US-Kriegsschiff fast versenkt worden wäre.

In die gleiche Reihe von Aggressionen gehört der Sprengstoffanschlag am 26. Februar 1993 auf das World Trade Center in New York, bei dem sechs Menschen starben und etwa 1.000 verletzt wurden. Zweieinhalb Jahre später, am 13. November 1995, wurden bei einem Sprengstoffanschlag auf eine US-Militäreinrichtung in Riad (Saudi-Arabien) sieben Menschen getötet. Ein Jahr darauf folgte der Anschlag auf den Khobar Tower in Zahran, einen US-Wohnblock in der Nähe eines US-Luftwaffenstützpunktes in Saudi-Arabien, bei dem 19 Menschen starben. Im August 1998 folgten die Bombenanschläge auf die US-Botschaften in Nairobi (Kenia) und Daressalam (Tansania), die insgesamt 224 Opfer forderten.

In keinem dieser Fälle hatte die CIA die Betroffenen rechtzeitig warnen können. Es war ihr weder gelungen, Al-Qaida zu penetrieren, noch das elektronische »Geschnatter« im Äther richtig zu interpretieren, das von den Spezialisten des US-Geheimdienstes »National Security Agency« (NSA) als sogenannte SIGINT gesammelt wurde.

Neues Pearl Harbor

Ihren absoluten Tiefpunkt sollte die CIA jedoch während der ersten Regierungsperiode von Präsident George W. Bush erreichen.Trotz der vielen, von den Geheimdiensten anderer Länder (zum Beispiel von Frankreich und Rußland) eingegangenen Warnungen war die CIA unfähig, die Angriffe vom 11. September 2001 zu verhindern. Eine Denkschule unter den Kritikern der Bush-Administration nimmt die CIA diesbezüglich in Schutz. Dazu wird auf die zahlreichen Indizien verwiesen, wonach die neokonservative Führung in der Bush-Administration gar kein Interesse an der Verhinderung der Katastrophe des 11. Septembers gehabt habe.

Als Erklärung für dieses hochverräterische Verhalten der Neokonservativen werden deren Strategiedokumente, Artikel und Reden herangezogen. Aus diesen geht hervor, daß sich die späteren Chefstrategen der Bush (junior)-Administration dringend ein Ereignis wie den 11. September herbeigesehnt haben. Dazu wird unter anderem auf das berühmteste Strategiedokument der Neokonservativen Bewegung mit dem Titel »Rebuilding Americas Defenses« (Wiederaufbau der amerikanischen Verteidigung) verwiesen. Das 77 Seiten umfassende Dokument war im September 2000 von der ominösen, neokonservativen Denkfabrik »Projekt für ein neues amerikanisches Jahrhundert« (PNAC) herausgegeben und von der Crème de la Crème der Neokons, einschließlich dem späteren zweiten Mann im Pentagon, Paul Wolfowitz, unterschrieben worden. In diesem Dokument wird ein »katastrophales aber katalysierendes Ereignis – wie ein neues Pearl Harbor« herbeigewünscht. Denn nur eine neue Katastrophe in dieser Größenordnung würde die träge gewordene US-Bevölkerung wieder aufrütteln und opferbereit genug machen, um die »Neuordnung des Größeren Mittleren Ostens« durchzusetzen, als erste Etappe zur Festigung der globalen Vorherrschaft der »unentbehrlichen Nation« USA.

Volltreffer

Daß die Neokonservativen jedoch in den USA bei der Vorbereitung und Durchsetzung des unprovozierten Angriffskrieges gegen Irak ein so leichtes Spiel hatten, ist maßgeblich dem Charakter des damaligen CIA-Direktors George Tenet geschuldet. Wenn nur ein bißchen von Tenets Ehrlichkeit anläßlich des ersten indischen Atombombenversuchs übriggeblieben gewesen wäre, als Präsident Bush von Tenet die Bestätigung von Saddams »Massenvernichtungswaffen« haben wollte, dann hätte ein ehrliches »Wir haben keine Ahnung, Mr. Präsident« den Krieg gegen Irak politisch so gut wie unmöglich gemacht. So hätte Tenet den Vereinigten Staaten eine vernichtende moralische und strategische Niederlage erspart und Hunderttausende von irakischen Menschenleben verschont.

Aber Tenet hatte längst Gefallen an der Rolle des politischen Taktierers gefunden. Er wußte, was Bush wollte, und er wußte, wie er ihm diesen Wunsch erfüllen konnte. Und schon gar nicht wollte Tenet riskieren, wegen eines ehrlichen Worts die persönliche Freundschaft zu Präsident Bush aufs Spiel zu setzen, mit der er sich gerne brüstete und die ihm nicht wenige Neider bescherte. So fiel es Tenet in seiner Funktion als CIA-Direktor zu, dem im »Office for Special Plans« (Büro für Sonderpläne) des Pentagon ausgearbeiteten, wackligen Lügenkonstrukt zur Rechtfertigung des Irak-Krieges das geheimdienstliche Gütezertifikat der CIA auszustellen.

Unter der Leitung des dritthöchsten Mannes im US-Verteidigungsministerium, dem Neokonservativen Douglas Feith, unterstützt vom stellvertretenden Verteidigungsminister Paul Wolfowitz und in Koordination mit US-Vizepräsident Dick Cheney und dessen neokonservativem Stabschef Lewis Libby hatte sich das »Büro für Sonderpläne« an der CIA vorbei zu einer parallelen Geheimdienstzentrale entwickelt. Dort wurden alle Übertreibungen, Halbwahrheiten und Fabrikationen über die angeblichen irakischen Massenvernichtungswaffen systematisch als Beweise gesammelt und für das Weiße Haus aufbereitet, das auf dieser Basis vor dem amerikanischen Volk und der Weltöffentlichkeit Saddam Hussein attackierte.

So hatte zum Beispiel Lewis Libby die berühmte Lügenrede verfaßt, die US-Außenminister Colin Powell Anfang 2003 vor der UNO-Vollversammlung gehalten hat. Zuvor aber bedurfte diese wie andere Reden und Stellungnahmen führender Regierungsmitglieder des Gütesiegels der CIA, das Tenet problemlos gab. Mit seinem inzwischen berühmt-berüchtigten »Slam Dunk« (Volltreffer), mit dem Tenet bekräftigte, daß die CIA sich »absolut sicher« sei, daß Saddam Hussein im Niger Uran kaufe, fahrbare Biowaffenlabore besitze und über jede Menge anderer Massenvernichtungswaffen verfüge, besiegelte der CIA-Direktor endgültig das Los seiner Agency. Letztendlich hat Tenet sich damit auch selbst zu Fall gebracht. Denn es war abzusehen, daß früher oder später er und die CIA für die Irak-Lügen würden geradestehen müssen, auch wenn diese ursprünglich in der Giftküche der Neokonservativen zusammengebraut worden waren.

Aus »persönlichen Gründen« trat Tenet am 3. Juni 2004 von seinem Amt zurück. Das Desaster in Irak hatte die Kritiker ermutigt, Fragen zu stellen, und die Lügengebäude zur Rechtfertigung des Krieges brachen eins nach dem anderen zusammen. Admiral Stansfield Turner, CIA-Direktor unter Präsident Jimmy Carter, sagte damals laut, was alle dachten: »Der Präsident (Bush) hat soviel Ärger bekommen, daß er damit begonnen hat, die Verantwortung für den Sumpf, in dem wir in Irak stecken, auf andere abzuwälzen.« Dennoch lobte Bush seinen scheidenden CIA-Direktor in den höchsten Tönen: »George Tenet hat einen superben Job für Amerika getan«, und verlieh ihm, wahrscheinlich als Dank dafür, daß Tenet die Rolle des Sündenbocks akzeptiert hatte, den höchsten zivilen Orden der USA.

Tenet hinterließ die CIA als ausgebrannten Trümmerhaufen. Ihr öffentliches Image war auf einen historischen Tiefstand gesunken. Zwar hatte sich innerhalb der CIA bei Analysten immer wieder Widerstand gegen Tenets vorauseilenden Gehorsam bei den geheimdienstlichen »Erkenntnissen« gezeigt. Aber dieser hatte quasi im Alleingang und kraft seiner Position in den Konferenzen im Weißen Haus die tatsächlichen Erkenntnisse der CIA auf den Kopf gestellt und Nichtwissen in Wissen verkehrt.

Desillusionierter denn je hatten bereits vor Tenets Rücktritt insbesondere altgediente Mitarbeiter der CIA den Rücken gekehrt. Etliche von ihnen, wie zum Beispiel der ehemalige Chef der Abteilung, die bin Laden gejagt hat, Michael Scheuer, waren nicht gewillt, den Part des Prügelknaben zu Übernehmen, und sind inzwischen zu bekannten Kritikern der Bush-Administration geworden. Die CIA als Organisation verlor ihren Sonderstatus als »Erster unter Gleichen« und als Koordinator aller 15 US-Geheimdienste. Eine neue Dachorganisation wurde dafür gegründet, der nun die CIA zuarbeiten muß. Dadurch hat sie den direkten Zugang zum Weißen Haus am Kabinettstisch des Präsidenten wahrscheinlich für immer verloren. Die neokonservativen Strippenzieher und Hauptverantwortlichen für den Irak-Krieg wurden bis heute nicht zur Verantwortung gezogen, weder von der Politik noch von der Justiz.

Rainer Rupp
Januar 2008

Anmerkungen

1 Philip Agee/Louis Wolf. Die CIA in Westeuropa, VEB Deutscher Verlag der Wissenschaften, Berlin 1981, S. 224.

2 The Central Intelligence Agency. A Photographic History, Foreign Intelligence Press, Guilford 1986, S. 178.

3 Ebenda, S. 71.

4 Zit. nach: N. N. Jakovlev. CIA contra UdSSR, VEB Deutscher Verlag der Wissenschaften, Berlin 1985, S. 54.

5 Ebenda, S. 65.

6 Ebenda.

7 New Times, Moskau, 31-1985, S. 27.

8 Ebenda, S. 28.

9 National Archives of the United States, Washington, Modern Military Branch, OSSDF, RG 218.

10 Final Report of the Select Committee to Study Govemmental Operations with Respect to Intelligence Activities, U.S. Senate, Bd. 1, Washington D.C. 1976, S. 19ff.

11 The Central Intelligence Agency, a.a.O., S. 141f.

12 Ebenda, S. 142.

13 Zit. nach: Klaus Steiniger. CIA bläst zu einer neuen Jagdsaison. Unsere Zeit. 12. Juli 1996, S. 16.

14 The Central Intelligence Agency, a.a.O.

15 Morton H. Halperin/Jerry J. Berman/Robert L. Borosage/Christine M. Marwick. The Lawless State. The Crimes of the U.S. Intelligence Agencies, Penguin Books, New York 1976, S. 43.

16 Philip Agee/Louis Wolf, a.a.O., S. 32f.

17 Zit. nach Jakovlev, a.a.O., S. 72f.

18 »U.S. News & World Report«, 20. Juli 1987, S. 15.

19 Morton H. Halperin/Jerry J. Berman/Robert L. Borosage/Christine M. Marwick, a.a.O., S. 37.

20 The Central Intelligence Agency, a.a.O., S. 99.

21 Zit. nach: »People's Weekly World«, 5. April 1997, S. 12.

22 Ebenda.

23 Morton H. Halperin/Jerry J. Berman/Robert L. Borosage/Christine M. Marwick, a.a.O., S. 31.

24 The Central Intelligence Agency, a.a.O., S. 217.

25 Zit. nach: »Neues Deutschland«, 7./8. Januar 1984, S. 13.

26 The Central Intelligence Agency, a.a.O., S. 149.

27 Zit. nach: »Neues Deutschland«, 12./13. November 1983, S. 13.

28 John Gerassi. The Great Fear in Latin America, Collier Books, New York 1965, S. 241.

29 »U.S. News & World Report«, 20. Juli 1987, S. 15.

30 The Central Intelligence Agency, a.a.O., S. 149.

31 Zit. nach: »Neues Deutschland«, 12./13. November 1983, S. 13.

32 Zit. nach: »Neues Deutschland«, 20. Februar 1971, S. 6.

33 Philip Agee/Louis Wolf, a.a.O., S. 196.

34 Zit. nach: »Neues Deutschland«, 31. März/1. April 1984, S. 13.

35 Zit. nach: »Die Weltbühne«, 24. Januar 1978, S. 106.

36 Ebenda, S. 108.

37 Zit. nach: »Neues Deutschland«, 18./19. Februar 1984, S. 13.

38 The Central Intelligence Agency, a.a.O., S. 150.

39 »Der Spiegel«, 4/1978, S. 102.

40 The Central Intelligence Agency, a.a.O., S. 212.

41 Zit. nach: Philip Agee/Louis Wolf, a.a.O., S. 189.

42 Ebenda, S. 190.

43 Ebenda, S. 223.

44 »Cuba Internacional«, 12/1987, S. 29.

45 The Central Intelligence Agency, a.a.O., S. 156.

46 »People's Daily World«, 16. Dezember 1986, S. 4 A.

47 Congressional Record, Washington, 15. September 1965, S. 23001.

48 Congressional Record, Washington, 29. Juli 1965, S. 18131.

49 Ebenda.

50 »U.S. News & World Report«, 10. Oktober 1983.

51 Zit. nach: »Neues Deutschland«, 10./11. Dezember 1982, S. 13.

52 Ebenda.

53 Ebenda.

54 Morton H. Halperin/Jerry J. Berman/Robert L. Borosage/Christine M. Marwick, a.a.O., S. 16.

55 »New York Times«, 11. September 1974.

56 The Central Intelligence Agency, a.a.O., S. 150.

57 Staff Report of the Select Committee to study Governmental Operations with Respect to Intelligence Activities, United States Senate. Covert Action on Chile 1963-1973, U.S. Government Printing Office, Washington D.C. 1975, S. 23.

58 Zit. nach: »Neues Deutschland«, 12./13. Mai 1984, S. 13.

59 Morton H. Halperin/Jerry J. Berman/Robert L. Borosage/Christine M. Marwick, a.a.O., S. 28.

60 The Central Intelligence Agency, a.a.O., S. 150.

61 »Neues Deutschland«, 30. November 1974, S. 16.

62 »New York Times«, 16. September 1974.

63 The Central Intelligence Agency, a.a.O., S. 138.

64 Ebenda, S. 101.

65 Zit. nach: N. N. Jakovlev, a.a.O., S. 121.

66 Zit. nach: Konrad Strehl. Natternfarmen an der Moldau, Unsere Zeit, 29. September 1995.

67 »New York Times«, 3. Januar 1978.

68 Morton H. Halperin/Jerry J. Berman/Robert L. Borosage/Christine M. Marwick, a.a.O., S. 181.

69 Zit. nach: Klaus Steiniger. Der Papst und die CIA, Unsere Zeit, 18. Oktober 1996.

70 Ebenda.

71 Morton H. Halperin/Jerry J. Berman/Röbert L Borosage/Christine M. Marwick, a.a.O., S. 135.

72 Zit. nach: Klaus Steiniger. Die Versuchskaninchen der CIA, Unsere Zeit, 4. Februar 1994.

73 Morton H. Halperin/Jerry J. Berman/Robert L. Borosage/Christine M. Marwick, a.a.O., S. 171.

74 »The New York Times Magazine«, 27. März 1983.

75 The Central Intelligence Agency, a.a.O., S. 163.

76 Zit. nach: »Le Monde«, 24./25. Januar 1988.

77 Ebenda.

78 Ebenda.

79 Morton H. Halperin/Jerry J. Berman/Robert L. Borosage/Christine M. Marwick, a.a.O., S. 181f.

80 The Central Intelligence Agency, a.a.O., S. 162.

81 Zit. nach: Klaus Steiniger. Als »Heilbutt« in die Tiefe stieg, Unsere Zeit, 29. April 1994.

82 Morton H. Halperin/Jerry J. Berman/Robert L. Borosage/Christine M. Marwick, a.a.O., S. 158.

83 Ebenda, S. 161.

84 Ebenda, S. 163f.

85 Ebenda, S. 165.

86 Zit. nach: »Schweriner Volkszeitung«, 21. Mai 1980, S. 4.

87 Morton H. Halperin/Jerry J. Berman/Robert L. Borosage/Christine M. Marwick, a.a.O., S. 90, 93.

88 Ebenda, S. 95f.

89 Ebenda, S. 103.

90 Ebenda, S. 104.

91 Zit. nach: »Neues Deutschland«, 20. August 1970, S. 6.

92 Ebenda.

93 Zit. nach: »Neues Deutschland«, 18./19. Juni 1983, S. 13.

94 Morton H. Halperin/Jerry J. Berman/Robert L. Borosage/Christine M. Marwick, a.a.O., S. 110.

95 Zit. nach: »Horizont« 18/1983, S. 32.

96 Zit. nach: »Die Weltbühne«, 25. August 1987, S. 1061.

97 Zit. nach: »Die Weltbühne«, 29. März 1983, S. 395.

98 Ebenda, S. 396.

99 Zit. nach: Klaus Steiniger. Leonard Bernstein im Visier, Unsere Zeit, 2. September 1994, S. 20.

100 »International Herald Tribune«, 1. Oktober 1987, S. 10.

101 Morton H. Halperin/Jerry J. Berman/Robert L. Borosage/Christine M. Marwick, a.a.O., S. 112.

102 Ebenda, S. 74.

103 Ebenda, S. 78.

104 Ebenda, S. 82.

105 Ebenda, S. 85.

106 Ebenda, S. 86.

107 Zit. nach: »People's Weekly World«, 18. Januar 1997.

108 Ebenda.

109 Morton H. Halperin/Jerry J. Berman/Robert L. Borosage/Christine M. Marwick, a.a.O., S. 124.

110 Zit. nach: »Die Weltbühne«, 12. Juli 1983, S. 872.

111 Ebenda.

112 Morton H. Halperin/Jerry J. Berman/Robert L. Borosage/Christine M. Marwick, a.a.O., S. 188.

113 Ebenda, S. 191.

114 Ebenda, S. 196.

115 Ebenda, S. 198.

116 Ebenda, S. 200.

117 Ebenda.

118 »Neues Deutschland«, 28. Oktober 1972, S. 16.

119 »U.S. News & World Report«, 23. Juni 1997.

120 The Central Intelligence Agency, a.a.O., S. 8.

121 Zit. nach: »Stern«, 3. Juli 1980, S. 108.

122 »The New Republic«, 28. November 1983, S. 15.

123 »U.S. News & World Report«, 16. Juni 1986, S. 24.

124 »People's Daily World«, 30. Juli 1987, S. 4 A.

125 »International Herald Tribune«, 10. März 1986.

126 »U.S. News & World Report«, 17. Juni 1985, S. 24.

127 Zit. nach: »New York Times«, 2. Februar 1987, S. 5.

128 »Time«, 23. April 1984, S. 4.

129 »People's Daily World«, 18. Dezember 1986, S. 13 A.

130 Zit. nach: »Die Zeit«, 2. Oktober 1987, S. 41.

131 »U.S. News & World Report«, 20. Juli 1987, S. 18.

132 »Time«, 4. Januar 1988, S. 20.

133 »People's Daily World«, 31. Dezember 1987, S. 14 A.

134 U.S. Information Agency, 11. März 1987.

135 Zit. nach: Klaus Steiniger. Zwischen die Stühle gefallen, Unsere Zeit, 15. November 1996.

136 Federal News Service, 11. Februar 1988.

Abkürzungen

ACLU	American Civil Liberties Union
AFI	Air Force Intelligence
AFIO	Association of Former Intelligence Officers
AFL	American Federation of Labor
AI	Army Intelligence
AID	Agency for International Development
AIFLD	American Institute for Free Labor Development
AIOC	Anglo-Iranian Oil Company
ANC	African National Congress
AP	Associated Press
ASSA	Army Signals Security Agency
BI	Bureau of Investigations
BND	Bundesnachrichtendienst
CCC	Capital Cities Communication
CIA	Central Intelligence Agency
CIO	Congress of Industrial Organizations
CISPES	Solidaritätskomitees für das Volk El Salvadors
COI	Office of the Coordinator of Information
COS	Chief of Station
DIA	Defense Intelligence Agency
DOD	Domestic Operations Division
FBI	Federal Bureau of Investigations
FDN	Fuerza Democrática Nicaraguense
FMLN	Nationale Befreiungsfront Farabundo Martí
FSLN	Frente Sandinista de Liberación Nacional
HUAC	House Un-American Activities Committee
HVA	Hauptverwaltung für Aufklärung
NA	Iraqui National Accord
INR	Bureau of Intelligence and Research
IRS	Internal Revenue Service
ISA	Intelligence Support Activity
ITT	International Telephone & Telegraph
KGB	Komitee für Staatssicherheit der SU
KSZE	Konferenz für Sicherheit und Zusammenarbeit in Europa
MfS	Ministerium für Staatssicherheit der DDR
MNC	Kongolesische Nationalbewegung
NAACP	National Association for the Advancement of Colored People
NATO	Nordatlantische Verteidigungsorganisation
NCIC	National Crime Information Center
NLF	Nationale Befreiungsfront Südvietnams
NRO	National Reconnaissance Office
NSA	National Security Agency
NSA	National Student Association
NSC	National Security Council
OAS	Organisation Amerikanischer Staaten
ONI	Office of Naval Intelligence
OPC	Office of Policy Coordination
OSS	Office of Strategie Services
RFE	Radio Free Europe
RL	Radio Liberty
SCLC	Southern Christian Leadership Conference
SOF	Special Operational Forces
SSS	Special Services Staff
UFC	United Fruit Company
UNITA	Union für die Totale Unabhängigkeit Angolas
UP	Unidad Popular (Volkseinheit)
UPI	United Press International
WSP	Women Strike for Peace

Personenregister

Sachregister

E

F

G

H

I

Klaus Steiniger

1932 in Berlin geboren. Nach Abitur und Jurastudium zunächst als Staatsanwalt und Bürgermeister in Mecklenburg tätig. Mehrjährige Arbeit in der Abteilung USA/Kanada/Japan des DDR-Außenministeriums. 1966 Promotion am Institut für Internationale Beziehungen. Von 1967 bis Ende 1991 Redakteur und Auslandskorrespondent des »Neuen Deutschland«. Berichterstattung aus den USA, Japan, Portugal und zahlreichen weiteren Ländern. Von 1992 bis 1998 außenpolitischer Mitarbeiter der Wochenzeitung »Unsere Zeit«. Seit 1998 Chefredakteur der Monatzeitschrift »RotFuchs«.

Veröffentlichungen: »Portugal – Traum und Tag. Aus der Chronik einer Revolution« (Brockhaus Verlag, Leipzig 1982); »Schauprozeß in San Jose« (Verlag Neues Leben, Berlin 1983); »Die Brut des Al Capone. Gangstersyndikate in den USA« (Verlag Neues Leben, Berlin 1986); »Tops und Flops. Die Geschäfte der USA-Geheimdienste« (Elefanten Press, Berlin 1998); »Bei Winston und Cunhal. Reporter auf vier Kontinenten« (edition ost, Berlin 2004).

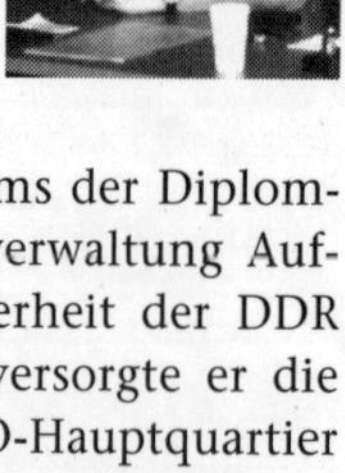

Rainer Rupp

1945 in Saarlouis geboren. Während des Studiums der Diplom-Volkswirtschaft 1968 in Mainz von der Hauptverwaltung Aufklärung (HVA) des Ministeriums für Staatssicherheit der DDR angeworben. Unter dem Decknamen »Topas« versorgte er die HVA mit hochgeheimem Material aus dem NATO-Hauptquartier in Brüssel. 1993 Verhaftung und Verurteilung zu zwölf Jahren Gefängnis. Entlassung am 27. Juli 2000. Seitdem freiberuflicher Autor und Publizist, u.a. für »junge Welt« und »Neues Deutschland«.